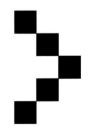

FILM UND GAMES
✕
EIN WECHSELSPIEL

Herausgeber
Deutsches Filminstitut – DIF e.V. / Deutsches Filmmuseum, Frankfurt am Main

INHALT

Claudia Dillmann ✎ **Vorwort**   6

Andreas Rauscher ✎ **Einleitung**   10

Level 1 ✎ Annäherungen

Britta Neitzel ✎ **Spielplätze und Schauspiele - Zur Begegnung von Film und Games um 1900**   18

Marcus Stiglegger ✎ **Der prometheische Impuls im interaktiven Film**   28

Petra Fröhlich ✎ **Ich wär' so gern wie du**   38

Boris Schneider-Johne ✎ **Von „filmreif" bis zur Endlosschleife**   42

Interview mit Ron Gilbert   46

Level 2 ✎ Adaptionen und Austausch

Andreas Rauscher ✎ **Lost in Adaptation oder: Der Film im Zeitalter seiner ludischen Reproduzierbarkeit**   52

Interview mit Jörg Friedrich
Design Director, YAGER   66

Interview mit Uwe Boll   72

Interview mit Paul W. S. Anderson   76

Level 3 ✎ Film und Games transmedial

Hans-Joachim Backe ✎ **Zwischen Ellbogengesellschaft und Schulterschluss - Transmedia Storytelling**   90

Andreas Rauscher ✎ **Die Ludische Leinwand oder: Das Videospiel im Zeitalter seiner filmischen Reproduzierbarkeit**   96

Michael Nitsche ✎ **Das Potenzial von Machinima**   106

Interview mit Jordan Mechner   114

Level 4 ✎ Ästhetik

Benjamin Beil ✎ **Point of View und virtuelle Kamera**   124

Peter Moormann ✎ **Spiel mit Musik - Entwicklungen und Potenziale der Komposition für Games**   132

Marc Bonner ✎ **Im Rhythmus der Raumbilder - Architektur und Art Direction in Film und Computerspiel**   140

Interview mit Jan Klose
Creative Director, Deck 13   148

Interview mit Dennis Schwarz
Senior Game Designer, Crytek   158

Level 5 / Reflexion und Repräsentation

Nina Kiel / **Von Traumfrauen und Traumata - Stereotype im Video- und Computerspiel** — 170

Svetlana Svyatskaya / **Trapped in virtual reality - Fragmente einer Medienreflexion im Film** — 178

Level 6 / Creative Gaming – Spielerische Vermittlung

Judith Ackermann / **Creative Gaming** — 190

Vera Marie Rodewald / **Machinima - Das Computerspiel als Filmkulisse** / Zum kreativen Einsatz von Computerspielen in Bildungskontexten — 194

Thomas Klein / **Let's-Play-Videos und Gaming Culture** — 198

Andreas Lange / **Die Entstehung eines kulturellen Gedächtnisses unter den Bedingungen des Internets** — 204

Level 7 / Game Art

Stephan Schwingeler / **Das Computerspiel im Kunstdiskurs** — 212

Thomas Hensel / **Wenn der Film sein Bild verlässt - Metaleptische Reflexionen im Computerspiel** — 220

Jens-Martin Loebel / **Interaktion mit Games mittels Emulation im musealen Kontext** — 230

Andy Kelly / **Other Places** — 234

Steven Poole / **Der „Citizen Kane" der Videospiele** — 240

/

Filmografie — 244
Gamografie — 250
Glossar — 251
Autorenbiografien — 252
Register — 254
Impressum — 255

CLAUDIA DILLMANN

VORWORT

Film und Videospiel sind die am intensivsten diskutierten und dynamischsten Medien des bewegten Bildes. Beide erzeugen Spannung und emotionale Ansprache über Figuren, Handlungsräume, Dramaturgien, Farben, Formen, Perspektiven, Bewegungsabläufe und kombinieren sie mit Soundeffekten und Musik. Beide entwickelten sich von der zur Schau gestellten Attraktion einzelner Szenen, die allein durch ihre Existenz als sensationell empfunden wurden, zu variantenreichen Formen künstlerischen Ausdrucks. Auch teilen sie die Erfahrung von Anfeindungen, Verachtung, kulturpessimistischen Verdikten und des Kampfes um kulturelle Anerkennung. Die Ausstellung *Film und Games. Ein Wechselspiel* und der vorliegende Katalog nehmen jedoch nicht allein die Gemeinsamkeiten, sondern auch die Unterschiede in den Blick, die Eigenheiten des jeweiligen Mediums, Kontinuitäten und Brüche, wechselseitige Beeinflussungen, Konkurrenz und Konflikte. Das Verhältnis zwischen der non-linearen, erst durch Interaktion mit dem Nutzer sich entfaltenden Spielewelt am heimischen PC und dem linearen, in sich geschlossenen Erzählmedium, das seine Heimat nach wie vor im Kino hat, ist einen analytischen, filmwissenschaftlich orientierten, genauen Blick allemal wert.

Über den Rand der Leinwand zu schauen, neue massenmediale Phänomene zu analysieren oder Berührungspunkte mit anderen Künsten in den Fokus zu stellen, all dies gehört seit mehr als drei Jahrzehnten zum Anspruch des Deutschen Filmmuseums: *Hans Richter – Malerei und Film* (1989), *Sergej Eisenstein im Kontext der russischen Avantgarde 1920–1925* (1992), *Sound & Vision – Musikvideo und Filmkunst* (1993), *Film & Computer – digital media visions* (1998), *Anime! High Art – Pop Culture* (2008), *Fassbinder – JETZT. Film und Videokunst* (2013) oder *Bewusste Halluzinationen. Der filmische Surrealismus* (2014) stehen stellvertretend für die Lust – und manchmal auch den Wagemut –, Neuland zu betreten.

In *Film und Games. Ein Wechselspiel* begegnen sich nun die beiden Medien auf Augenhöhe. Erstmals stehen die gegenseitige ästhetische Bereicherung wie auch die Abgrenzungen zwischen Leinwand und Bildschirm im Mittelpunkt einer Ausstellung. Schon seit einigen Jahren werden Spiele international als Kulturgut betrachtet, dessen Aufbereitung neue Fragen nach der Präsentation und Archivierung bewegter Bildexponate aufwirft. Das ZKM | Zentrum für Kunst und Medientechnologie Karlsruhe präsentiert in seiner Ausstellung *Gameplay* Spiele in unmittelbarer Nachbarschaft zur Medienkunst. Das Smithsonian American Art Museum in Washington, D. C. widmete 2012 eine umfangreiche Ausstellung der Kunst des Videospiels (*The Art of Video Games*), und das New Yorker Museum of Modern Art nahm 2012 Videospiele von *Pac-Man* (1980) über *Tetris* (1984) bis hin zu *Portal* (2007) in seine Sammlung auf.

Um sich jedoch ein umfassenderes Bild vom künstlerischen Potenzial der Videospiele machen zu können, erscheint eine Auseinandersetzung mit den ästhetischen Annäherungen zwischen Filmen und Games umso relevanter. Während dieses Wechselspiel in der Ausstellung durch Spiel- und Filmausschnitte vom Mainstream bis hinein in vergessene Seitenarme der Film- und Games-Geschichte direkt erfahrbar ist, lädt der vorliegende Katalog mit seinen Essays und Interviews zu einer vertiefenden Analyse des transmedialen Phänomens ein. Regisseure wie Game-Designer beschreiben die Einflüsse von Spielautomaten, Kultfilmen, Hollywood-Klassikern auf ihr Werk, Praktiker reflektieren die unterschiedlichen dramaturgischen Anforderungen in der Adaption beider Medien, Filmwissenschaftler_innen zeichnen historische wie aktuelle Konflikte und Kontinuitäten nach. Die Frage nach der Zukunft – nach einem Sieg des Ludischen über das Kino oder nach einer Verschmelzung von Film und Games zu einem Hybridmedium – bleibt indes unbeantwortet. Noch befinden wir uns auf neuem Terrain. Und das ist so aufregend und faszinierend wie Filme und Games selbst.

Ein solch umfangreiches und innovatives Projekt kann nur realisiert werden mithilfe großzügiger Unterstützer und Förderer, denen die Vermittlung dieses gesellschaftlich relevanten Themas ein Anliegen ist. Die Stadt Frankfurt als stete und unverzichtbare Unterstützerin des Deutschen Filmmuseums hat auch für diese bedeutende Ausstellung einen substanziellen Beitrag geleistet. Unser großer Dank gilt dem Kulturdezernenten Prof. Dr. Felix Semmelroth und der Leiterin des Kulturamtes, Carolina Romahn. Ebenso großen Dank schulden wir dem Kulturfonds Frankfurt RheinMain, insbesondere dessen Geschäftsführer Dr. Helmut Müller und der Kuratorin und stellvertretenden Geschäftsführerin Dr. Julia Cloot. Mit ihrer Unterstützung

> können wir den hochspannenden Wechselwirkungen zwischen den beiden Bewegtbildmedien Film und Games den verdienten Rahmen bieten.

Die finanzielle und besonders auch die ideelle Unterstützung des Bundesverbands Interaktive Unterhaltungssoftware (BIU) war für uns von besonderer Bedeutung. Mit seiner Hilfe konnten wir wichtige Kontakte zur Spieleindustrie knüpfen. Insbesondere sei deshalb Dr. Maximilian Schenk, dem Geschäftsführer des BIU, gedankt, der auch in unserem Beirat vertreten war.

Weitere wichtige Kontakte und Impulse wurden uns durch die anderen Mitglieder unseres engagierten und tatkräftigen Beirats vermittelt; dafür geht unser herzlicher Dank an Petra Fröhlich, Dr. Britta Neitzel, Jun. Prof. Dr. Benjamin Beil, Prof. Dr. Thomas Hensel, Stephan Reichart, Boris Schneider-Johne und Dr. Florian Stadlbauer.

Der Katalog zur Ausstellung wurde ermöglicht durch die großzügige Förderung der Georg und Franziska Speyer'schen Hochschulstiftung, deren Vorstand unter dem Vorsitz von Prof. Salomon Korn herzlich gedankt sei. Gleichfalls danke ich der Hessischen Kulturstiftung mit ihrer Geschäftsführerin Eva Claudia Scholtz für die tatkräftige Förderung des Katalogs.

Das Vermittlungsprogramm wurde durch die Initiative kulturMut der Aventis Foundation unterstützt, hierfür gilt ihr mein großer Dank.

Videospiele auszustellen und spielbar zu machen ist eine große Herausforderung. Erst die umfassende Fachkenntnis und die innovativen Ansätze von Dr. Jens-Martin Loebel und Dr. Heinz-Günther Kuper von der bitGilde IT solutions in Berlin ermöglichten es, die Spiele in dieser Form in der Ausstellung zu präsentieren. Für ihre wichtige Beteiligung an dieser Ausstellung möchte ich ein besonderes Dankeschön aussprechen.

Ein großer Dank geht auch an unsere Leihgeber Deck 13, das Flipper- und Arcademuseum Seligenstadt, Andy Kelly, Konami, Joe Lewandowski und die Stadt Alamogordo (New Mexico, USA), Nintendo, Boris Schneider-Johne und The Strong Museum Rochester (USA).

Wir danken den Ausstellungsgestaltern Stefan Blaas und Daniel Finke vom Architekturbüro TATWERK aus Berlin für die produktive und sympathische Zusammenarbeit. Die beeindruckende Installation „LufTraum" im Luftraum des Deutschen Filmmuseums verdanken wir Finn Dochhan, Patrick Dollekamp, Alexander Radacki und Mieka Winkelmann; sie haben die Konzeption und Realisierung im Rahmen ihres Masterstudiengangs „Leadership in the Creative Industries" an der Hochschule Darmstadt unter Prof. Claudia Söller-Eckert und Prof. Dr. Frank Gabler durchgeführt.

Für die Beiträge in diesem Katalog, die sich aus vielfältiger Perspektive den Wechselwirkungen der beiden Medien widmen, danke ich den Autor_innen, den Interviewpartnern, den Lektor_innen und Übersetzer_innen sowie dem Bertz + Fischer Verlag.

Meinen besonderen Dank möchte ich dem Projektteam aussprechen, das mit großem Engagement diese spannende Ausstellung, das vielfältige Begleitprogramm und den umfassenden Katalog realisierte: den Praktikant_innen Götz Zoeppritz, Elke Schimanski, Jannik Müller, Claudius Stemmler, Marc Herold, Lena Zimmermann, Elsa Forderer, Oliver Häfner und Marcel Schreier; Céline Babic und Susanne Stockmann, die mit Elan und Einfallsreichtum die Summer Games vorbereiteten; den studentischen Hilfskräften Christian Heß und Paul Ziehmer, die uns mit Engagement und Begeisterung halfen, nicht nur technische, sondern auch konzeptionelle Schwierigkeiten zu überwinden; Eva Lenhardt, die als kuratorische Assistentin mit Sorgfalt und Engagement diesen umfangreichen und anspruchsvollen Katalog realisierte sowie das vielfältige Begleitprogramm der Ausstellung konzipierte und organisierte. Besonderer Dank geht auch an die erste Projektleiterin Jule Murmann, die das Ausstellungsprojekt *Film und Games. Ein Wechselspiel* initiierte und ihm zu einem vielversprechenden Start verhalf.

An vorderer Stelle gilt mein Dank dem Kurator und Projektleiter Dr. Wolfger Stumpfe und dem wissenschaftlichen Kurator Dr. habil. Andreas Rauscher. Beide haben das komplexe Projekt mit Kompetenz und Einfühlungsvermögen durch die verschiedenen Entstehungsphasen geleitet und dabei ebenso selbstverständlich Altbewährtes in Ehren eingesetzt wie kühn noch zu entdeckendes Neuland beschritten.

Unsere Bestandsaufnahme von Film und Games fußt auf der Entwicklung der letzten 40 Jahre. Doch unser Blick ist zugleich nach vorn gerichtet, in die Zukunft von Film und Games, die, da sind wir sicher, viel Überraschendes, Abenteuerliches, Bereicherndes bereithält.

Abb. 1 ⁄ *Tomb Raider: Legend* (Crystal Dynamics; 2006)

ANDREAS RAUSCHER

EINLEITUNG

Die Wechselspiele zwischen Filmen und Games gestalten sich als eine zunehmend komplexere Partie, die sich schon seit längerem nicht mehr auf ein einzelnes Spielfeld beschränkt. Doch die zunehmende Ausdifferenzierung der Videospiele und ihrer Genres resultierte immer wieder in Unsicherheiten bezüglich der angewandten Spielregeln und der Ausmaße des Spielfelds. Statt die Vielfalt der Spielformen in Relation zum Spielfilm zu würdigen, erschöpften sich einige der dominanten Debatten in Feuilletons und Forschung aus Angst vor dem vermeintlichen Ende des Kinos oder einer unreflektierten Vereinnahmung der Spiele durch filmische Konventionen in einem vorschnell eingeforderten Essentialismus.

Auf die euphorischen Prognosen einer strahlenden partizipatorischen Zukunft – sei es in Form des interaktiven Films oder der Annäherung der Grafik in Spielen an einen filmischen Fotorealismus – folgten meistens Ernüchterung und eine Verhärtung der Fronten. Wenn Spiele eine filmreife Handlung versprachen, beschränkte sich diese häufig auf den Plot eines mittelmäßigen Actionfilms oder das gemächliche Detektivspiel eines klassischen Krimis. Die Spieler konnten nicht wirklich in das Geschehen eingreifen, sondern lediglich an der dafür vorgese-

Abb. 2 ⁄ Simon West:
LARA CROFT: TOMB RAIDER (2001)

henen Stelle eines interaktiven Films den richtigen Knopf drücken. Wenn umgekehrt das Gameplay, die Interaktion zwischen Spielern und Spiel, fesselte, geriet die Inszenierung schnell in Vergessenheit, und der Hyperrealismus erwies sich gegenüber den ludischen Qualitäten als Blendwerk.

Gelegentlich wurde versucht, mit Vorwürfen wie Neid gegenüber dem Kino („cinema envy") oder dem durch die Spiele eingeleiteten Ende des Films einen rigiden Separatismus zu befördern. Im Eifer des Gefechts wurde nicht bemerkt, dass es sich bei den Wechselspielen zwischen Filmen und Videospielen nicht um ein regelgeleitetes Spiel mit einem klaren Gewinner und Verlierer im Sinne des englischen Begriffs „Game" handelt, sondern um einen kontinuierlichen Austausch voller Möglichkeiten zur Improvisation im Sinne des englischen Wortes „Play". Die kreative Zukunft des Kinos und der Videospiele ist kein Single-Player-Spiel mit einem vorgegebenen Ausgang, sondern eine Multi-Player-Partie, deren Regeln immer wieder neu verhandelt und von allen Beteiligten mitgestaltet werden. Insbesondere das kreative Potenzial der nicht auf dem Silbertablett servierten, sondern sich unterschwellig vollziehenden Synergien zwischen beiden Medien wurde übersehen, etwa wenn Genrekonzepte als medienübergreifende Stilvorlagen genutzt werden oder die veränderte Wahrnehmung der Spiele eine neue Perspektive auf vertraute filmische Räume ermöglicht.

Um Pattsituationen zu vermeiden, verfolgt die Auseinandersetzung mit Spielen im Rahmen der Game Studies einen betont multidisziplinären Ansatz. Entsprechend sollte die Aufbereitung der Videospiele als Kulturgut keinen beflissenen Monolog bilden, sondern im Dialog zwischen Theorie und Praxis erfolgen.

Die gesellschaftliche Relevanz der Videospiele zeigt sich nicht alleine an ihrer immensen Popularität, sondern vielmehr an ihren vielseitigen Möglichkeiten und der Ausdifferenzierung der Spielkulturen. Im Tunnelblick der erhitzten und kaum differenzierten „Killerspiel"-Debatte wurden diese gerne übergangen oder häufig gar nicht erst wahrgenommen. Der Lerneffekt aus vergleichbaren Entwicklungen in der Diskussion um Comics einige Jahrzehnte zuvor oder im Umgang mit provokanten, auf den Index beförderten Filmen, die international zum Standardprogramm eines Studiums der Filmwissenschaft zählen, blieb lange Zeit aus.

Es sollte einen Denkanstoß bieten, dass im Jahr 2007 der stilprägende First-Person-Shooter *Doom* von der US-amerikanischen Library of Congress ergänzend zu ihrer Filmsammlung und neun anderen Spielen in die Liste der als Kulturgut zu bewahrenden Spiele aufgenommen wurde. In Deutschland wurde die Indizierung des 1993 von John Romero entworfenen Spiels hingegen erst im Herbst 2011 aufgehoben. Vergleichbar dem bösen Lord aus *Harry Potter*, dessen Name nicht genannt werden darf, wurde gemeinsam mit kontrovers aufgenommenen Titeln auch gleich die gesamte Diskussion um das Phänomen First-Person-Shooter unter den Ladentisch befördert. International wurde das Spiel von Medienwissenschaftlern wie Lev Manovich als neue Erfahrung des digitalen Raums gewürdigt, und die University of Michigan Press widmete ihm in ihrer Reihe *Landmark Video Games* einen eigenen Band. Anstelle eines differenzierten Diskurses erwies sich die präventive Protektion als bevorzugte Maßnahme, und über den allgemeinen Befürchtungen gerieten nicht nur die medienübergreifenden ästhetischen Innovationen aus dem Blick, sondern auch die offenen Spielformen, die sich beispielsweise im Bereich des Modding, bei dem Spieler Games nach eigenen Ideen umgestalten, oder der Machinima-Filme, bei denen sie zum Amateur-Animationsfilm umfunktioniert werden, entwickelt haben. Häufig werden für diese Praktiken der kreativen Aneignung auch Shooter verwendet.

Selbst wenn man sich auf das Shooter-Spiel mit dem Feuer einließ, fand man dort weder die schwarze Magie eines Lord Voldemort noch die systematische Verführung der Jugend durch militärische Mobilmachung, sondern hinreichend aus der Pulp-Science-Fiction, Agentenabenteuern à la James Bond und Actionfilmen vertraute filmhistorisch vorgeprägte Standardsituationen. Auch der von Steven Spielberg mitgestaltete, an seinen Film SAVING PRIVATE RYAN (Der Soldat James Ryan; 1998) angelehnte Weltkriegsshooter *Medal of Honor: Allied Assault* (2015 Games; 2002) sagt einiges über die medienübergreifenden Konventionen des neueren Kriegsfilms aus, deren Problematisierung sich nicht mit dem Etikett „Killerspiel" erfassen lässt.

Es soll jedoch nicht Ziel dieses Katalogs und der zugrunde liegenden Ausstellung sein, weitere Fanfaren auf einem verlassenen Schlachtfeld ertönen zu lassen. Stattdessen richtet sich der Blick auf die bisher wenig beachteten ausbaufähigen ästhetischen und kulturellen Schnittstellen zwischen Filmen und Videospielen. Bezüglich der kulturellen Vermittlung und kuratorischen Aufbereitung geht es weniger um die Aufwertung einzelner Spiele durch das Prädikat „Kulturgut", sondern um Fragen der Archivierung und Ausstellbarkeit. Wie zahlreiche Game-Designer_innen und Vertreter_innen der Game Studies immer wieder zu Recht in Erinnerung rufen, lässt sich ein in den Anfangsjahren des Kinos begangener Fehler im Bereich der Games noch vermeiden. Ein Großteil der Frühgeschichte des Films gilt als verschollen, da man sich stärker mit der Frage nach der kulturellen Nobilitierung des Kinos als mit der Sicherung der vorhandenen Bestände beschäftigte. Glücklicherweise zeichnet sich durch die engagierten Aktivitäten des Museum of Modern Art, New York, das seit 2012 Videospiele in seine dauerhafte Sammlung aufnimmt, des Karlsruher ZKM | Zentrum für Kunst und Medientechnologie und des Berliner Computerspielemuseums ein verändertes Bewusstsein für den Umgang mit Videospielen ab – ein Umgang, wie er für den Film seit einigen Jahrzehnten durch die engagierten Aktivitäten von Museen und Archiven als selbstverständlich gilt. Die reflektierte Auseinandersetzung mit dem künstlerischen und kulturellen Potenzial sollte nicht erst verspätet als Expedition unter den Ladentisch realisiert werden.

In sieben Kapiteln bietet der vorliegende Katalog nicht nur die Gelegenheit, die Ausstellung *Film und Games. Ein Wechselspiel* zu rekapitulieren und zu vertiefen. Wie in einem offen gestalteten Spiel lassen sich die einzelnen Bereiche nicht-linear erkunden. Sie sollen zu weiteren Recherchen anregen und einen einführenden Einblick in die Vielfalt der Spielkulturen des bewegten Bildes zwischen Leinwand und Bildschirm bis hinein in den öffentlichen Raum in Form des Creative Gaming ermöglichen.

Der Perspektivenwechsel zwischen Theorie und Praxis bildet ein durchgehendes Strukturelement aller einzelnen Kapitel. Aktuelle Ausblicke aus den Bereichen der Film-, Medien-, Kunst- und Kulturwissenschaften ergänzen sich unmittelbar mit journalistischen Erfahrungsberichten und Interviews mit Game-Designern und Regisseuren.

> Die weitere Navigation durch die Wechselspiele von Filmen und Games liegt in Ihrer Hand! Wie ein klassisches Abenteuerspielbuch lässt sich der Ausstellungskatalog in non-linearer Weise erkunden. Sollte Ihnen die Entscheidung, welches Kapitel Sie zuerst lesen wollen, noch schwerfallen, hilft Ihnen dieses kleine Choose-Your-Own-Reading-Adventure, eine Wahl zu treffen. Beginnen Sie Ihre Tour einfach bei Abschnitt 1:

1 Sie stehen vor einem Kino mit angrenzender Spielhalle. Wollen Sie das Foyer betreten (weiter bei 2) oder lieber die Straße vor dem Gebäude erkunden (weiter bei 3)?

2 Sie treten in das Foyer ein. Ihr Blick schweift über die Ankündigungen und Plakate. Im ersten Kinosaal läuft ein spannendes Science-Fiction-Abenteuer, zu dem Sie neulich in einem Comicladen ein ganzes Regal voller farbenfroh gestalteter Bücher und Videospiele entdeckt haben (weiter bei 4). Im zweiten Kinosaal wird die Verfilmung einer populären Videospielreihe gezeigt (weiter bei 5). Flüchtig bemerken Sie, dass im Nebenraum seit Ihrem letzten Besuch einige auffällige Apparaturen im Durchgang zur Spielhalle aufgestellt worden sind (weiter bei 6).

3 Sie betrachten lieber die Wüste des Realen, als in die Welt der Illusionen einzutauchen. Dennoch überlegen Sie kurz, wie es wohl wäre, wenn sich die Stadt in ein Spielfeld verwandelte. Einige Erinnerungen an Spiele, die Sie vor längerer Zeit einmal kennengelernt haben, könnten dazu Anregungen geben. Das auf der anderen Straßenseite liegende Archiv der Spielhalle bietet vielleicht Inspirationen dazu. Lesen Sie weiter im Kapitel *Creative Gaming – Spielerische Vermittlung*.

4 Sie genießen das Science-Fiction-Abenteuer, fragen sich aber, wie in aller Welt die Maschinen die Herrschaft über die Menschheit ergriffen haben und ob das Kino nicht selbst langsam zu einer gewaltigen digitalen Simulation wird. Woran denken Sie bei der Betrachtung des Films als nächstes? Diese digital erzeugte Kamerafahrt gab es aber noch nicht bei Orson Welles und wirklich erstaunlich, dass inzwischen ein ganzer Film mit einer subjektiven Kamera erzählt werden kann? Lesen Sie weiter im Kapitel *Ästhetik*. Oder denken Sie sich: Wer hätte das bloß gedacht, dieser schwarze Ritter mit den auffälligen Atemproblemen ist der Vater des introvertierten Jungen und der draufgängerischen Prinzessin? Und was wurde aus dem Typen mit dem lustigen Raketenrucksack? Eigentlich müsste er doch ganz einfach wieder aus der Sandgrube mit den Fangzähnen, in die er gerade gestürzt ist, herausfliegen können? Lesen Sie weiter im Kapitel *Film und Games transmedial*. Oder wollen Sie erst einmal frische Luft schnappen im Foyer (weiter bei 6) beziehungsweise auf der Straße vor dem Kino (weiter bei 3)?

5 Während auf der Leinwand eine Kung-Fu-erprobte und mit allerlei technischen Gimmicks ausgestattete Abenteurerin die Zombies in die Flucht schlägt, erleben Sie ein markantes Déjà-vu-Gefühl. Woran fühlen Sie sich erinnert? Diese Szene habe ich doch schon einmal vor einigen Jahren in einem mit zahlreichen Referenzen an die Filmgeschichte gespickten Videospiel selbst

Abb. 3 ⁄ Gebrüder Lindner's Kinematograph, Fotografie, ohne Jahr

erlebt? Lesen Sie weiter im Kapitel *Adaptionen und Austausch*. Oder beginnen Sie, über die auffälligen Parallelen zwischen den Kamerafahrten in Spiel und Film nachzudenken? Lesen Sie weiter im Kapitel *Ästhetik*. Vielleicht wollen Sie sich aber auch lieber ein wenig die Beine vertreten – auf der Straße (weiter bei 3) oder im Foyer (weiter bei 6)?

6 Im Durchgang zur Spielhalle steht ein Automat, der einen interaktiven Film verspricht. Wollen Sie diesen ausprobieren (weiter bei 7) oder sich lieber einmal in der Spielhalle nebenan umsehen (weiter bei 8)?

7 Sie werfen eine Münze ein. Auf dem Bildschirm erscheint ein Ritter, der gegen einen Drachen kämpfen soll. Eine aufwändige Animationssequenz stimmt Sie auf das Abenteuer ein. Sie drücken den Joystick einmal nach vorne und bereiten sich auf den Kampf gegen das Ungeheuer vor. Doch anstelle des erwarteten spannenden Gefechts lädt Sie der Drache zu einem komplizierten Schachrätsel ein. Ein wenig irritiert beginnen Sie, darüber nachzudenken, dass die alten Automatenspiele doch irgendwie attraktiver waren. Hatte das Kino in seiner Anfangszeit ähnliche Schwierigkeiten, seriösere Formate zu entdecken? Schließlich hatte es wie die Videospiele seinen Ursprung auf dem Jahrmarkt. Wenn Sie diese Fragen vertiefen wollen, lesen Sie weiter im Kapitel *Annäherungen*. Wollen Sie sich zur Entspannung doch lieber einen Film ansehen? Dann wählen Sie zwischen dem Science-Fiction-Abenteuer (weiter bei 4) oder der Videospiel-Verfilmung (weiter bei 5). Sie können auch zurück ins Foyer gehen (zurück zu 2).

8 Die Auswahl in der Spielhalle erscheint anders als sonst. Offensichtlich findet eine Ausstellung statt. Sie beginnen eine Runde an einem Shooter-Spiel, das sich plötzlich in eine abstrakte Pixellandschaft verwandelt. Neben dem Automaten entdecken Sie einen Bilderrahmen, in dem Variationen von *Pac-Man*, *Donkey Kong* und den *Space Invaders* als Action Painting zu sehen sind. Geht Ihnen die Frage durch den Kopf, ob das Kunst ist? Lesen Sie weiter im Kapitel *Game Art*. Oder wollen Sie lieber noch einmal überprüfen, wie es mit den Games als Kulturgut im Kinosaal aussieht? Zurück zu 2.

Wie auch immer Sie sich entscheiden, wir wünschen Ihnen eine anregende und spannende Lektüre.

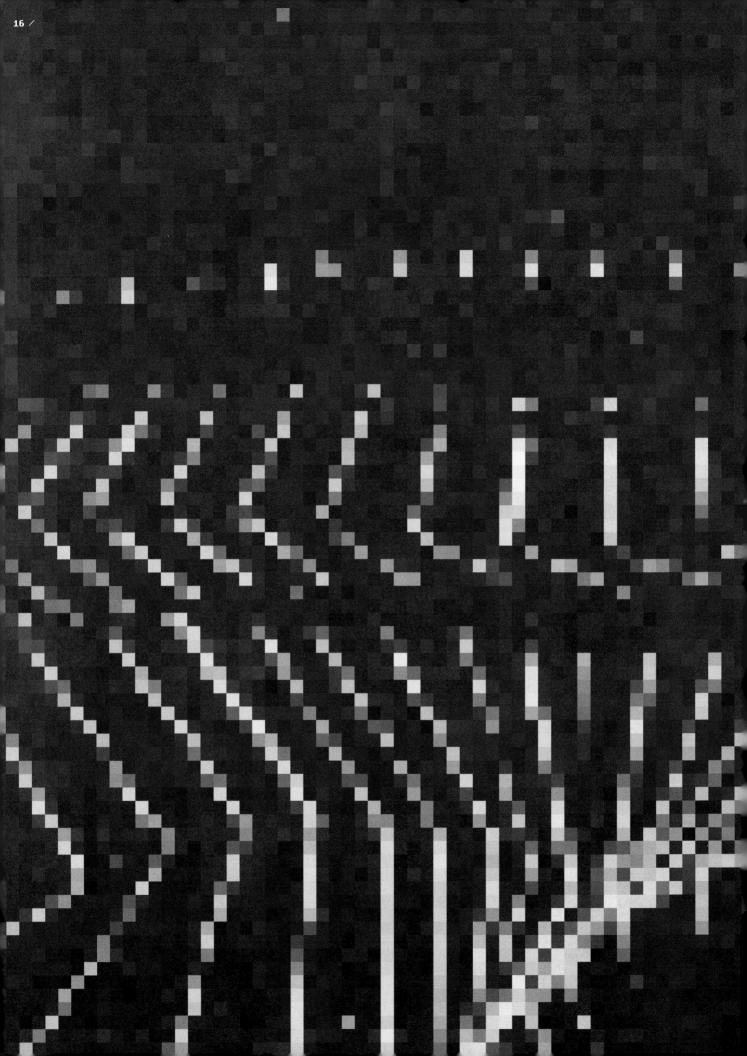

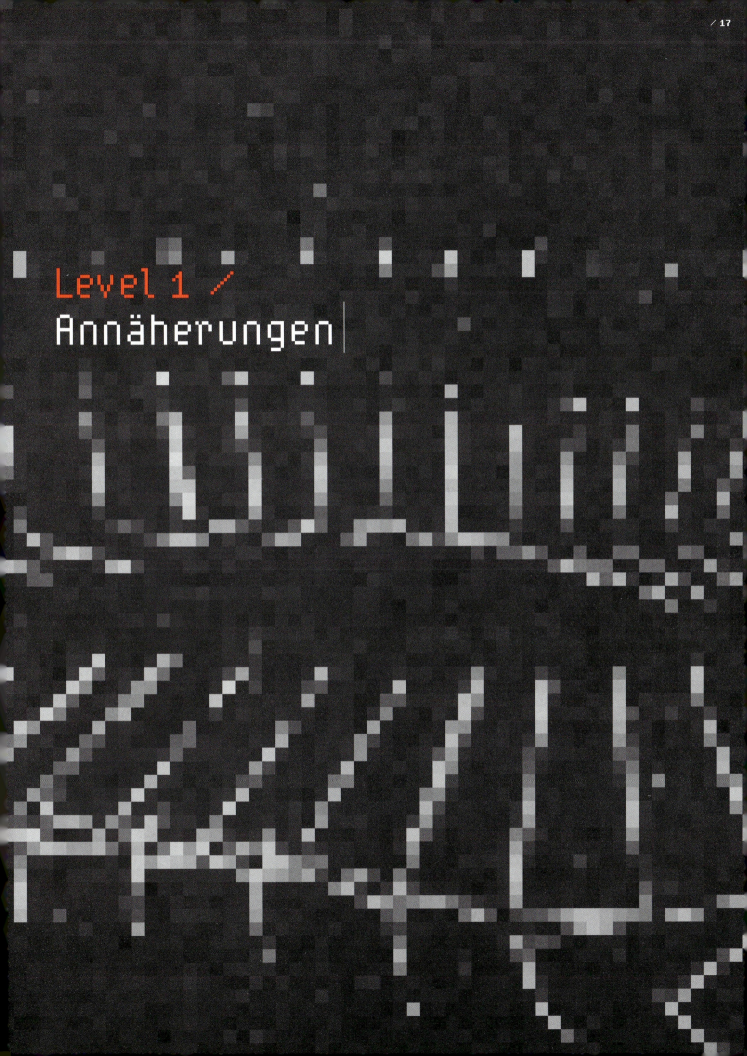

Level 1 /
Annäherungen

Alle kulturellen Vorgänge bestehen aus einem Wechselspiel zwischen Kontinuität und Bruch, Ähnlichkeit und Unterschied, Tradition und Neuerung, lediglich der jeweilige Anteil und Einfluß schwankt.[1]

BRITTA NEITZEL

SPIELPLÄTZE UND SCHAUSPIELE
Zur Begegnung von Film und Games um 1900

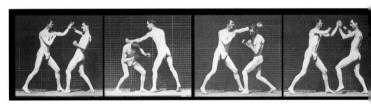

Abb. 2 ⁄ Eadweard Muybridge: Boxing, aus: *The Human Figure in Motion*, Chronofotografie, 1887

Die Ausstellung *Film und Games* beschreibt dieses Wechselspiel, indem sie Filme und Games als zwei Medien betrachtet, die sich gegenwärtig an bestimmten Punkten treffen und überlappen – in der Bildgestaltung, in bestimmten Settings und Genres, in ihrer Produktionsweise, in der Kameraführung und in narrativen Elementen. In diesem Beitrag soll ebenfalls auf das Wechselspiel beziehungsweise Zusammentreffen beider Medien eingegangen werden, jedoch wird der Zeitraum, in dem sich Filme und Games treffen, in die Jahre um 1900 verlagert, die Frühzeit des Films und der automatisierten Spiele. Zu jener Zeit begegneten sich die Medien weniger auf einer ästhetischen Ebene, vielmehr haben sie eine gemeinsame Entstehungsgeschichte, die im Zusammenhang mit der Industrialisierung und den damit verbundenen gesellschaftlichen Veränderungen steht. Dies zeigt sich auf unterschiedlichen Ebenen wie der Mechanisierung von Bewegungsabläufen, der Entstehung von Freizeit und kommerzialisierten Freizeit- und Unterhaltungsangeboten.

Abb. 1 ⁄ Ohne Titel („Edisons Weltwunder"), Fotografie, ohne Jahr

⁄01⁄ Erkki Huhtomo: Neues Spiel, neues Glück. Eine Archäologie des elektronischen Spiels. In: Claus Pias, Christian Holtorf (Hg.): *Escape! Computerspiele als Kulturtechnik*. Köln u. a. 2007, S. 21.

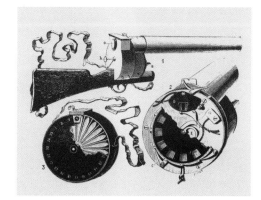

Abb. 3 ∕ Mechanismus der fotografischen Flinte (Illustration des Aufsatzes „Le fusil photographique" von Étienne-Jules Marey, in: *La Nature* Nr. 464, 22. April 1882)

> **Industrialisierung: Erfindungen – Zergliederungen – Verschiebungen**

Die Industrialisierung ist dadurch gekennzeichnet, dass sich die Güterproduktion von einer vornehmlich handwerklichen Fertigung zu einer maschinellen und damit stärker standardisierten Herstellung in Fabriken verschob. Innerhalb von ungefähr 100 Jahren trug eine Unzahl von technischen Entwicklungen, darunter die Elektrizität und Medien wie die Telegrafie, der Funk und das Telefon, dazu bei, dass sich diese Veränderung vollziehen konnte.

Maschinelle Produktion basiert auf dem Prinzip der Zergliederung handwerklicher Bewegungsabläufe und deren Separierung in einzelne standardisierte Produktionsschritte, in die die Arbeiter eingebunden werden, so dass sie ebenfalls standardisierte Bewegungen ausführen. Das Interesse an der Zergliederung und Wiederzusammensetzung von Bewegungen zeigt sich auch in den Arbeiten von drei Männern, die gemeinhin als Wegbereiter des Films gelten: Étienne-Jules Marey, Eadweard Muybridge und Ottomar Anschütz entwickelten im ausgehenden 19. Jahrhundert sowohl Verfahren zur seriellen Aufnahme von Bildern (das heißt der Zergliederung der Bewegung, Abb. 2 und 5) als auch Geräte, mit denen sich diese Aufnahmen wieder in Bewegung versetzen ließen. Marey ist vor allem durch sein Aufnahmegerät, die fotografische Flinte (*le fusil photographique*), bekannt geworden (Abb. 3-4). Sie konnte zwölf Aufnahmen pro Sekunde machen und auf eine einzige Fotoplatte bannen, so dass einzelne Phasen eines Bewegungsablaufs auf einem Bild zu sehen sind. Muybridge entwickelte das Zoopraxiskop, mit dem sich auf Scheiben aufgebrachte Aufnahmen projizieren lassen, und Anschütz erfand das

⇧ Abb. 4 ∕ Verwendung der fotografischen Flinte (Illustration des Aufsatzes „Le fusil photographique" von Étienne-Jules Marey)

Abb. 5 / Étienne-Jules Marey: Bewegung beim Stabhochsprung, Chronofotografie, 1890

Elektrotachyskop, den elektrischen Schnellseher, der auch als Münzautomat verkauft wurde (Abb. 8). Diese Geräte waren zu ihrer Zeit die neuesten aus einer langen Reihe Blickmaschinen, die Bewegung darstellen konnten und sich als Spielzeuge in wohlhabenden Haushalten fanden.[2] Es waren aber auch Automaten, die den Weg aus den Privathaushalten hinausfanden und öffentlich bestaunt werden konnten.

Mit der Industrialisierung vollzog sich auch eine Verschiebung im sozialen Raum-Zeit-Gefüge. Viele Menschen siedelten vom Land dorthin, wo es Arbeit gab, nämlich in die Nähe von Fabriken, was zumeist auch hieß: in die Städte. Ablesbar ist dies an dem enormen Wachstum der Metropolen im 19. Jahrhundert, London, Paris, Wien und Berlin verdoppelten bis verfünffachten ihre Einwohnerzahlen zwischen 1850 und 1900.[3] Diese Verschiebung ging einher mit einer räumlichen Differenzierung, durch die Arbeits- und Wohnort getrennt wurden, denn im Gegensatz zum Handwerker arbeitet ein Fabrikarbeiter nicht zu Hause, sondern in der Fabrik. Dadurch wiederum wurde auch zeitlich differenziert, indem die Arbeits- von der Freizeit, soweit es denn welche gab, getrennt wurde. Die Freizeit, so lässt sich sagen, ist eine weitere Erfindung der Industrialisierung. Sie wurde von der arbeitenden Bevölkerung genutzt, um sich zu amüsieren, zu trinken, zu spielen, zu tanzen oder sich die neuesten Attraktionen der aufkommenden Freizeitindustrie anzusehen.[4]

/ 02 / Wunderbare Ansichten dieser Maschinen bieten die Ausstellungskataloge: Nike Bätzner, Werner Nekes, Eva Schmidt (Hg.): *Blickmaschinen*. Köln 2008; Bodo von Dewitz, Werner Nekes (Hg.): *Ich sehe was, was du nicht siehst! Sehmaschinen und Bilderwelten*. Göttingen 2002.
/ 03 / Zahlen dazu in: Wolfgang Kos, Ralph Gleis (Hg.): *Experiment Metropole. 1873: Wien und die Weltausstellung*. Wien 2014, S. 13.
/ 04 / Nach einem zwölfstündigen Arbeitstag bleibt natürlich weniger Freizeit als heute, dennoch (und möglicherweise gerade deshalb) wurde sie mit Aktivitäten gefüllt, auch von arbeitenden Frauen (vgl. Kathy Peiss: *Cheap Amusements. Working Women and Leisure in Turn-of-the-Century New York*. Philadelphia 1986, S. 34 f.). Die verheirateten Frauen jedoch waren von der Freizeit und der Beweglichkeit in der Stadt nahezu abgeschnitten, da sie ganztägig Wohnung und Kinder zu versorgen hatten und selbst gemeinsame Familienausflüge von ihnen organisiert werden mussten (vgl. ebd., S. 21–26). Es gab jedoch nicht nur gender-spezifisches Freizeitverhalten, auch Farbige hatten mit überlieferter Diskriminierung beim Eintritt in die Vergnügungsorte zu kämpfen (vgl. David Nasaw: *Going Out. The Rise and Fall of Public Amusements*. Cambridge (Mass.) 1999, S. 47–61). Zudem war auch die Armut groß, so dass sich viele Menschen nicht einmal eine billige Unterhaltung leisten konnten. Gesamtgesellschaftlich jedoch stieg das Einkommen, so dass ein neuer Industriezweig entstehen konnte.

> **Vergnügungsorte**

Kommerzielle Vergnügungen entstanden in den Städten in zwei Formen: Zum einen gab es unterschiedlichste Vergnügungsstätten in den Innenstädten, zum anderen entwickelten sich Freizeitparks am Rande von größeren Städten. So wurde der Wiener Prater, der zuvor als kaiserlich-königliches Jagdrevier genutzt wurde, 1766 für die Allgemeinheit freigegeben. Es siedelten sich dort Kaffeebuden und andere Ausschänke an, zu denen im Laufe der Zeit Unterhaltungs- und Fahrgeschäfte hinzukamen, aus denen der Wurstelprater, Europas ältester Vergnügungspark, hervorging.

In England gehören Vergnügungsstätten zu den Seebädern, in den USA entwickelten sie sich oftmals am Rande der Weltausstellungen.[5] Die Verbindung von Weltausstellungen und Vergnügungsstätten ist nicht zufällig. Die Weltausstellungen zeigten die neuesten Errungenschaften – von Hygieneartikeln über Dampfmaschinen bis hin zu Nachbauten exotischer Dörfer war hier alles zu sehen, so dass auch Erfindungen aus dem Freizeitbereich nicht fehlten. Die Betreiber der US-amerikanischen Weltausstellungen versuchten, die Seriosität der Ausstellungen zu wahren, und verboten zunächst Unterhaltung auf dem eigentlichen Ausstellungsgelände, konnten jedoch nicht verhindern, dass sich entsprechende Unternehmungen vor den Toren der Gelände ansiedelten. Unter diesem Druck wurde zunehmend auch die weniger seriöse Unterhaltung in die Weltausstellungen integriert. Auf dem Chicago Midway, dem Vergnügungsdistrikt der Weltausstellung von 1893, fanden sich neben einer Vielzahl von Tanz-, Tier- oder Musikdarbietungen auch

> „dozens of booths featuring the latest ‚automatic' amusement machines. Midway visitors could witness, for a nickel, the magic of Edison's talking machines, the zoopraxoscope [sic!] that projected Muybridge's photographs of horses running, raccoons walking, and a dog's heart beating, and the ‚Electro-Photographic Tachyscope' that reproduced … the natural motion of objects and animals … with a degree of truth and accuracy that is absolutely bewildering."[6]

Die Piers der englischen Seebäder erinnern auch heute noch an den Jahrmarkt, der um die Jahrhundertwende entstand. Zunächst wurden entlang der Piers freistehende Spielautomaten aufgestellt und zunehmend auch spezielle Bereiche für die Unterhaltung eingerichtet. Lynn Pearson beschreibt die

Abb. 6 / Ohne Titel („Kinematograph"), Fotografie, ohne Jahr

/ **05** / Nasaw 1999, a. a. O., S. 65–70.
/ **06** / Ebd., S. 68.

↑ Abb. 7 ∕ Ohne Titel („Théâtre Cinématographique"), Fotografie, ohne Jahr

Jubilee Exhibition, die 1897 in Yarmouth eröffnete, folgendermaßen:

> „The Exhibition was a miniature fairground, with a steam-driven mechanical organ, a giant doorman, a jungle rifle range, ‚Beautiful Marie the Giant School Girl', mechanical models, a fancy bazaar and the town's first cinema show."[7]

Aus diesen Beschreibungen lässt sich ablesen, dass Spiel, Spielautomaten und Kino keine streng getrennten Medien waren, sondern zum Komplex neuer mechanischer Unterhaltung gehörten, der sich in vielfältigen Formen und Mischverhältnissen zeigte (Abb. 6–7). Huhtamo weist darauf hin, dass sich Kinos häufig in den Hinterzimmern von Penny Arcades fanden.[8] Später, als längere Filme schon eine eigene Attraktion darstellten, wurde aus diesen Hinterzimmern der Kinosaal, auf den die Vorräume vorbereiteten. So findet sich in einem Ratgeber von 1912 zum Betrieb eines Kinos der Vorschlag, einen Vorraum zum Kinosaal einzurichten, in dem auch Spielautomaten aufgestellt werden können.

> „It [the waiting room] could also be made remunerative by installing a few automatic machines for the benefit of patrons."[9]

∕ **07** ∕ Lynn F. Pearson: *Amusement Machines*. Princes Risborough 1992, S. 3 f.
∕ **08** ∕ Huhtamo: Neues Spiel, neues Glück, in: Pias, Holtorf (Hg.) 2007, a. a. O., S. 38.
∕ **09** ∕ Colin Harding, Simon Popple (Hg.): *In the Kingdom of Shadows. A Companion to Early Cinema*. London 1996, S. 227.

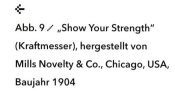

Abb. 9 / „Show Your Strength" (Kraftmesser), hergestellt von Mills Novelty & Co., Chicago, USA, Baujahr 1904

Spielautomaten

Aus der Reihe der Vergnügungsstätten innerhalb der Städte sind für unseren Zusammenhang insbesondere die Nickelodeons (vergleichbar den Ladenkinos/Kintopps in Deutschland) und die Penny Arcades interessant. Beides waren Vergnügungsorte, an denen – wie die sprechenden Bezeichnungen deutlich machen – für wenig Geld Unterhaltung angeboten wurde. Die Nickelodeons brachten ein sich wiederholendes Programm von kurzen Filmen, in den Penny Arcades waren verschiedenste mechanische Automaten für das schnelle Spiel zwischendurch aufgestellt.[10]

Eine wichtige Unterscheidung innerhalb dieser Automaten ist die zwischen Geldspielautomaten und Automaten, an denen nur zum Vergnügen gespielt wurde. Das Spiel um Geld hat eine eigene lange und mit Verboten verbundene Geschichte, die immer wieder auch zur öffentlichen Zerstörung von Spielautomaten führte. Die Anrüchigkeit, die mit ihnen verbunden ist, ging jedoch auch auf die reinen Vergnügungsautomaten, auf die ich mich im Folgenden beschränken werde, über. Vergnügungsautomaten umfassten nach Lynn Pearson fünf Gruppen: „visual amusements, fortune tellers, physical amusements, crane skill games and sporting games"[11]. Visuelle Unterhaltungen zeigten entweder Bilder verschiedener Art oder kleine Puppenszenarien. Hier waren insbesondere gruselige Szenen wie sich öffnende Särge oder Enthauptungen mit der Guillotine ein Erfolg. Wahrsagemaschinen sagten natürlich die Zukunft voraus. Bei physikalischen Vergnügungen ging es vor allem darum, seine Körperkraft unter Beweis zu stellen (Abb. 9). Sehr früh gab es auch Schieß- und Rennspiele, die zu den Sportspielen zählen. Bei letzteren traten die Spieler mit mechanischen Pferden, Hunden und später auch Autos gegeneinander oder gegen die Maschine an. Die „crane skill games", bei denen man versucht, mit einem Greifer ein Objekt aufzuheben, wurden erst 1924 erfunden. Wer heutzutage einen Jahrmarkt besucht, wird bemerken, dass einige dieser Spiele die Zeit überdauert haben. Die Prinzipien der Geschicklichkeit, des Kräftemessens im Kampf oder Sport sind natürlich auch in den Computerspielen zu finden.

Abb. 8 / Das elektrische Tachyskop von Anschütz, Modell 2, 1887

/ **10** / Die Bezeichnung Arcade entstand, weil die Automaten links und rechts an der Wand aufgestellt wurden und somit die Pfeiler für eine Arkade (eigentlich besser Kolonnade) bildeten.
/ **11** / Pearson 1992, a. a. O., S. 7. Costa nennt zudem noch *electric shock machines, music and sound machines, vending and service machines*. Vgl. Nic Costa: *Automatic Pleasures. The History of the Coin Machine*. London 1988, S. 5.

Abb. 10 ⁄ Familie mit verschiedenen Stereobetrachtern, ohne Jahr

Visuelle Unterhaltung

Zur visuellen Unterhaltung gehörten zum einen die erwähnten gruseligen Szenen, die mit Puppen dargestellt wurden, zum anderen aber auch verschiedene Bildershows. Neben dem Stereoskop, das dreidimensionale Bilder zeigte (Abb. 10), sei hier vor allem auf das Mutoskop und das Kinetoskop eingegangen.

Ein Mutoskop, für das 1894 der Patentantrag gestellt wurde,[12] funktioniert nach dem Prinzip eines mechanischen Daumenkinos: In einem für die Benutzer nicht zugänglichen Gehäuse sind auf einer Rolle Fotografien angebracht, die sich mit einer außen angebrachten Kurbel vom Benutzer drehen lassen (Abb. 11). Dieser kann dann durch ein mit einer Linse versehenes Guckloch kurze bewegte Szenen betrachten.

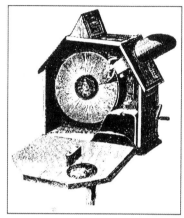

Abb. 11 ⁄ Mutoskop, 1894

Das Mutoskop ist im Hinblick auf die gemeinsame Geschichte von Computerspielen und Film besonders interessant, weil es sowohl in Historiografien des Films als auch der Spielautomaten und des Computerspiels erwähnt wird. Beides hat seine Berechtigung. Geschichten des Spiels beziehen sich darauf, dass das Mutoskop – wie andere Spielgeräte auch – an Vergnügungsstätten aufgestellt, auf Einzelbenutzung ausgerichtet war und vom Betrachter bedient wurde. Beim Mutoskop ging die Interaktion sogar über den Einwurf einer Münze hinaus, weil zudem noch die Kurbel gedreht werden musste und ein Spielraum bei der Geschwindigkeit gegeben war.

In Filmgeschichten wird das Mutoskop oftmals als Vorläufer des Kinos bezeichnet, da es das Prinzip der Filmvorführung verwendet, bei der ebenfalls aus dem schnellen Zeigen von Einzelbildern durch den Nachbildeffekt der Eindruck einer Bewegung entsteht. Allerdings existierten das Mutoskop und die Filmvorführung viele Jahre nebeneinander. Mutoskope wurden als „peep shows" zumindest noch bis in die 1950er Jahre aufgestellt. Tatsächlich lässt sich eher von parallelen Entwicklungen und verschiedenen Vermarktungs- und Rezeptionskontexten sprechen. Denn schon vor der Patentierung und massenhaften Vermarktung des Mutoskops entwickelte Thomas Alva Edison das Kinetoskop (1891 patentiert). Es wurde in sogenannten „kinetoscope-parlors" aufgestellt (Abb. 13), die er nach dem Vorbild seiner erfolgreichen Phonographensalons einrichtete, in denen entlang der Wände Grammophone

---

⁄ 12 ⁄ Gordon Hendricks: *Beginnings of the Biograph. The Story of the Invention of the Mutoscope and the Biograph and Their Supplying Camera*. New York 1964, S. 8.

Abb. 13 / Darstellung eines Kinetoscope-Parlor, ohne Jahr

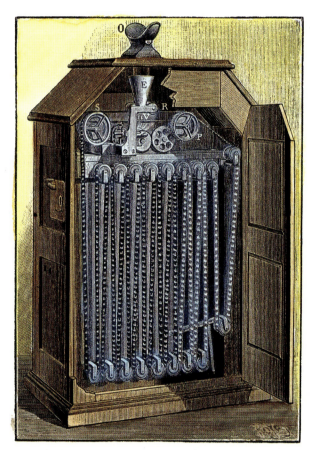

Abb. 12 / Aufwicklung des Celluloidbandes im Kinetoskop, ohne Jahr

standen, denen einzelne Zuhörer lauschen konnten. Nur wurde hier eben nicht gehört, sondern geschaut. In diesen Salons kamen auch verschiedene Verkaufsautomaten zum Einsatz, die Kaugummi, Süßigkeiten, Früchte oder auch Zaubermedizin anboten.[13] Das Kinetoskop war wie das Mutoskop münzbetrieben und ermöglichte ebenfalls einer einzelnen Person das Betrachten einer kurzen Szene. Die Aufnahmen waren jedoch nicht auf einzelnen Pappkarten aufgebracht, sondern auf Filmmaterial, das, über Rollen gewickelt, durch das Gerät lief (Abb. 12). Dieser Film lief automatisch ab, so dass die Geschwindigkeit nicht vom Zuschauer beeinflusst werden konnte. Es handelte sich hierbei also tatsächlich um Film, nicht jedoch um Kino, da der Film nur von einer einzelnen Person betrachtet werden konnte. So glichen auch die Sujets, die gezeigt wurden – oftmals waren es erotische Szenen –, denen des Mutoskops. Das Kinetoskop stand damit vom Prinzip her in direkter Konkurrenz zum Mutoskop, wobei letzteres den Vorteil hatte, sehr viel robuster zu sein. Die einzeln auf Pappe aufgebrachten Fotografien hielten länger als das dünne Filmmaterial, das zudem in der Anfangszeit auch noch sehr leicht brennbar war. Das nur kurzlebige Kinetoskop scheint indes nicht vom Mutoskop verdrängt worden zu sein, da die letzten Kinetoskopsalons bereits 1897 geschlossen wurden – zu einer Zeit, als das Mutoskop gerade auf den Markt kam.[14] Vielmehr scheint es die Konkurrenz des Lumièreschen Kinos gewesen zu sein, dessen Filmprogramm abwechslungsreicher und dessen Technik ausgefeilter war.[15]

Kultur und Unterhaltung

Die Zeit um 1900 war auch im Unterhaltungsbereich eine Zeit der technischen Neuerungen und Erfindungen. Die Maschinen, die Eier legten, die Zukunft vorhersagten, mit denen man Pferderennen veranstalten oder seine Kraft messen konnte, die Musik spielten oder lebende Bilder zeigten, waren selbst die Attraktionen. Doch hatten diese Maschinen auch jenseits ihres Neuigkeitswerts eine soziale Funktion?

/ 13 / Nasaw 1999, a. a. O., S. 127.
/ 14 / Ebd., S. 133.
/ 15 / Douglas Gomery: *Shared Pleasures. A History of Movie Presentation in the United States*. London 1992, S. 6 f.

Der Spieltheoretiker Brian Sutton-Smith geht davon aus, dass Spiele und Spielzeuge gesellschaftliche Konflikte inkorporieren, die im spielerischen Zusammenhang einer symbolischen Lösung zugeführt werden können.[16] Möglicherweise war es demnach gerade der Umgang mit den Spielmaschinen, der zur psychischen Bewältigung der Arbeit an den Maschinen in den Fabriken sowie zur Gewöhnung an sie beitrug. Die Chronofotografie und die protokinematografischen Sehmaschinen wiederum zeigten die Zerstückelung der Bewegungen und heilten sie auch wieder. Spätere Filme wie BERLIN – DIE SYMPHONIE EINER GROSSSTADT (1927; R: Walter Ruttmann) oder METROPOLIS (1927; R: Fritz Lang) reflektierten den Rhythmus der Maschinen und die Eingebundenheit der Arbeiter direkt. Games und Film treffen sich auch heute in Bezug auf die Inkorporation gesellschaftlicher Konflikte wieder. Der Film reflektiert die technischen Entwicklungen, die Computerspiele machen sie haptisch erfahrbar und lassen die Benutzer an Prozesse der Rückkopplung teilhaben.

Um 1900 steckte die Unterhaltungsindustrie noch in den Kinderschuhen, man probierte unterschiedliche Attraktionen und Präsentationsformen aus, bis sich schließlich eine durchsetzte, denn wie das *Billboard Magazin* 1895 feststellte: „The public must, and will be amused."[17] Nach den gemeinsamen Ursprüngen von Film und maschinellem Spiel auf den Jahrmärkten der Attraktionen entwickelten sich Spiele und Filme auseinander. Der Film fand im 20. Jahrhundert

Abb. 14 / „Das Lebende Bild", Filmtheater in der Frankfurter Allee, Berlin, Fotografie, um 1903

seinen Ort im Kino (Abb. 14). Spielautomaten sind weiterhin in Vergnügungsparks, auf Jahrmärkten und in Spielhallen zu finden oder aber wurden unauffällig in das Stadtbild integriert, als Flipper in einer Kneipe, Jukebox in einer Gaststätte, automatischer Reitdelphin für Kinder vor einem Kaufhaus oder Kaugummiautomat an einer Hauswand. Heute nähern sich Spiel und Film wieder an, doch es bleibt zu fragen, wie das Wechselspiel dieser Medien zwischen den Anfängen und heute beschaffen war. So bleibt zu hoffen, dass diese Ausstellung einen Anstoß für die Erforschung weiterer, auch historischer Begegnungen gibt.

/ 16 / Vgl. Brian Sutton-Smith: *Toys as Culture*. London 1986, S. 63 f.
/ 17 / Nasaw 1999, a. a. O., S. 134.

MARCUS STIGLEGGER

Der prometheische Impuls im INTERAKTIVEN FILM

Interaktive Trugbilder in der Simulationstheorie

World-Building' nach den eigenen Wünschen – dieser auf dem mythischen Prometheus, der Menschen schuf nach ‚seinem Bilde', basierende Gedanke begleitet die Produktion audiovisueller Medien von Beginn an. War es zunächst lediglich das Bewegtbild selbst, das als ‚Trugbild' vorfilmischer Wirklichkeit eine eigene Welt zu vermitteln schien, eröffneten sich mit der Computertechnik und den interaktiven Medien ungeahnte Möglichkeiten der Einflussnahme. Der Traum, als Rezipient selbst in die imaginäre Welt des Films einzutauchen, resultierte bereits Ende der 1970er Jahre in einfachen Videospielen, die Filmszenarien zitierten – doch ein vorgegebenes Szenario in einfachster Form selbst zu ‚spielen' ist nur ein erster Schritt in die Richtung, das Geschehen zu formen und zu beeinflussen. Spätestens zu Beginn der 1990er Jahre war die Technik ausgereift, um zumindest stellenweise filmische Elemente (*Cutscenes*) in den Ablauf eines Videospiels zu integrieren. Spielfilm und Videospiel standen so in einem umso engeren Austauschverhältnis. Doch auch hier blieb ein Wunsch angesichts der qualitativen Diskrepanz zwischen Cutscenes und interaktivem Szenario unerfüllt: Als Spieler war man noch nicht restlos Teil des filmischen Szenarios. Mit Erweiterung der technischen Kapazitäten in Computer- und Konsolenspie-

Abb. 1 / *Silent Hill 2* (Konami; 2001)

len wurde auch dies möglich. In Spielen wie *Silent Hill* (Konami; 1999, Abb. 1–2) oder *Heavy Rain* (Quantic Dream; 2010, Abb. 3) konnte man sich ganz als Teil des vorgegebenen Szenarios fühlen. Inszenierte Spielsequenzen und Gamelevel gingen nahtlos ineinander über und erfüllten den Wunsch, das Geschehen nach eigenen Vorstellungen und Fähigkeiten zu beeinflussen – dem prometheischen Impuls des Medienrezipienten war scheinbar Rechnung getragen worden. Die verführerischste Strategie audiovisueller Medien – die interaktive Kontrolle über die Inszenierung – war eingelöst worden. Wie dieser prometheische Impuls tatsächlich von den Games bedient wird – speziell in Form der ‚interaktiven Filme' – und welche theoretischen Implikationen hier eine Rolle spielen, soll Thema der folgenden Untersuchung sein.

Der französische Soziologe und Philosoph Jean Baudrillard hat nie explizit über Videospiele geschrieben, aber er war fasziniert von dem Einfluss, den die Massenmedien auf die kapitalistische Konsumgesellschaft nehmen. Er ging so weit, den Triumph der Simulation über die physische Lebenswirklichkeit zu diagnostizieren. Hyperrealität trete ihm zufolge an die Stelle des realen Lebens: Computerspiele, TV-Serien, Musikvideos und das Web 2.0 ersetzten reale Interaktion – so nahm er an. An die Stelle realer Aktion trete sogar in der Politik die mediale Simulation. Eine Gesellschaft, die solche Trugbilder mit der Realität verwechsle, ende früher oder später in einer „Wüste des Realen"[1]. Eine solche Welt der Simulation ist dominiert vom prometheischen Impuls: der Idee, Welten selbst erschaffen und lenken zu können, auch wenn es sich um reine Simulationen handelt.

Der Begriff Simulakrum, wie ihn Baudrillard verwendet, leitet sich von dem lateinischen Begriff ‚simulacrum' her, der Phänomene der Ähnlichkeit bezeichnet. Der Begriff vereint die Ambivalenz des trughaften Scheins und der kreativen Reproduktion von Imaginationen. Medientheoretisch hat sich das Modell des Simulakrums vor allem in der Beschreibung virtueller Welten etabliert und ist somit von besonderem Wert für die Analyse audiovisueller und zudem interaktiver Medien. Baudrillard kennzeichnete mit Simulakrum zudem die zunehmend virtualisierte Welt der Mediengesellschaft, in der an die Stelle des Realen ein (Trug)Bild des Realen getreten ist. In dieser Welt ist die Unterscheidung zwischen Original und Kopie unmöglich geworden.[2] Die interaktive Teilhabe am Spiel der medialen Simulakren wäre ein Endpunkt in diesem Denken.

Abb. 2 / *Silent Hill 2*

/ 01 / Jean Baudrillard: *Simulacra and Simulation*, Ann Arbor 1994, S.1; später aufgegriffen von Slavoj Žižek in: Willkommen in der Wüste des Realen. Nach den Anschlägen von New York und Washington wird Amerika gezwungen, die Welt so wahrzunehmen, wie sie ist. In: *Die Zeit*, Nr. 29, 20. 09. 2001, S. 48.
/ 02 / Jean Baudrillard: *Der symbolische Tausch und der Tod*. München 1991, S. 77 ff.

Abb. 3 / *Heavy Rain* (Quantic Dream; 2010)

Der prometheische Impuls als Seduktion

Der Welt der Simulakren setzt Baudrillard bereits früh ein Konzept der Herausforderung entgegen, das er als *Seduktion* (Verführung) bezeichnet. Die Verführung ist hier eine fast archaische Strategie, die sich dem Virtuellen widersetzt. Doch letztlich wird die Verführung selbst zu einem Mechanismus der neuen Medien, indem deren phantomhafte Flüchtigkeit und Interaktivität in den Fokus des Erlebens tritt.[3] Das Phänomen der Seduktion in Baudrillards Sinne[4] in den Medien erscheint in erster Linie als eine Herausforderung des Rezipienten.[5] Das erklärt sich aus der Tatsache, dass in der Seduktion nicht notwendigerweise eine Repräsentation, eine klare Bedeutungszuweisung, möglich wird. Baudrillard kennzeichnet in seinem Buch *Die fatalen Strategien* die Seduktion durchaus als ein Werk der manipulierbaren Illusion: „Bei der Verführung ist es so, als ob das Falsche in der ganzen Kraft des Wahren erstrahlt."[6] Zugleich spielt der Akt der Seduktion mit dem Geheimnis. Er setzt auf das dringende Bedürfnis des zu verführenden Rezipienten, im Aufdecken dieses Geheimnisses eine Begegnung mit dem ‚Wahren', dem ‚Wahrhaftigen' zu erleben. Will der seduktive Akt gelingen, muss ein letzter verschlossener Moment verbleiben und sich endgültig entziehen: Das ‚Wahre' kann sich letztlich nicht

---

/ 03 / Jean Baudrillard: *Von der Verführung*. München 1992, S. 7-9.
/ 04 / Seduktion bezeichnet also nicht nur Verführung in einem engeren, sinnlichen Sinne, sondern auch Manipulation, Suggestion und letztlich Propaganda.
/ 05 / Zur Seduktionstheorie des Films siehe: Patrick Fuery: *New Developments in Film Theory*. New York 2000, S. 258 ff.; Marcus Stiglegger: *Ritual & Verführung. Schaulust, Spektakel & Sinnlichkeit im Film*. Berlin 2006.
/ 06 / Jean Baudrillard: *Die fatalen Strategien*. München 1991, S. 62.

↑ Abb. 4 / *TERA Online* (Bluehole Studio; 2011)

offenbaren, denn es existiert nur in der Vorstellung des Verführten.[7]

In klarer Abgrenzung zu Baudrillards Begriff muss man davon ausgehen, dass der Akt der Seduktion sich nicht durchweg auf den Raum des Unbewussten[8] bezieht. Lediglich der effektivste Moment der Seduktion bleibt zunächst ein Rätsel und entzieht sich vorerst einer klaren Bestimmung. Es ist jedoch anzunehmen, dass der Akt der Seduktion in seiner Funktion als Spiel spezifischen Regeln unterworfen ist, allerdings nur ab jenem Moment, in dem der Rezipient die Herausforderung annimmt, das Geheimnis, das Andere, ergründen zu wollen.[9] Dass den

Massively Multiple Online Role-playing Game (MMORPG)
MMORPGs sind Rollenspiele mit einer hohen Anzahl von Spielern, die ausschließlich online spielbar sind. In der virtuellen, dauerhaft auf einem Server betriebenen Welt des Spiels agieren dabei alle Spieler gleichzeitig.

audiovisuellen Medien dieser Akt überhaupt möglich ist, erklärt sich aus der für die Seduktion notwendigen Distanz zum Publikum,[10] selbst wenn der Gamer sich in Form der Immersion als Teil des Geschehens fühlen mag[11] – über Interface, Bildschirm und Headset wird er nie weiter in diese Welt vordringen.

Dass das Videospiel an sich eine Simulation ist, zudem eine derart flüchtige, nämlich das (nur teilweise beeinflussbare) Lichtspiel auf dem Bildschirm, prädestiniert es (wie auch den narrativen Spielfilm) für den Akt der Seduktion: Es gibt eine Grenze zwischen Medium und Rezipienten, die unmöglich überschritten werden kann. Das ist per se das letzte Geheimnis im Computerspiel: So sehr man sich auch involviert, man wird nie gänzlich (also physisch) darin vordringen können. Die Interaktion mit der virtuellen Welt suggeriert eine Nähe, die zugleich immer Ferne ist, eine Souveränität des Spielers, die verschleiert, dass der Spieler den Regeln dieser Welt immer unterworfen bleiben wird, selbst wenn er Teile davon zu gestalten glaubt.

Seduktive Strategien des Computerspiels

Bevor nun der interaktive Film als eines der offenbar am wenigsten flexiblen Videospielformate untersucht wird, soll es von dem scheinbar vielseitigsten interaktiven Format differenziert werden: dem Massively Multiple Online Role-playing Game (MMORPG), in dem man sich als Spieler mit seinem weitgehend selbst gestalteten Avatar in einer weitläufigen virtuellen Welt (online) bewegt, die von programmierten

---

/ **07** / Jean Baudrillard: *Lasst euch nicht verführen!* Berlin 1983, S. 130.
/ **08** / Nicht zu verwechseln mit dem psychoanalytischen Begriff des Unbewussten.
/ **09** / Baudrillard 1983, a. a. O., S. 18.
/ **10** / Gemeint ist die Projektion, die dem Medium bereits im Dispositiv innewohnt.
/ **11** / Siehe zu diesem Thema: Britta Neitzel, Rolf F. Nohr (Hg.): *Das Spiel mit dem Medium. Partizipation – Immersion – Interaktion. Zur Teilhabe an den Medien von Kunst bis Computerspiel.* GfM-Schriftenreihe Bd. 14. Marburg 2006; MacKenzie Wark: *Gamer Theory.* Harvard 2007; Benjamin Beil, Gundolf S. Freyermuth, Lisa Gotto (Hg.): *New Game Plus. Perspektiven der Game Studies.* Bielefeld 2015.

↑ Abb. 5 ∕ *World of Warcraft* (Blizzard Entertainment; 2008)

und von anderen Spielern gelenkten ‚Wesenheiten' bevölkert ist, mit denen es zu interagieren gilt (Abb. 4-5). Zunächst einmal ist festzustellen, dass die unterschiedliche Medialität und Phänomenologie des Games andere seduktive Strategien generiert als der Spielfilm. Ähnlichkeiten gibt es bei dem Bezug der elementaren Themen aus mythologischen Kontexten (vor allem im Fantasy-Kontext) oder der Mythisierung von Geschichte (vor allem im Kontext von Kriegsspielen). Auch die rituelle Struktur von Spielablauf und -dramaturgie ähnelt der filmischen Standardsituation (vor allem das Duell oder die Schlachtsituation).

Der elementare Unterschied jedoch ist, dass es dem Spielfilm zwar möglich ist, den prometheischen Impuls zu reflektieren, er kann ihn jedoch nicht selbst unterstützen.[12]

Manipulation ist der wesentliche seduktive Moment des Videospiels: Oberflächlich betrachtet trägt speziell das Onlinespiel dem prometheischen Impuls vollständig Rechnung, indem es dem Rezipienten ermöglicht, die eigene Alltagswelt zu verlassen und virtuell eine neue Welt zu betreten (Immersion), diese nach eigenen Entscheidungen zu beeinflussen und in einem radikalen Schritt auch nach eigenen Vorstellungen zu modifizieren (modding). Diesen Möglichkeiten sind jedoch deutliche Grenzen gesetzt, vor allem insofern der prometheische Impuls bereits im Design des jeweiligen Games mitgedacht ist und sich damit in streng gesetzten Grenzen von kulturellem Einfluss bewegt.[13] Diese Erkenntnis rückt das Game dann doch näher an den Film als geahnt: Der prometheische Spielraum, die erwartete Freiheit des Spielers, ist selbst Teil des Games und gehorcht dessen Gesetzen.

Der medienspezifische prometheische Impuls als seduktive Qualität des Videospiels wird demnach vor allem auf drei Ebenen angesprochen: Die primäre Ebene ist die Gestaltung des eigenen Avatars, des „Chars" (character). Die sekundäre Ebene ist das Modding, die Modifikation der virtuellen Welt nach eigenen Bedürfnissen und Vorstellungen. Je nach gegebenen Voraussetzungen kann das so weit gehen, dass man aus einem Spiel ein weiteres generiert (eine virtuelle Welt innerhalb der virtuellen Welt). Modden lässt sich nur, wenn die Programmierung des Spiels dies zulässt. Die tertiäre Ebene der prometheischen Verführung ist die Möglichkeit, aus eigenen Spielzügen und Sequenzen kurze Filmaufzeichnungen zu gestalten, die sich als animierte Kurzfilme, sogenannte Machinimas, genießen lassen und mitunter große Verbreitung im Internet finden. So ist zumindest auf künstlerischer Ebene ein Maximum an Demokratisierung erreicht, und ein seduktiver Moment der Games führt zur vorläufigen Befriedigung des filmisch induzierten prometheischen Impulses: in der Montage eines Machinima-Filmchens selbst Regisseur und Filmemacher zu werden – und zugleich der Held im eigenen Werk zu bleiben. Doch bedeutet dies ebenso, der virtuellen Illusion völlig zu erliegen und Teil derselben zu werden.

Die limitierte Schöpfung im interaktiven Film

Interaktive Filme[14] versprechen im Gegensatz zum MMORPG eine Erfüllung des Traums vom selbst beeinflussbaren Spielfilm. Insofern stellen sie ein Genre des Computerspiels dar, das zu beträchtlichen Anteilen aus vollanimierten Cutscenes besteht und nur an Schlüsselstellen in den Game-Modus übergeht. Die passive Rezeption eines Spielfilms wechselt sich mit selbstbestimmtem Eingreifen in die Handlung ab.[15] Die Möglichkeiten der Avatarkreation und des Moddings sind hier meist nicht gegeben.

Obwohl es also bereits früh in der Geschichte des Videospiels Versuche gab, Spielfilmelemente und interaktive Spielszenarien zu kombinieren, wurde dieses Konzept umso attraktiver, je hochauflösender und detailreicher die Spieloptik gestaltet und somit der Spielfilmästhetik grundsätzlich angenähert werden konnte. Bei frühen Varianten ist die Qualität der filmartigen Cutscenes deutlich besser als die der interaktiven Spielzüge, erst in den letzten zehn Jahren gehen diese Elemente nahtlos ineinander über. Zugleich

/12/ Hier bildet der interaktive Film einen Hybriden zwischen voll-interaktivem Spiel und Spielfilm.
/13/ Nelson Goodman: *Ways of Worldmaking*. Indianapolis 1978, diskutiert bereits die unterschiedlichen Ausprägungen, in denen sich die kreative Generierung neuer Weltmodelle in verschiedenen Kulturen entwickelt hat. Entscheidend hierfür ist die Relativität der jeweiligen „Weltvisionen".
/14/ www.interaktive-filme.de.vu (03. 01. 2015).
/15/ Linda Scholz: Spiele als interaktive Filme. Teil 1: Die Verschmelzung zweier Medien, abrufbar unter www.spieleratgeber-nrw.de/Spiele-als-interaktive-Filme.3748.de.1.html (03. 01. 2015).

↑ Abb. 6 ∕ *Fahrenheit* (Quantic Dream; 2005)

nähern sich in dieser Zeit die audiovisuellen Stilmittel der Spiele (Perspektiven, Einstellungsgrößen, Musik, Sound und so weiter) dem Film an. Ziel ist es, den Spielern das Gefühl zu geben, die Spielszenen selbstbestimmt weiterzuführen. Sie werden dadurch gewissermaßen selbst zum Drehbuchautor und Regisseur, denen es obliegt, den Handlungsverlauf zu beeinflussen. Dabei ist die Musik von großer Bedeutung, denn sie beeinflusst die vom Spiel vorgegebene Grundstimmung, erzeugt Stress durch Atonalität und Rhythmus in existenziellen Grenzsituationen oder Ruhe und Konzentration durch Ambient-Musik. Was dabei vergessen werden soll, ist der Umstand, dass sowohl Charaktereigenschaften als auch Grundsituationen vom Spiel vorgegeben werden. Die Hintergründe der Handlung sowie die Motivation der Charaktere bleiben mitunter zunächst verdeckt beziehungsweise müssen erst erkundet werden. Der Unterschied zwischen Spielfilm

⬆ Abb. 7-8 ⁄ *Heavy Rain*

und interaktivem Film ist vor allem in der vorgegebenen Blickdramaturgie zu suchen: Der Film gibt durch die Kameraführung Perspektiven und Montage vor, im interaktiven Film sind zahlreiche Elemente und Perspektiven beeinflussbar. Wiederum wird der Spieler zum Regisseur, der außerhalb der Cutscenes die Entscheidungen trifft und weniger die Welt (wie im MMORPG) als vielmehr den Blick auf die Welt definiert.

Ein einflussreiches Œuvre an interaktiven Filmen hat der Spieldesigner David Cage entwickelt: *Fahrenheit* (Quantic Dream; 2005), *Heavy Rain* und *Beyond: Two Souls* (Quantic Dream; 2013) sind massiv von filmischer Ästhetik und Genretypologie beeinflusste Videospiele mit umfassenden Cutscenes und nur gelegentlichen interaktiven Handlungsentscheidungen. Dabei gehen die Spiele stets von einer Krisensituation aus, die starke Bezüge zum Film noir hat, zum düsteren Kriminalfilm des Hollywood der 1940er Jahre. Oft wird man als Spieler in eine höchst ambivalente und undurchschaubare Situation versetzt, die existenzielle Entscheidungen verlangt, ohne durchschaubare Kontexte zu liefern. In *Fahrenheit* beginnt man das Spiel als ein Charakter, der ein blutiges Messer in der Hand hält und neben einer Leiche steht. Um das Spiel in Gang zu setzen, gilt es zunächst, die Leiche zu beseitigen (Abb. 6). Erst danach lassen sich die Zusammenhänge eruieren. Dabei ist die Einfühlung in den zunächst unvertrauten und ambivalenten

Protagonisten ebenso wichtig wie das Dirigieren von Blickrichtung und Perspektive. Man ist Akteur und Regisseur gleichermaßen – zumindest im vorgegebenen Rahmen. In dem Neo-Noir-Spiel *Heavy Rain* identifiziert man sich mit dem verzweifelten Vater eines entführten Kindes, der an einer zentralen Stelle entscheiden muss, ob er sich ein Fingerglied amputiert, um weiterzukommen (Abb. 7-8). Hier mischen sich Entscheidungsoption mit vorgegebenen Perspektiven und aufwühlender Tongestaltung zu einem Szenario, das an die Autodestruktionsorgien der SAW-Filmreihe (R: James Wan, 2004-2010) aus dem Kontext des Terrorkinos[16] erinnert (Abb. 9). Als Spieler, der sich mit dieser Grenzsituation identifiziert, ist man geneigt zu vergessen, dass man sich ungeachtet der interaktiven Momente noch immer in einem engen Korsett vorgegebener Möglichkeiten bewegt. Ein ‚World-Building' wie etwa im MMORPG findet hier nicht statt. Das Spiel lässt Varianten nur in einem gewissen Rahmen zu. Man kann das in den unterschiedlichen spielfilmartigen Aufzeichnungen und Montagen von Spielzügen nachvollziehen, die im Internet kursieren. Anders als in offenen Spielformaten ist es im interaktiven Film auch nicht möglich, zu bereits absolvierten Stationen oder Orten zurückzukehren. Die wesentlichen Entscheidungen können allerdings den Ausgang des Spiels beeinflussen.

Die Welt der Spiele ist noch lange nicht am Ende, sondern bringt gerade ihr seduktives Potenzial zur Blüte:

Abb. 9 / James Wan: SAW (2004)

Im Videospiel vereinen sich die mythische Tradition der epischen Erzählung, generische Standardsituationen, Kinoästhetik und die (scheinbare) Erfüllung des prometheischen Impulses zu einer frappierend zeitgemäßen Mixtur, die Baudrillards Simulakrum-Thesen auf ein neues Level hebt. Die Ordnung der Simulakren ist selten deutlicher zu beobachten als im interaktiven Medium, das in den letzten Jahren an der Vervollkommnung seiner eigenen Simulationsmechanismen arbeitet. Es ist dabei keine Frage, ob das Phänomen komplett aus dem Computer geschaffener und vom Rezipienten modifizierter Welten oder die temporäre Kreation eigener Filminszenierungen eine zukunftsweisende Chance haben. Im interaktiven Film ist die Grenze zwischen den Kunstformen längst aufgehoben – der prometheische Impuls muss hier allerdings weitgehend ins Leere laufen, zumindest in letzter Instanz.

/ 16 / Siehe zu diesem Begriff: Marcus Stiglegger: *Terrorkino. Angst/Lust und Körperhorror*. Berlin 2010.

PETRA FRÖHLICH

ICH WÄR' SO GERN WIE DU

A bsolut filmreif! Film zum Mitspielen! Wie in Hollywood! Interaktiver Film! – All das sind Etiketten, wie sie Computerspielen seit Jahrzehnten angepappt werden. Marketingabteilungen und PR-Agenturen waren und sind mit solchen Formulierungen mindestens genauso schnell bei der Hand wie Journalisten.

In Wirklichkeit dokumentieren diese Vokabeln eine tiefe Sehnsucht, ein wenig vom Glamour-Feenstaub der Traumfabrik und ihrer Stars abzuzweigen. Steven Spielberg, Tom Cruise, Martin Scorsese, Angelina Jolie – das sind bis in den letzten Winkel der Zivilisation allgemein bekannte Namen. Zum Vergleich: Selbst bei Blockbustern wie *Grand Theft Auto* oder *Call of Duty* würden neun von zehn Core-Gamern verlässlich daran scheitern, ad hoc die Namen der verantwortlichen Spieldesigner zu benennen.

Nicht nur deshalb plagen die Spielebranche fast schon pathologische Minderwertigkeitskomplexe gegenüber der Welt des Films. Dies zeigt sich in

Abb. 2 / Wolfgang Reitherman / Walt Disney: THE JUNGLE BOOK (1967)

Abb. 1 / *The Jungle Book* (Sega; 1993)

⇧ Abb. 3 ∕ *Assassin's Creed Unity* (Ubisoft; 2014)

› trotzigen Vergleichen, was etwa die Umsätze des Erstverkaufstags von AAA-Produktionen anbelangt, die natürlich regelmäßig zugunsten der Spiele ausfallen. Oder aber im Wehklagen über die objektiv ungerechte Verteilung von Fördergeldern, explizit in Deutschland – einem Absatzmarkt, der traditionell zwischen Tolerierung und Verdammung der Spieleindustrie oszilliert.

Die Games-Branche pfeift dasselbe Lied wie Affenkönig Louie in Disneys Dschungelbuch: „Ich wär' so gern wie du."

Auch innerhalb von Spielefachredaktionen und ihrer Leserschaft ist das Verhältnis zum Film ausgesprochen ambivalent, wenn auch aus anderen Gründen. Das bemerkenswert schlechte Image von „Film-Spielen" rührt ursprünglich von Lizenztiteln, die auf Hollywood-Blockbustern basieren und gerade in den 1980ern und 90ern gleichermaßen zahl-, wahl- und lieblos veröffentlicht wurden. Ursächlich für das Scheitern war stets ein unseliger Mix aus überforderten Studios, restriktiven Lizenzgebervorgaben und Fertigstellungsdruck Richtung Filmstart.

Mit dem Aufkommen der CD-ROM- und DVD-Laufwerke rund um die Jahrtausendwende ließen sich plötzlich große Mengen an Realfilmvideos integrieren, so geschehen etwa bei *Rebel Assault*, für das Lucasfilm auf markante Szenen der STAR WARS-Trilogie zurückgreifen konnte. Bei den meisten Spielen jener Ära reichte die dramaturgische Güte des eilig heruntergekurbelten Filmmaterials selten über „America's funniest home videos" hinaus.

Diese Zeiten sind weitestgehend vorbei – an ihre Stelle sind studioeigene XXL-Universen getreten. Was die „production values" (sprich: Geld, Zeit, Personal) anbelangt, operieren global agierende Marktführer wie Activision, Ubisoft oder Electronic Arts längst auf

Abb. 4 ⁄ *The Last of Us* (Naughty Dog; 2013)

Augenhöhe mit Hollywood-Studios. Technisch sind diese Spiele folgerichtig überragend, kommerziell erfolgreich ohnehin – trotzdem fällt die Kritikerliebe zuweilen sparsam aus, was in der Regel allzu holzschnittartigen Figuren, linearen Abläufen und vorhersehbaren Plots geschuldet ist. Gerade die Dialoge entpuppen sich häufig als derart langatmig und klischeebeladen, dass man sie am liebsten überspringen möchte.

Dabei gibt es sie natürlich, jene sagenumwobenen „filmreifen" Spiele. Man erkennt sie überraschenderweise an jenen Momenten, in denen nichts (oder so gut wie nichts) geschieht. Wenn man in *Assassin's Creed Unity* ungläubig staunend auf dem Dach von Notre-Dame den Blick über das Paris der Französischen Revolution schweifen lässt (Abb. 3). Wenn man an den Lippen einer charismatischen Figur hängt, die einen Endlosmonolog in bester Tarantino-Tradition abhält. Wenn in *The Last of Us* eine Teenagerin und ihr Begleiter inmitten einer zombieverseuchten Nation unvermutet auf seelenruhig grasende Giraffen in den Ruinen eines Zoos treffen (Abb. 4). Wenn wir nach dem Showdown im Westernepos *Red Dead Redemption* durch endlose Steppen in Richtung Familienfarm galoppieren – nonstop. Minutenlang. Nur untermalt von Gitarrenklängen (Abb. 5).

All das ist großes Kino

„Die Feuerpracht gibt mir die Macht, genau zu sein wie du" – die Kunst des Feuermachens ist es, die King Louie so gern von Mogli in Erfahrung bringen möchte. Auch Games-Schaffende und -Nutzende möchten gern „dazugehören". Sie erheben den Anspruch, innerhalb des

Abb. 5 ⁄ *Red Dead Redemption* (Rockstar San Diego; 2010)

Kulturbetriebs ernst genommen zu werden und das (überholte) Image des reinen Kinderspielzeugs abzustreifen – das ist verständlich. Dazu ist es vonnöten, die Fülle an krawalligen CGI-Produktionen noch weiter durch erwachsene Stoffe zu ergänzen.

Ein (Aus-)Weg bestünde darin, die Mechaniken des abendfüllenden Spielfilms schlicht zu überwinden und sich stattdessen in den Disziplinen Erzählstruktur, Komplexität und Dynamik noch stärker vielfach gepriesenen TV-Serien wie *The Walking Dead*, *Boardwalk Empire* oder *Game of Thrones* anzunähern. Die Missionen und Kapitel eines Videospiels entsprechen ja ohnehin von Natur aus den Episoden einer Serienstaffel.

Das Versprechen des vergnüglichen Zeitvertreibs lösen Computerspiele fast immer ein, jetzt müsste es nur noch viel häufiger gelingen, echte Emotionen zu entfachen. Dies wäre ein großer Schritt, ein buchstäblicher Fort-Schritt.

BORIS SCHNEIDER-JOHNE

Von „filmreif" bis zur ENDLOSSCHLEIFE

Ich bekenne mich schuldig. Ich habe die Worte „filmreife Dialoge" und „hollywoodreife Handlung" Dutzende Male verwendet. Denn als Spieletester in den späten 1980er Jahren war man neidisch. Blockige Grafik, piepsige Chipmusik und lange Ladezeiten prägten unser „Hobby zum Beruf", während im Kino ein DeLorean geschmeidig durch die Luft flog und selbst ein Bodybuilder zum Sprechen unsterblicher One-Liner gebracht werden konnte.

Mit genügend Altersweisheit und deutlich besserer Filmkenntnis darf man getrost sagen, dass auch ich als Redakteur diesen Stempel auf nahezu alles draufgeklebt habe, was mehr als nur „avoid missing ball for high score" (Pong) als Hintergrundgeschichte hatte. Aber, seien wir ehrlich, eine richtige Fehleinschätzung ist das auch nicht. Hollywood produziert viel Mist, und heute ist es en vogue, statt dem Kino der Fernsehserie die bessere Erzählstruktur zuzusprechen.

Zur Verteidigung kann ich außerdem vorbringen, tatsächlich „filmreife Dialoge" übersetzt zu haben. Denn 1987 kam es zu einem hollywoodreifen Kontakt zum Team von Lucasfilm Games. Ich hatte damals bei der Softwarefirma Activision für Aufsehen gesorgt, weil ich deren Spiel *Murder on the Mississippi* (eine Anlehnung

Abb. 1 ⁄ *Monkey Island 2: LeChuck's Revenge* (LucasArts; 1991)

↑ Abb. 2 ∕ *The Secret of Monkey Island* (LucasArts; 1990)

> an Agatha Christies *Tod auf dem Nil*) in Eigenregie ins Deutsche übersetzt hatte. Lucasfilm arbeitete an seinem zweiten Adventure (das erste war eine Umsetzung des Films LABYRINTH gewesen) namens *Maniac Mansion*. Ob ich das vielleicht auch übersetzen wolle?
>
> Die folgenden Jahre hatte ich das unverschämte Glück, an einigen prägenden „kinoreifen" Spielen der späten 1980er Jahre und der frühen 90er mitarbeiten zu dürfen. Dabei wollte George Lucas das gar nicht, als er die Spielabteilung einige Jahre vorher gegründet hatte. Elemente aus der Filmproduktion durften bei den Erstlingswerken unterstützen, aber es sollten klassische Videospiele sein. George Lucas fragte sogar mal an, warum ein Spiel keinen

Abb. 3 / *Monkey Island 2: LeChuck's Revenge*

Feuerknopf habe, der Spieler wolle doch sicher etwas abschießen.

Die Lucasfilm-Adventures hingegen erzählten Geschichten, statt nur eine Abfolge immergleicher Actionsituationen zu sein, hatten Anfang und Ende, gar eine Dreiakterstruktur, und waren damit den Filmen viel ähnlicher als die ursprünglich geplanten klassischen Videospiele. Und weil es den Programmierern verboten war, den KRIEG DER STERNE anzurühren, erfand man dort das lila und das grüne Tentakel, den rasenden Reporter Zak McKracken und Guybrush Threepwood, den jungen Mann, der unbedingt Pirat werden will und das Geheimnis von Monkey Island sucht.

Natürlich waren die Grafiker, Sounddesigner und Programmierer bei Lucasfilm Games große Kinofans. Und vielleicht gerade deshalb haben die Adventures von Lucasfilm das unglaubliche Selbstbewusstsein, immer wieder die vierte Mauer einzureißen und dem Spieler zuzuraunen: „Ich bin kein Film!" Da ruft Guybrush Threepwood eine Hotline an, um sich Tipps für das eigene Spiel geben zu lassen (Abb. 3), wird der Spieler auf die Suche nach einer nicht existenten Diskette geschickt (Abb. 2) und in der Piratenkneipe hemmungslos Reklame für das demnächst erschei-

Abb. 4 / *The Secret of Monkey Island*

nende Fantasyspiel *Loom* gemacht (Abb. 4). Und in der Fortsetzung von *Maniac Mansion*, *Day of the Tentacle*, kann man sich virtuell an einen PC setzen und *Maniac Mansion* spielen. So eine Endlosschleife haben nur Mel Brooks (SPACEBALLS) und Christopher Nolan (INCEPTION) glaubhaft auf die Kinoleinwand gebracht.

INTERVIEW
mit Ron Gilbert

Maniac Mansion (1987), *Zak McKracken* (1988), *The Secret of Monkey Island* (1990) und *Monkey Island 2: LeChuck's Revenge* (1991) zählen zu den raffiniertesten und einfallsreichsten Videospielen der späten 1980er und frühen 90er Jahre. Sie verliehen nicht nur weitgehend in Vergessenheit geratenen Hollywood-Genres wie dem Piratenfilm und den Science-Fiction-Szenarien der 1950er-Pulp-Hefte ein neues virtuelles Leben, sie dachten diese auf ironisch reflektierte Weise im Videospielformat weiter und prägten damit über Jahrzehnte hinweg das auf ausgefallenen Puzzles und überraschenden Dialogen basierende Adventure-Genre.

Ron Gilbert, der als Designer des Kultlabels Lucas-Arts diese Spiele maßgeblich prägte, gibt Einblicke in die Geheimnisse von *Monkey Island*.

Abb. 1-2 ⁄ *Maniac Mansion* (Lucasfilm Games; 1987)

⭡ **Abb. 3 ⁄ Zak MacKracken and the Alien Mindbenders (Lucasfilm Games; 1988)**

⭡ **Abb. 4 ⁄ The Secret of Monkey Island (Lucasfilm Games; 1990)**

> *Was weckte Ihr Interesse am Piratengenre zu einem Zeitpunkt, an dem es nahezu vollkommen von den Leinwänden verschwunden war?*

Ich warf einen Blick darauf, welche Genres erfolgreich waren, und ähnlich wie heute war Fantasy ganz weit oben auf der Liste. Das einzige Problem daran war, dass ich Fantasy nicht mag, aber Piraten schienen die gleichen Qualitäten zu haben, und außerdem mochte ich die Pirates-of-The-Caribbean-Themenfahrt in Disneyland. In diesem Szenario hätte ich am liebsten gelebt.

Wie kam die wundervolle Idee zustande, die Schwertkämpfe im Spiel mit Wortgefechten auszutragen?

Ich sah mir eine ganze Menge an Piraten- und Mantel-und-Degen-Filme aus den 1930er und 40er Jahren an. In diesen wurde viel mehr Zeit mit Reden als mit Kämpfen verbracht. Außerdem mochte ich keine Actionpassagen in einem Adventure-Spiel, daher schien mir diese Kombination hervorragend geeignet zu sein.

Für die später in PIRATES OF THE CARIBBEAN *(2003) aufgegriffene Idee, Piratenabenteuer mit übernatürlichen Motiven zu kombinieren, sollte Ihnen Disney eigentlich Tantiemen schuldig sein. Woher kam die Inspiration, Voodoo und Geisterpiraten im Videospiel zusammenzubringen? Im Kino wurde diese bis dahin nicht ausprobiert.*

Die Idee kam durch den Roman *On Stranger Tides* von Tim Powers. Seltsamerweise hat Disney diesen Roman Jahre später als Vorlage für einen der PIRATES OF THE CARIBBEAN-Filme verwendet.

Interview: Andreas Rauscher

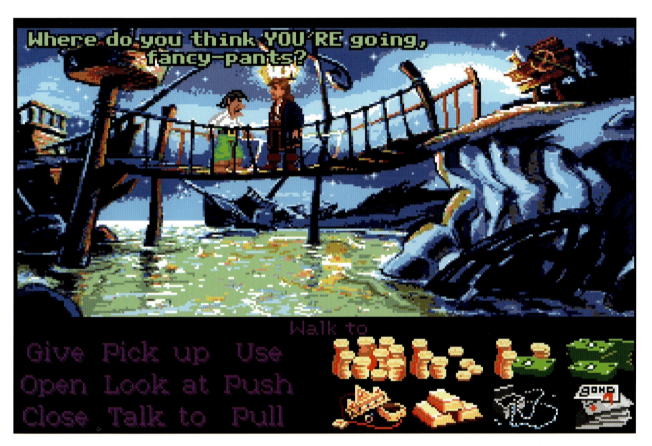

Abb. 5 / *Monkey Island 2: LeChuck's Revenge* (LucasArts; 1991)

Level 2 /
Adaptionen und Austausch

52 / Level 2 / Adaptionen und Austausch

ANDREAS RAUSCHER

LOST IN ADAPTATION
oder: Der Film im Zeitalter seiner ludischen Reproduzierbarkeit

Am 26. April 2014 erfolgte eine Ausgrabung der ungewöhnlichen Art. In der Wüste von New Mexico wurde ein Rechercheteam um den Filmemacher Zak Penn fündig. Eine urbane Legende aus der Frühzeit der Videospiele hatte sich überraschend bestätigt: In der Nähe der Stadt Alamogordo waren 1983 mehrere tausend Exemplare des kolossal gefloppten Spiels zu E. T. – THE EXTRA-TERRESTRIAL (E. T. – Der Außerirdische; 1982; Steven Spielberg) vergraben worden (Abb. 2–3). Das medienarchäologische Artefakt lieferte nicht nur einen ausgefallenen Höhepunkt für die von Penn gedrehte Dokumentation ATARI – GAME OVER über den Bankrott eines der einflussreichsten Videospielproduzenten der 1970er Jahre. Der weitreichende kommerzielle Misserfolg des Spiels zu ausgerechnet jenem Film, der mehrere Jahre lang als der erfolgreichste aller Zeiten galt, wirft einige grundlegende Fragen auf. Weshalb galt das als unspielbar gewertete E. T. als symptomatisch für die Probleme von Filmumsetzungen, im Fachjargon liebevoll Versoftungen genannt? Welche Adaptionsformen zwischen Film und Videospielen haben sich in den letzten Jahrzehnten herausgebildet, und gibt es darunter nicht doch eine adäquate Strategie, die die filmische Erfahrung spielerisch bereichert? Strebt

Abb. 1 ⁄ *Indiana Jones and the Temple of Doom* (Atari; 1985)

Abb. 2 / Fundstücke der Atari-Ausgrabung bei Alamogordo, New Mexico

das Videospiel tatsächlich nach der ludischen Reproduzierbarkeit des Films, und befindet es sich mit digitaler Animation und Performance Capturing endlich am Ziel dieser Entwicklung? Oder haben nicht doch die sogenannten Ludologen um das Kopenhagener Game Research Center recht, wenn sie den Eigenwert der Spiele betonen und wie der Designer und Theoretiker Eric Zimmerman vor einem „cinema envy" warnen?

Videospiele zu erfolgreichen Filmen entstanden in den 1980er und 90er Jahren häufig unter problematischen Produktionsbedingungen. Die Spiele sollten pünktlich zum Film erscheinen. Die Designer bekamen keinen Eindruck vom Set Design, sondern lediglich ein paar Notizen und erste Drehbuchentwürfe. Aus Bequemlichkeit griff man angesichts des Zeitdrucks sogar in diversen Fällen auf bewährte Spielkonzepte zurück, die gerade erfolgreich waren, und ersetzte die Spielfiguren einfach durch das grobpixelige Konterfei der Charaktere aus dem Film. Ob sich im Spiel die Filmhandlung wiedererkennen ließ oder das Gameplay – die Interaktion zwischen Spielern und Programm – thematisch überhaupt zum Film passte, erschien sekundär. Gerade aufgrund der fehlenden Bezüge zur Vorlage enttäuschte ein Großteil der Spiele. Filme waren zwar auch früher schon als Spiele reproduzierbar, wie verschiedene Brettspiele zu Disney-Produktionen oder den James-Bond-Filmen aus den 1960er und 70er Jahren verdeutlichen. Mit den Videospielen tauchte jedoch das Versprechen auf, Spuren der Aura des Kinobesuchs in einem anderen Medium durch Nachspielen einfangen zu können. Vergleichbar den heute nahezu verschwun-

Performance Capturing
Mit dieser Technik werden Mimik und Bewegung eines Schauspielers auf eine digital erzeugte Figur übertragen.

Abb. 3 / *E. T. the Extra-Terrestrial* (Atari; 1982)

denen Romanen, Hörspielen und Comics zu einem Film ließen sie das Kinoerlebnis in den eigenen vier Wänden noch einmal nachvollziehen.

Im Unterschied zu späteren Filmadaptionen beschränkten sich Videospiele in den 1980er Jahren aufgrund der eingeschränkten technischen Möglichkeiten noch auf einzelne einprägsame Szenen. Diese wurden in eine sich in möglichst vielen Durchläufen wiederholbare, zunehmend für den Spieler oder die Spielerin schwierigere Struktur übertragen. In Spielen zu STAR WARS IV – A NEW HOPE (Krieg der Sterne – Eine neue Hoffnung; 1977; R: George Lucas) folgte auf jeden zerstörten Todesstern ein weiterer – anstelle der den Film abschließenden Rückkehr zur Rebellenbasis. Im nachfolgenden Spiel zu STAR WARS V – THE EMPIRE STRIKES BACK (Krieg der Sterne – Das Imperium schlägt zurück; 1980; R: Irvin Kershner) entkam der Spieler oder die Spielerin immer wieder aus der Eiswüste des Planeten Hoth und durch das

Asteroidenfeld, erfuhr aber in keiner Spielrunde, dass es sich bei dem finstern Darth Vader um den tot geglaubten Vater des Helden Luke Skywalker handelt. Die Star-Wars-Automatenspiele konzentrierten sich ebenso wie das auf einen Jump-'n'-Run-Hindernisparcours fokussierte Spiel (Abb. 1 und 5) zu INDIANA JONES AND THE TEMPLE OF DOOM (Indiana Jones und der Tempel des Todes; 1984; R: Steven Spielberg, Abb. 4) auf einzelne in kürzester Zeit verständliche Actionsequenzen. Wie Stephan Schwingeler über die Bildgestaltung der frühen Automatenspiele bemerkt, passte in diesen das gesamte Spielfeld auf einen Bildschirm.[1] Im Unterschied zu einem Brettspiel bestand der besondere Reiz der Videospiele in der Dynamik der Animation und den rudimentären Sound-Samples aus den Filmen. Auch wenn sie noch immer einen relativ hohen Abstraktionsgrad aufwiesen, gestalteten sie sich dennoch deutlich sinnenfreudiger als jene Brettspiele, in denen sich die gleichen Situationen als Würfelduelle umgesetzt fanden.

Bedauerlicherweise gewannen die von Walter Benjamin als Initiatoren der Nachbildung genannten „gewinnlüsternen Dritten"[2] schnell die Oberhand gegenüber den aus Faszination für die Magie des Kinos nachahmenden Spielern und Game-Designern. Zahlreiche auf den Markt geworfene Spiele zu populären Blockbustern beschränkten sich auf die Interaktivität und den Nuancenreichtum einer Kaffeetasse zum Film. Besonders berüchtigt waren die Produktionen des britischen Spieleentwicklers Ocean, der Games zu bekannten Filmen und TV-Serien im Dutzend anfer-

Abb. 4 / Steven Spielberg: INDIANA JONES AND THE TEMPLE OF DOOM (1984)

Abb. 5 / Indiana Jones and the Temple of Doom

/ 01 / Stephan Schwingeler: It's All About Connecting the Dots. Raum und Perspektive im Videospiel. In: Benjamin Beil, Marc Bonner, Thomas Hensel (Hg.): Computer / Spiel / Bilder. Glückstadt 2014, S. 32.
/ 02 / Walter Benjamin: Das Kunstwerk im Zeitalter seiner technischen Reproduzierbarkeit. Frankfurt am Main 2006, S. 9.

Abb. 6 /
The Rocky Horror Show
(CRL Group plc; 1985)

tigte. Retrospektiv betrachtet, entfalten diese Spiele aufgrund ihrer Absurdität sogar einen eigenen skurrilen Charme: Im Game zur Neo(n)-Noir-Kultserie *Miami Vice* (USA 1984–1989) explodierte der Sportwagen der stilbewussten Undercover Cops, sobald er den Bordstein berührte. Das Pathos der Mitte der 1980er Jahre von Sylvester Stallone realisierten reaktionären Actionspektakel entfaltete in der reduzierten Darstellung der begleitenden Videospiele eine ausgeprägte unfreiwillige Komik. Als Rambo konnte er nicht nur wie im zweiten Film der Serie den Vietnam-Krieg im Rückspiel im Alleingang gewinnen. Das 1985 von Ocean veröffentlichte Videospiel ermöglichte es dem Spieler, den gesamten Dschungel mit einem einzigen Maschinengewehr zu roden. Im ein Jahr später erschienenen Spiel zum regressiven Machwerk COBRA (Die City-Cobra; 1986; R: George P. Cosmatos) wurde die Lebensanzeige des von Stallone gespielten hartgesottenen Gesetzeshüters durch einen Hamburger dargestellt, der auf Grund seines comichaften Looks nicht ganz zum Stil des auf Hochglanz polierten Films passte.

Die Ocean-Adaptionen unterschieden sich in ihrem Spielablauf nur geringfügig voneinander, gleichgültig ob es sich um das Vietnam-Drama PLATOON (1987; R: Oliver Stone), den Science-Fiction-Film TOTAL RECALL (Die totale Erinnerung; 1990; R: Paul Verhoeven) oder die Komödie BEVERLY HILLS COP (1984; R: Martin Brest) als filmische Vorlage handelte. In jedem dieser Spiele musste sich ein grob gezeichneter Avatar von einer Seite des Bildschirms zur anderen durchkämpfen. Ob es sich um eine digitale Umsetzung von Charlie Sheen, Arnold Schwarzenegger oder Eddie Murphy handelte, konnte man am besten auf dem Cover der Verpackung und nicht im Spiel selbst erkennen.

Im Vergleich zu diesen Routineprodukten ist das viel gescholtene *E. T.*-Spiel sogar einen zweiten Blick wert. Der Medientheoretiker Ian Bogost weist in seiner 2011 erschienenen Monografie *How to Do Things with Videogames* darauf hin, dass die für Spielbergs Film zentrale Erfahrung von Einsamkeit im Spiel ungewöhnlich effektiv vermittelt wird, „it was a film about alienation, not about aliens … playing the role of E. T. is an expression of weakness, not of power".[3] Zwar bleibt das *E. T.*-Videospiel aufgrund seines hohen Schwierigkeitsgrads nach wie vor nahezu unspielbar, aber dennoch benennt Bogost einen für den Adaptionsprozess wichtigen Aspekt.

Videospiele entfalten ihren Reiz nicht primär als eine neue Form des Geschichtenerzählens oder des interaktiven Films, sondern als für die Spieler arrangierte Erfahrung aus Herausforderungen und Zielen. Diese ergeben sich aus dem Zusammenspiel von Ästhetik, Regeln und Mechanik, das im Idealfall den Spielern bei zunehmend besserer Beherrschung des Spiels die Kontrolle über den Rhythmus, in dem sich das Geschehen vollzieht, ermöglicht. Die interessanteren der frühen, auf einige wenige Schauplätze und Situationen beschränkten Filmadaptionen bemühten sich, an markante Szenen der Vorlage anzuknüpfen. Allerdings ähnelten sie im Gebrauch ihrer reduzierten und abstrakten Mittel stärker einem aus prägnanten Momenten zusammengesetzten Trailer als einer vollständigen Adaption. Das Spiel zum Kultfilm der 1970er-Jahre THE ROCKY HORROR PICTURE SHOW (1975; R: Jim Sharman) nutzte eine 8-Bit-Variante des *Time Warp* als Untermalung eines in Frank N. Furters Schloss angesiedelten Suchspiels (Abb. 6). Der Spielautomat zum Cyberspace-Klassiker TRON (1982; R: Steven Lisberger) ermöglichte die Auswahl zwischen vier Szenarien des Films, und das Duell mit

/ 03 / Ian Bogost: *How to Do Things with Videogames*. Minneapolis 2011, S. 20.

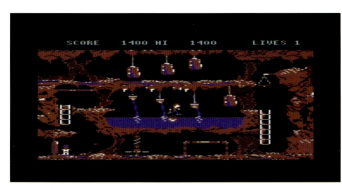

⇧ Abb. 7 ⁄ *The Goonies* (Konami; 1986)

⇧ Abb. 8 ⁄ *Gremlins: The Adventure* (Brian Howarth; 1985)

digitalen Frisbees wurde als eigenständiger weiterer Spielautomat umgesetzt. Das Spiel zu GHOSTBUSTERS (Ghostbusters – Die Geisterjäger; 1984; R: Ivan Reitman) kombinierte Strategie- und Geschicklichkeitselemente, und die *Goonies* (Konami; 1986) mussten wie in der gleichnamigen Spielberg-Produktion auf der Suche nach einem Piratenschatz zahlreiche Hindernisse in einem unterirdischen Höhlensystem überwinden (Abb. 7). Charakteristisch für diese Spiele ist aus heutiger Sicht, dass sie eine konkrete, sich mehrfach wiederholende Spielaufgabe, die auf einer einzelnen Situation aus dem Film aufbaute, mit einer abstrakten Umsetzung der Filmkulissen kombinierten (Abb. 8). Die Szenarien hätten auch in etwas aufwändiger gestaltete und mit komplizierteren Regeln versehene Brettspiele umgesetzt werden können.

Gemeinsam ist diesen Spielen, dass sie das Moment der Bewegung in den Vordergrund stellen. Darin entsprechen sie jenem Merkmal, das Erwin Panofsky 1947 in seinem Aufsatz *Style and Medium in the Motion Picture* als besondere Qualität der Filmkunst hervorgehoben hatte. Das Medium Film konnte nicht mehr länger den Anspruch erheben, die einzige „visual art entirely alive"[4] zu sein. Bei den per Münzeinwurf gestarteten Spielautomaten deckten sich – wie im Kino der Attraktionen – Kult- und Marktwert unmittelbar. Für das investierte Geld erhielt der Spieler an den Arcade-Automaten der 1970er und 80er Jahre wie in den Kinoprogrammen auf den Jahrmärkten um 1900 konkret einen Gegenwert, der nicht auf die Abfolge einer Narration oder das Ritual einer kontemplativen Sichtung angewiesen war. Stattdessen wurden die Sinne direkt nach der Bezahlung mit Affekten belohnt.

Vergleichbar der Entwicklung des Films von einer nicht narrativen Abfolge von Sensationen zur erzählerischen Montage in den Filmen von D. W. Griffith und anderen, versuchten auch die Spiele, zunehmend eine eigene Dramaturgie zu entwickeln. Das als Laserdisc-Automat vertriebene Spiel *Dragon's Lair* wurde 1984 von dem renommierten Animationsfilmregisseur Don Bluth gestaltet, der später die Filme AN AMERICAN TAIL (Feivel, der Mauswanderer; 1986) und THE LAND BEFORE TIME (In einem Land vor unserer Zeit; 1988) drehte. Die mithilfe des umfangreichen Speichermediums abgespielten Abenteuer des schlaksigen Ritters Dirk konnten sich mit aufwändigen Trickfilmen messen (Abb. 9). Zugleich wurde bereits in

⁄ **04** ⁄ Erwin Panofsky: Style and Medium in the Motion Picture. In: Gerald Mast, Marshall Cohen, Leo Braudy (Hg.): *Film Theory and Criticism*, S. 233-248. Hier: S. 234.

diesem Fall ein wesentliches Problem des sogenannten interaktiven Films deutlich. Entgegen der detailreichen visuellen Umsetzung beschränken sich die spielerischen Handlungsmöglichkeiten auf simple Reaktionstests, die sich heute in den häufig als monoton kritisierten Quick-Time-Events fortsetzen.

> **Quick-Time-Event**
> Hierbei handelt es sich um interaktive Zwischensequenzen in Video- und Computerspielen, in denen der Spieler möglichst schnell eine Kombination von Tasten drücken muss, um fortzuschreiten oder zu überleben.

Die britischen Film- und Spieleforscher Tanya Krzywinska und Geoff King weisen in ihrem 2002 publizierten Sammelband *ScreenPlay – Cinema / Video Games / Interfaces* daher sehr treffend darauf hin, dass Erzählungen lediglich eine von vielen möglichen Optionen in Spielen darstellen und sie selbst in ihrer filmischsten Form keine Variante des interaktiven Kinos seien.[5]

Mit der ausgefeilten audiovisuellen Umsetzung des Plots, der die unmittelbaren Ereignisse der Handlung umfasst, und später auch der Story, die über die Details des Designs die Hintergrundgeschichte andeutet, verschwand keineswegs der stärker auf das Spielgeschehen ausgerichtete Stil der frühen Jahre. Bis heute finden sich die auf eine einzelne Situation beschränkten Adaptionen in Handy-Spielen zu Filmen oder als Retrodesign wie im Spiel zu THE EXPENDABLES 2 (2012, R: Simon West), in dem der virtuelle Stallone konsequent an seine Einsätze aus den 1980er Jahren anknüpft, auch wenn er dieses Mal nicht mehr den gesamten Dschungel zu Kleinholz verarbeitet.

Mit der Speicherfunktion der Heimcomputer erfuhren schließlich auch die Filmadaptionen eine wesentliche Erweiterung, die erstmals eine Umsetzung der vollständigen Handlung ermöglichte. Insbesondere die innovativen Produktionen des Studios LucasArts, von George Lucas gegründet, realisierten Spiele zu den Filmen LABYRINTH (Die Reise ins Labyrinth; 1986; R: Jim Henson) und INDIANA JONES AND THE LAST CRUSADE (Indiana Jones und der letzte Kreuzzug; 1989; R: Steven Spielberg). Die auf Puzzles und die richtige Auswahl an Aktionen und Dialogen ausgelegten Adventure-Spiele setzten prägnante Momente der Filme um (Abb. 10–11). Allerdings beschränken sie sich nicht wie ihre Vorgänger an den Spielautomaten auf einzelne Szenen, sondern konstruierten eine vom Spieler oder der Spielerin vorangebrachte Dramaturgie. Die Stärken des Game-Genres wurden durch die Rätsel und Dialoge entsprechend einbezogen, und zugleich wurde auf originelle Weise die Differenz zur filmischen Vorlage ausgespielt. *Labyrinth* (1986) beginnt mit einem Kinobesuch des gleichnamigen Films, der als

↑ Abb. 9 ∕ *Dragon's Lair* (Cinematronics; 1983)

∕ **05** ∕ Geoff King, Tanya Krzywinska: *ScreenPlay – Cinema / Videogames / Interfaces*. London 2002, S. 25.

Abb. 10 / Steven Spielberg: INDIANA JONES AND THE LAST CRUSADE (1989)

reines Text-Adventure geschildert wurde. Nachdem die ersten Hindernisse wie ein lästiger anderer Zuschauer und die Einlasskontrolle überwunden sind, beginnt der Film. Wie der Wechsel von Schwarz-Weiß zu Farbe im Film THE WIZARD OF OZ (Der Zauberer von Oz; 1939; R: Victor Fleming) markiert auch in *Labyrinth* die Veränderung einer stilistischen Komponente die Realitätsebene. Der im Film von David Bowie gespielte König der Kobolde erscheint und zieht den Avatar in die Leinwand hinein. Ab diesem Zeitpunkt wird das Spielgeschehen grafisch dargestellt. Auch das Adventure zum dritten Kinoeinsatz des Archäologen und effizienten Drittmittelbeschaffers Indiana Jones spielt gekonnt mit den Möglichkeiten des Mediums. Im Unterschied zum Film bleibt den Spielern die Wahl überlassen, ob sie sich mit einem Faustkampf oder raffiniertem Wortwitz aus einer gefährlichen Situation befreien. Unter anderem lässt sich ein Nazi-Agent abwimmeln, indem sich Indiana Jones als Verkäufer für Lederjacken ausgibt. Die ungehinderte Passage und 50 Mark Anzahlung sind die Belohnung für diese im Film nicht einmal angedeutete Lösung. Der Einfallsreichtum und die künstlerische Stärke dieser Adventures bestehen darin, dass sie gerade nicht mithilfe von filmischen, dem Einfluss der Spieler entzogenen Einschüben arbeiten, sondern die Entwicklung der selbstironischen Handlung selbst einen festen Bestandteil des Spiels bildet. Der Reiz besteht sowohl im Wiedererkennen der filmischen Szenarien als auch im verspielten Abweichen von deren bekanntem Verlauf. Der britische Games-Experte und Journalist Steven Poole bringt

Abb. 11 / *Indiana Jones and the Last Crusade* (Lucasfilm Games; 1989)

in seinem Buch *Trigger Happy* das Dilemma der Cutscenes mit einem ebenso amüsanten wie aussagekräftigen Beispiel auf den Punkt:

„It is as if you were reading a novel and forced by some jocund imp at the end of each chapter to win a game of table tennis before being allowed to get back to the story. Actually, with some games it's worse than that: it's the other way round. You really want a good, exciting game of ping-pong, but you have to read a chapter of some crashingly dull science-fantasy blockbuster every time you win a game."[6]

Auch außerhalb unmittelbarer Adaptionen setzte sich der Einfluss filmischer Vorbilder durch die umfangreicheren Möglichkeiten zur Spielgestaltung weiter fort. Die in den frühen Automatenspielen präsentierten Situationen konnten nun im Zusammenspiel von Gameplay und Plot sowie von Schauwerten und Herausforderungen in eine eigene Dramaturgie

---

Cutscene / Zwischensequenz
Zwischensequenzen sind Filmszenen, die in ein Videospiel eingebettet sind. Der Spieler ist dabei lediglich passiver Zuschauer, die Spielfigur handelt nach den Vorgaben der Designer und offenbart z. B. eigene Charakterzüge. Eine Zwischenform bilden die Scripted Events, in denen die Spieler zwar ihre Figur bewegen können, die Handlungen in ihrer Umgebung sich jedoch nach einem fest vorgegebenen Ablauf vollziehen. Die Spieler_innen können dabei lediglich die Perspektive, aber nicht die Ereignisse bestimmen.

/06/ Steven Poole: *Trigger Happy – The Inner Life of Video Games*. London 2000, S. 109.

↑ Abb. 12 / *Pirates!* (Sid Meier; 1986)

↑ Abb. 13 / *Zak McKracken* (LucasArts; 1988)

gebracht werden. Aus Filmen vertraute Standardsituationen wie Duelle, Einbrüche, Cliffhanger-Situationen und Verfolgungsjagden[7] sowie medienübergreifende Settings wie Fantasy, Science-Fiction, Western, Gangsterdramen und Abenteuergeschichten ließen sich mithilfe der umfassenderen gestalterischen Möglichkeiten in Spiele integrieren. Die Interaktivität des Spiels und die Spielmechaniken der Game-Genres ermöglichen seit der Verbreitung von Speichermöglichkeiten in den 1980er Jahren nicht nur, dass die Spieler Welten, die auf der Leinwand zuvor lediglich im Off außerhalb des Bildrahmens angedeutet worden waren, selbständig erkunden konnten. Spiele wie die Adventures des Studios LucasArts führten filmische Traditionen auf ihre ganz eigene Weise fort.

The Secret of Monkey Island (1990) von Ron Gilbert gelang mit den Abenteuern des ungeschickten Nachwuchspiraten Guybrush Threepwood nicht nur lange, bevor das scheintote Genre des Piratenfilms mit PIRATES OF THE CARIBBEAN (Fluch der Karibik; 2003; R: Gore Verbinski) seine Wiederauferstehung feierte, eine stilprägende Renaissance von dessen Themen und Motiven; Gilbert verband auch erfolgreich die zuvor selten miteinander kombinierten Elemente des klassischen Abenteuerfilms mit übernatürlichen Motiven wie Geisterpiraten und Voodoozauber. In einer brillanten selbstironischen Variation wurden die Schwertkämpfe mit anderen Piraten nicht wie in Sid Meiers Strategiespiel *Pirates!* (1986) durch rechtzeitiges Knopfdrücken entschieden (Abb. 12), sondern durch die originellste Beleidigung im Wettstreit der Beschimpfungen. Die Umsetzung der audiovisuellen, interaktiven Spielwelten und der eigenständige Ausbau filmisch vorcodierter Settings variierten Motive des Science-Fiction-B-Pictures in den von LucasArts entworfenen Adventures *Maniac Mansion* (1987), *Day of the Tentacle* (1993) und *Zak*

/ **07** / Vgl. Andreas Rauscher: *Spielerische Fiktionen – Transmediale Genrekonzepte in Videospielen*. Marburg 2012, S. 22 ff.

⇧ Abb. 14 / *Grim Fandango* (LucasArts; 1998)

McKracken (1988, Abb. 13) und resultierten mit *Indiana Jones and the Fate of Atlantis* (1992) schließlich sogar in einem eigenständigen neuen Abenteuer der Reihe außerhalb der Filme. Mit *Grim Fandango* (1998) von Tim Schaefer entstand eine an die Ästhetik des mexikanischen Tags der Toten angelehnte Noir-Hommage, die in ihrem Einfallsreichtum den Großteil der kommerziellen Animationsfilme schlägt (Abb. 14).

Das Studio Cinemaware demonstrierte Ende der 1980er und zu Beginn der 90er Jahre mit Spielen wie *Defender of the Crown* (1986), *King of Chicago* (1987) und *It Came From the Desert* (1989), wie sich aus Filmen vertraute Szenarien effektvoll mit Game-Genres kombinieren ließen. *Defender of the Crown* griff die Standardsituationen eines Ritterfilms auf – die Belagerung einer gegnerischen Burg, ein Turnier und den Überfall auf einen feindlichen Herzog – und verband sie mit den strategischen Herausforderungen des Brettspiels *Risiko* (Abb. 15-16).

Abb. 15-16 / *Defender of the Crown* (Cinemaware; 1987)

Mit der Einführung der CD-Rom zu Beginn der 1990er Jahre wurde schließlich die technische Reproduzierbarkeit ganzer Filmsequenzen in Videospielen als neuer Standard möglich. Doch entgegen teleologischer Ideale der Medientheorie lag die Perspektive eines kreativen Zusammenspiels zwischen Filmen und Games gerade nicht in der Angleichung als Ergebnis einer audiovisuellen Aufholjagd. Transmediale Verknüpfungen im Sinne des Medienwissenschaftlers Henry Jenkins[8], die wie die Star-Wars-Saga oder die Matrix-Reihe eine medienübergreifende Erfahrung mit verschiedenen gleichwertigen Einstiegspunkten bieten, funktionieren am besten, wenn sie die medienspezifische Erfahrung nicht gleichschalten, sondern im Film die Finesse der Inszenierung durch den Regisseur oder die Regisseurin und im Spiel die ästhetische Eigenverantwortung der Spieler, die durch ihre Performance bis zu einem gewissen Grad selbständig Perspektiven und Audioarrangement gestalten können, zur Geltung kommen lassen. Entsprechend erweisen sich auch nicht die mit ausgedehnten Videosequenzen ausgestatteten Filmspiele als diejenigen mit der nachhaltigsten Wirkung, sondern jene, die einen eigenen spielerischen Weg durch die aus dem Film bekannte Welt entwerfen. In ihnen werden unterschiedliche Formen des Gameplay kombiniert, um die narrative Architektur der filmischen Vorlage zu vermitteln und zugleich um Aufgaben zu erweitern. In James-Bond-Videospielen kommt es zu Verfolgungsjagden, riskanten Einbrüchen und Gefechten mit hinterhältigen Schurken. Die Star-Wars-Adaptionen kombinieren als Spiele hingegen eine ähnliche Vielzahl an Genres wie die filmischen Vorlagen selbst. Rollenspiel, Raumjäger-Simulation, Laserschwerterkampf, First-Person-Shooter und Pod-Rennen – nahezu sämtliche Game-Genres finden sich in einer Star-Wars-Variante.

↑ Abb. 17 / *The Warriors* (Rockstar Toronto; 2005)

Abb. 18 / Walter Hill: THE WARRIORS (1979)

Spiele können sogar die Handlungsräume der Vorlagen um neue Varianten erweitern. Das fast 30 Jahre nach dem Film entstandene Spiel (Abb. 17) zu Walter Hills Großstadt-Action-Phantasie THE WARRIORS (Die Warriors; 1979, Abb. 18) ließ 2005 das New York der 1970er Jahre als Abenteuerspielplatz auferstehen und schilderte die Hintergrundgeschichte

First-Person-Shooter
First-Person-Shooter, häufig auch als Ego-Shooter bezeichnet, sind Videospiele, in denen der Spieler mit Schusswaffen in der Ego-Perspektive, d. h. durch die Augen der Spielfigur, gegen andere Spieler oder computergesteuerte Gegner kämpft.

/ 08 / Vgl. Henry Jenkins: *Convergence Culture. When Old and New Media Collide*. New York 2006.

Abb. 19 / *From Russia with Love* (Electronic Arts; 2005)

der im Film unschuldig eines Mordes verdächtigten Gangmitglieder. In *From Russia with Love* (Electronic Arts; 2005) pflegte Sean Connery noch einmal die kultivierte Hassliebe zu seiner bekanntesten Rolle und lieh James Bond seine Stimme, um 40 Jahre nach Entstehung des Films, die Spieler neue Parallelhandlungen erleben zu lassen, die in ihrem Stil eher an die extravaganten Science-Fiction-Szenarien der späteren Filme als an die ursprünglich als harten Agententhriller inszenierte Vorlage erinnern (Abb. 19-20). *Alien: Isolation* (Creative Assembly) setzte 2014 Entwürfe um, die in Ridley Scotts Film von 1979 nicht realisiert worden waren (Abb. 21-22), und die zahlreichen im Star-Wars-Universum angesiedelten Spiele erkunden Schauplätze und Epochen, die im Kino niemals gezeigt worden waren. Die Mise en Scène wird in die je nach Spielerinteressen narrativ, performativ oder ludisch konzipierte Mise en Game transformiert. Diese Emanzipation der Spiele von ihren filmischen Bezugsgrößen bei gleichzeitiger thematischer Annäherung an diese deutet eine Perspektive an, die nicht mehr top down vom Kino auf die Spiele herabblickt oder aus umgekehrter Sicht verächtlich auf das präludische Lichtspiel zurückblickt, sondern stattdessen die besonderen Stärken der beiden Medien zu würdigen weiß. Transmediale Verknüpfungen sollten nicht als Marketingcoup, sondern vielmehr als Chance verstanden werden, sich auf einem gemeinsamen Grund zwischen Spielen und Filmen zu treffen. Diesen Aspekt betont die britische Medientheoretikerin und Drehbuchautorin Jasmina Kallay:

> „The more interesting area of study was the manner in which film and the computer game could inhabit the same narrative world within transmedia, the multi-platform mode of gathering and distributing a multitude of narrative content, both interactive and non-interactive. What makes transmedia all the more ripe for research is that it allows for interactive fan contributions, too, making it a key threshold in the manner in which we consume cinematic and other entertainment."[9]

/09/ Jasmina Kallay: *Gaming Film -- How Games are Reshaping Contemporary Cinema.* New York 2013, S. 10.

Abb. 20 / Terence Young: FROM RUSSIA WITH LOVE (1963)

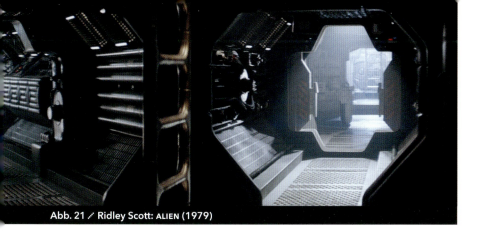

Abb. 21 / Ridley Scott: ALIEN (1979)

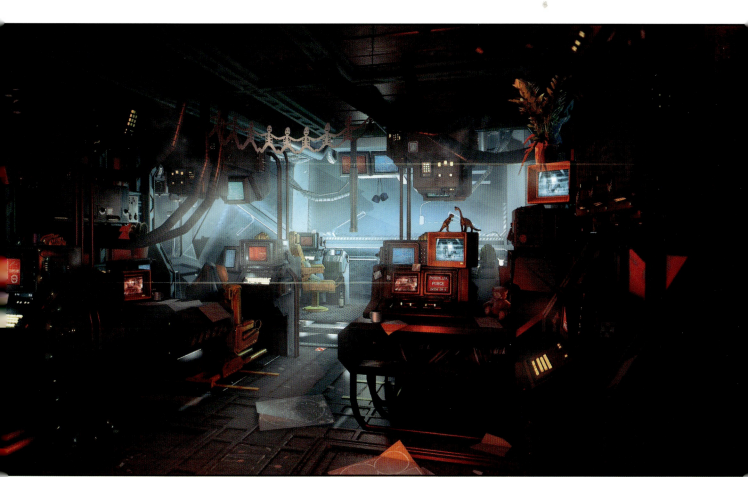

Abb. 22 / Alien: Isolation (Creative Assembly; 2014)

Wenn das Zusammenspiel zwischen Filmen und Spielen gelingt – wie im Fall von *Star Wars – The Old Republic* (2011) und anderen filmisch inspirierten Rollenspielen des Studios Bioware, den LucasArts-Adventures oder den an Gangsterfilmen, dem Film noir und dem Spätwestern orientierten Spielen des Studios Rockstar Games –, bleiben in Zukunft weitere medienarchäologische Expeditionen in die Wüste von New Mexico den Spielern, Filmschaffenden und Game-Designern erspart. Ganz im Gegenteil demonstrieren Wechselspiele, die filmische Inszenierung und ludische Interaktion zu kombinieren verstehen, dass die scheinbare Wüste zwischen Kino und Spiel sehr lebendig sein kann.

INTERVIEW
mit Jörg Friedrich
Design Director, YAGER

Das Spiel *Spec Ops: The Line* (2012) zählt zu den außergewöhnlichsten Spielen der letzten Jahre. Anknüpfend an die Tradition von Joseph Conrads Roman *Heart of Darkness* (1899; dt.: Herz der Finsternis) und Francis Ford Coppolas APOCALYPSE NOW (1979), begibt sich der Protagonist vor der Kulisse des modernen Dubai auf eine Reise in die inneren Abgründe.

Angesichts der zahlreichen hoch budgetierten, sehr konventionellen Shooter-Franchises bildet die Entscheidung, ein von Joseph Conrads Heart of Darkness *und Francis Ford Coppolas* APOCALYPSE NOW *inspiriertes Third-Person-Shooter-Spiel zu produzieren, einen ambitionierten Ausnahmefall. Was interessierte Sie an diesem Thema?*

2007 – als wir mit *Spec Ops: The Line* begannen – standen ich und viele andere im Team unter dem Eindruck der Krisen im Nahen und Mittleren Osten: Bilder der Foltergefängnisse von Abu Ghuraib, Feldberichte von Soldaten in Afghanistan und im Irak, die von der Aussichtslosigkeit ihrer Einsätze berichteten, ein deutscher Oberst, der in Afghanistan Zivilisten bombardieren ließ. Das waren die Kriege unserer Zeit, aber in den Spielen, die Krieg zum Thema

Alle Abb. in diesem Beitrag
Spec Ops: The Line
(YAGER Development; 2012)

hatten, kam nichts davon vor. Die Handlungen der meisten Shooter, die zu der Zeit auf dem Markt waren, standen – wenn man sie mit Filmen vergleichen möchte – ungefähr auf dem Niveau von Actionfilmen der 1980er Jahre, etwa TOP GUN oder RAMBO. Das wollten wir ändern.

Im Hinblick auf die Handlung halte ich es für eine spannende Entscheidung, die Thematik der Reise ins Herz der Finsternis als Shooter-Spiel und nicht als abgesichertes Action-Adventure, was die Story-Entwicklung mit Netz und doppeltem Boden anbelangt, umzusetzen. Wie ergab sich die Wahl des Gameplays?

Wenn ich ein Spiel entwickle, dann überlege ich mir normalerweise zuerst das Gameplay – und erst dann kommen Setting und Handlung. Das war auch bei *Spec Ops* so: Dass wir einen Third-Person-Shooter machen würden, stand schon fest, bevor wir anfingen, die Story zu entwickeln. Tatsächlich habe ich aber während der Entwicklung immer wieder mit Adventure-Elementen experimentiert, um die Story besser erzählen zu können. Wir hatten zum Beispiel ein Feature, das vorsah, dass sich die letzten Gegner eines Gefechts ergeben und der Spieler sie verhören kann, um an Informationen zu gelangen. Diese Mechanik unterschied sich allerdings vom üblichen Gameplay, und unsere Testspieler begannen, ihre Entscheidungen zu sehr zu überdenken.

Wenn das Spiel den üblichen Spielfluss plötzlich unterbricht und eine spezielle Aktion verlangt, dann wirst du als Spieler innehalten und genau darüber nachdenken, was du jetzt tust. Drückst du A, um die Katze zu retten, oder B, um sie zu ersäufen? Was hat das für Konsequenzen? Merkt sich das Spiel vielleicht meine Entscheidung, und später bekomme ich eine

Belohnung – oder werde bestraft? Vielleicht gibt es Extrapunkte, wenn ich die Katze rette? Als Spieler bist du dazu erzogen worden, alle deine Entscheidungen strategisch und im Rahmen des Spieles zu fällen. Viele Spiele – vor allem klassische Rollenspiele – merken und bewerten Spielentscheidungen und belohnen sie unterschiedlich. Dadurch entsteht eine Distanz zur eigenen Handlung: „Ich habe ja nur alle Katzen im Spiel ersäuft, weil ich damit böse Punkte sammele, und wenn ich genug böse Punkte gesammelt habe, dann bekomme ich die schwarze Rüstung." Oder umgekehrt rette ich alle Katzen, weil ich scharf auf die weiße Rüstung des Katzenretters bin. Wie aber bekomme ich den Spieler dazu, dass er eine Entscheidung persönlich nimmt? Denn nur eine Entscheidung, die ich persönlich nehme, kann ein Dilemma sein, das mir nahe geht.

Eine besondere Herausforderung scheint mir darin zu bestehen, die von Francis Ford Coppola und Joseph Conrad thematisierten moralischen Dilemmata mit

dem Gameplay zu koppeln. Wie verliefen der Designprozess und das Arrangement der Story?

Videospiele sind immer noch ein recht junges Medium, und passive Medien wie Film sind wesentlich weiter darin, den Zuschauer betroffen zu machen. Das Problem ist, dass Spieler zwar die handelnden Akteure sind, sich aber gerade deshalb weniger mit dem narrativen Kontext identifizieren. Mein Lieblingsbeispiel ist die Szene aus STAR WARS: EPISODE V – THE EMPIRE STRIKES BACK: Luke Skywalker kämpft mit Darth Vader auf Leben und Tod, und plötzlich verkündet Vader: „Luke! Ich bin dein Vater!" Großartige Szene, funktioniert phantastisch im Kino, wo die Leute sicher in ihrem Sessel sitzen und mitfiebern. Würde man versuchen, das genauso in einem Spiel umzusetzen, hätte man ein Problem: Der Spieler – in der Rolle von Luke – wäre viel zu beschäftigt, sich gegen Vader zu verteidigen, sich zu überlegen, ob er lieber zur Seite springen oder zuschlagen soll, als dass er Zeit hätte, mit Luke zu fühlen. Weil wir uns dieser Schwierigkeiten bewusst waren, begannen wir schon früh, an Spielszenen zu arbeiten, die den Spieler dazu bringen sollten, moralisch zu entscheiden. Wir luden Spieler ein, diese Stellen zu testen und uns zu sagen, wie sie sich fühlten. Aus den Erfahrungen dieser Tests gelang es uns, einige Regeln zu erarbeiten:

1. Die Wahl zwischen zwei Übeln – es gibt keine richtige Entscheidung. Keine Handlungsoption verspricht einen positiven Ausgang, und deine Handlung wird vom Spiel weder belohnt noch bestraft. Eigentlich ein No-Go im Game-Design, aber für Spec Ops war es richtig, um das strategische Denken unserer Spieler zu durchbrechen. In einer der ersten Entscheidungsszenen wirst du vom Antagonisten Konrad aufgefordert, einen von zwei Gefangenen zu

erschießen. Als Spieler will ich weder den einen noch den anderen erschießen. Es gibt nur die Wahl zwischen schlecht und noch schlechter.

2. Das Dilemma braucht den Entscheidungsdruck. Wenn du nicht handelst, geht das Spiel dennoch weiter und entscheidet für dich. Am deutlichsten wird das vielleicht in der Szene, in der Riggs nach einem Unfall unter einem brennenden Truck liegt. Er bittet dich, ihm den Gnadenschuss zu geben, damit er nicht verbrennt. Wenn du dich nicht schnell genug entscheidest, nimmt dir das Spiel die Entscheidung ab, und Riggs verbrennt.

3. Der Ausgang einer Entscheidung darf nicht vorhersehbar sein. An einer späteren Stelle im Spiel triffst du auf einen wütenden Mob von Zivilisten, die gerade einen deiner Kameraden gelyncht haben. Die Menge umringt dich und beginnt, mit Steinen zu werfen. Du hast eine Waffe in der Hand und könntest einfach schießen. Die Menge wird immer aggressiver, ein Stein trifft dich am Kopf, und du fällst. Ent-

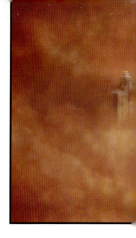

scheide dich schnell, oder es ist vorbei! Eine Menge Tester schossen einfach in die Menge. Hinterher aber zweifelten sie, ob sie es nicht auch friedlich hätten lösen können. Wenn ich in eine Situation geworfen werde und aufgrund meiner Handlung etwas Schlimmes passiert, werde ich mich hinterher fragen, ob ich nicht vielleicht anders hätte handeln können.

Und die Zweifel der Tester? Ja, man kann diese Situation lösen, ohne jemanden zu verletzen: Wenn du einfach nur in die Luft schießt, flieht der Mob.

Besonders beeindruckend erscheinen mir am Spiel der symbolische Einsatz von Songs und das Set Design. Welche Aspekte waren im Zusammenspiel von Setting und Soundkulisse besonders wichtig?

Bei der Auswahl der Musik wollten wir Songs, die einen Bezug zu APOCALYPSE NOW und der Zeit des Vietnam-Kriegs haben, und solche, die Soldaten heute hören würden.

Außerdem wollten wir, dass das Spiel auch musikalisch auf den Spieler reagiert. Dafür schufen wir die Figur des Radioman, der an Dennis Hopper in APOCALYPOSE NOW angelehnt ist, er ist unser In-game-DJ.

Der Radioman ist ein ehemaliger Kriegsreporter, der über die Grauen des Krieges den Verstand verloren hat und vom Beobachter zum Täter geworden ist. Er hat überall in der Stadt Lautsprecher aufgehängt und kommentiert die Handlungen Walkers einmal wörtlich wie ein Radiomoderator – aber eben auch musikalisch durch die Auswahl der Songs. Da der DJ seine Wurzeln in der Protestbewegung hat und auf die Musik der 1970er Jahre steht, erlaubte uns das, eine Brücke zu unserer Zeit zu schlagen.

Die Songs des Radioman werden in der Welt abgespielt – das heißt nicht wie sonst üblich als dramatische Hintergrundmusik, sondern durch überall in der Spielwelt angebrachte Lautsprecher. Normalerweise richtet sich die Musik in einem Spiel ja an den Spieler draußen vor dem Bildschirm. Bei uns reagieren die Figuren im Spiel auf die Songs, weil wir die Musik in die Handlung einbetten.

Im Laufe der Handlung verändert sich das. Während Walker auf seiner Reise ins Herz der Finsternis immer mehr den Boden unter den Füßen verliert, wird es auch immer unklarer, was – im Spiel – Realität ist und was sich nur in seinem Kopf abspielt. Das wird musikalisch untermalt, wenn wir während der Halluzinationsszene in der Wüste eindeutig Musik spielen, die nur in seinem Kopf läuft.

Nach dieser Szene verzichteten wir bewusst auf die Lautsprecher im Level. Die Spielrealität ist verschoben, Walker – und damit der Spieler – durchlebt seinen eigenen Trip.

In der Vermittlung der Hintergrundgeschichte übernehmen die räumlichen Details eine wichtige Funktion. Wie sensibilisiert man bei gleichzeitiger Handlungsfreiheit den Blick des Spielers oder der Spielerin für diese?

Spieler sind schwerer dazu zu bewegen, auf Details zu achten, als Zuschauer eines Films. Deshalb musst du als Designer mit dem breiten Pinsel malen, wenn du deine Geschichte durch die Spielwelt erzählen willst. Bei *Spec Ops* gibt es bestimmte Elemente, die wir beständig wiederholen. Da ist zum Beispiel der Turm – ein riesiger Skyscraper, der das ganze Spiel über zu sehen ist und in den Walker am Ende geht, um Konrad zu treffen. Konrads Turm überschattet buchstäblich und symbolisch Dubai – und er ist gleichzeitig eine praktische Orientierungshilfe, die immer anzeigt, in welcher Richtung es weitergeht.

Außerdem musst du deutlich mehr kleine Hinweise und Details in der Spielwelt verteilen, als zum Verständnis der Hintergrundgeschichte notwendig sind – wohlwissend, dass die meisten Spieler niemals alle davon sehen werden. Aber man hofft eben, dass die meisten Spieler genug davon finden, um die Welt, die du dir ausgedacht hast, zu verstehen. Die Tatsache, dass man das ganze Spiel über immer nur hinabsteigt – als Symbol für die Reise in die Tiefe des Herzens der Finsternis –, ist wahrscheinlich nur uns Entwicklern wirklich bewusst, aber ich denke, dass es auf einer unbewussten Ebene dennoch funktioniert.

Auf der gleichen Stufe stehen kleine Tricks, die mit der Wahrnehmung der Spieler spielen. So taucht Konrads Gesicht immer wieder auf Werbetafeln in der Stadt auf. Wenn der Spieler wegschaut, ersetzen wir Konrad durch einen anderen Charakter. An einer Stelle gibt es einen blühenden Baum, läuft man daran vorbei und dreht sich noch mal um, ist er plötzlich schwarz und verdorrt. Die Idee war, damit ein Gefühl des Unwohlseins im Spieler zu erzeugen. Ein Gefühl von „Irgendwas stimmt hier nicht", ohne dass du genau den Finger darauf legen könntest, was es ist. Wenn ich mir die Reaktionen auf *Spec Ops* so anschaue, dann glaube ich, es hat funktioniert.

Interview: Andreas Rauscher

INTERVIEW
mit Uwe Boll

Uwe Boll zählt zu den wenigen Regisseuren im deutschsprachigen Raum, die versuchen, die verschiedenen Spielformen des Genrekinos produktiv zu nutzen. Während er mit Filmen wie RAMPAGE (2009, 2014) Formen des Actionkinos als kritischen Kommentar zum Zeitgeschehen nutzte und mit DARFUR (2009) humanitäres Engagement demonstrierte, erinnern seine seit 2003 entstandenen, von Fans gelegentlich kontrovers diskutierten Videospiel-Verfilmungen wie POSTAL (2007), BLOODRAYNE (2005) und HOUSE OF THE DEAD (2003) an die Qualitäten klassischer B-Pictures.

Wie ergab sich für Dich die Gelegenheit, Videospiele zu verfilmen?

Mir wurde von der Firma Mindfire das Filmprojekt HOUSE OF THE DEAD (2003) angeboten.

Wie erfolgte die Auswahl der verfilmten Titel?

Da HOUSE OF THE DEAD sehr erfolgreich war, machte ich mich auf die Suche nach weiteren Rechten, und die, die ich bekam, verfilmte ich. Außer *Fear Effect*, da besaß ich zwar die Rechte, aber machte den Film nicht.

Abb. 1-2 ⁄ Uwe Boll:
BLOODRAYNE: THE THIRD REICH (2011)

> *Wie ließen sich prominente Schauspieler wie Jason Statham, Michelle Rodriguez, Ben Kingsley und Ray Liotta für die Filme gewinnen?*

Sehr späte Angebote, so dass die Schauspieler quasi eine Lücke im Kalender hatten, und natürlich Geld.

Wie schätzt Du die Situation des Genrekinos in Deutschland ein? Lassen sich die Reaktionen auf Deine Filme aus einem fehlenden Gespür für Genreproduktionen erklären? Und wie ergeben sich die teilweise sehr heftigen internationalen Reaktionen der Fans auf die Verfilmungen?

Genrekino in Deutschland ist unterentwickelt, weil nicht gewollt und nicht gefördert. Richtige Genrefilme sind ab 16 oder 18 Jahren, und die will natürlich in Deutschland kein TV-Sender für viel Geld kaufen, da sie nicht um 20 Uhr 15 zur Hauptsendezeit gezeigt werden können. Genrefilme haben Action

Abb. 3-4 / Uwe Boll: IN THE NAME OF THE KING: A DUNGEON SIEGE TALE (2007)

– kosten also mehr als Dramen oder Komödien. Die Reaktionen auf meine Filme von den Game-Nerds sind so, wie sie sind, weil die Jungs alle ihre eigenen Ideen haben, wie ein Film auszusehen hat.

Wie sieht das Verhältnis zwischen Games und Verfilmung aus? Müssen sich diese gegenseitig ergänzen, oder funktionieren beide Varianten unabhängig voneinander?

Jeder muss den Film sehen können, ohne das Game gespielt zu haben – und andersrum.

Würde es angesichts der sehr filmischen Gestaltung von heutigen Videospielen noch sinnvoll sein, Titel wie Grand Theft Auto *oder* Uncharted *zu verfilmen?*

Nee ... das sind schon Filme – für mich sind Videospiel-Verfilmungen erledigt. Ich habe null Interesse daran.

Interview: Andreas Rauscher

INTERVIEW
mit Paul W. S. Anderson

Paul W. S. Anderson ist einer der wenigen Regisseure, die noch an das kreative Potenzial des Genrekinos über die standardisierte Blockbuster-Kost hinaus glauben. Mit MORTAL KOMBAT (1995) und der RESIDENT EVIL-Reihe (seit 2002) führte er Regie bei innovativen Videospieladaptionen, die ihr Ausgangsmaterial ernstgenommen haben. Seine Arbeit spiegelt sowohl die Sensibilität eines Cineasten für Filmgeschichte und die Verwendung von 3-D-Technologie wider als auch die Kenntnis transmedialer Synergien eines Games-Enthusiasten.

Was hat Ihr Interesse an Science-Fiction- und Horrorfilmen geweckt, und inwiefern hat dieses Interesse Ihre Entscheidung beeinflusst, Videospiele zu adaptieren?

Ich habe mich schon immer für Science-Fiction interessiert. Ich war ein begeisterter Leser von Science-Fiction-Taschenbüchern, vor allem denen mit imposanten Illustrationen auf dem Buchdeckel. Natürlich kam es manchmal auch vor, dass vorne drauf zwar ein tolles Bild war, das Buch selbst aber nicht so gut. Unabhängig davon hat mich Science-Fiction sehr begeistert, und über diese Begeisterung kam ich zum Film. Zu-

Abb. 1 ⁄ Paul W. S. Anderson:
RESIDENT EVIL: RETRIBUTION (2012)

> dem war ich ein Teil der ersten Generation von Filmemachern, die sich mit Videogames beschäftigten.
Ich erinnere mich noch daran, als ich zum ersten Mal den *Space Invaders*-Automaten in der Spielhalle um die Ecke gesehen und damit gespielt habe, es war dieser Typ Spielhalle mit Flipperautomaten. Und dann erschien eines Tages plötzlich dieser schwarze Monolith im hinteren Teil der Spielhalle, und alle Kids versammelten sich um ihn herum. Das hatte etwas von den Affen, die am Anfang von 2001: ODYSSEE IM WELTRAUM um den Monolith versammelt sind. Die Kids standen Schlange, und man musste fast eine Stunde warten, um an dem Automaten spielen zu können. Videogames haben mich deshalb schon immer beeindruckt und beim Erwachsenwerden begleitet.

Das ist ein guter Ausgangspunkt – 2001: ODYSSEE IM WELTRAUM und Space Invaders. Ihre erste Spieladaption war MORTAL KOMBAT in den Neunzigern. Wie war diese Erfahrung für Sie? Sie hatten ja nur die Charaktere und kaum Storyworld zu Verfügung.

Das war mein erster Hollywood-Film und mein zweiter Film überhaupt. Einen Film hatte ich bereits in England gemacht. Es gab mehrere missglückte Videospieladaptionen; an SUPER MARIO BROS. wurden große Erwartungen gestellt, und das Projekt war kreativ und finanziell eine Katastrophe. Dann gab es da noch DOUBLE DRAGON; das hat auch nicht funktioniert. Angesichts dessen haben mich dann viele Leute gefragt: „Warum willst du aus einem Videospiel einen Film

↑ Abb. 2 ∕ *Mortal Kombat* (Midway Games; 1992)

Beat'em-up-Game
Beat'em-up-Games sind Videospiele, deren Inhalt vordergründig auf ein permanentes Kämpfen des Spielers beschränkt ist. Wichtige Charakteristika sind dabei der Nahkampf, häufig durch asiatische Kampfsportarten inspiriert, eine Vielzahl von bezwingbaren Gegnern und eine einfach zu erlernende Spielsteuerung, deren besondere Finesse darin besteht, die komplexeren Kombinationen zu entdecken.

machen?" Ich hatte das Gefühl, dass SUPER MARIO BROS. und DOUBLE DRAGON einfach keine wirklich guten Filme waren. Man kann ja auch die Idee einer Buchadaption nicht komplett fallen lassen, nur weil einige derartige Projekte nicht funktioniert haben. Ich war immer noch davon überzeugt, dass Videospieladaptionen eine Daseinsberechtigung haben. Ich hatte *Mortal Kombat* sehr oft in Spielhallen gespielt, und da gab es zwischen den Kampfszenen tatsächlich Karten mit der Hintergrundgeschichte der Charaktere. Auf diese Weise wurde man über ihre Pläne informiert. Wenn man einfach in eine Spielhalle ging und darauf schaute, dann schien es nur ein Beat'em-up-Game zu sein. Wenn man es aber spielte, dann wurde klar, dass hinter der ganzen Prügelei eine ziemlich reichhaltige Mythologie steht, und deshalb habe ich den Film gemacht. Die besten Videospieladaptionen wurden immer von Menschen gemacht, die das Ausgangsmaterial mochten, respektierten und quasi darin eingetaucht sind. Die Mythologie im Spiel *Mortal Kombat* erinnerte mich an meine Lieblingsfilme, mit denen ich groß geworden

Abb. 3-5 ⁄ Don Chaffey: JASON AND THE ARGONAUTS (1963)

bin. Ein Charakter, der eine Reise zu einer Insel unternimmt, auf der es Fabelwesen gibt. Das hat mich wirklich an JASON UND DIE ARGONAUTEN erinnert.

Mich haben einige Wesen in Ihrem Film an Ray Harryhausen erinnert.

Klar, wenn Sie sich MORTAL KOMBAT anschauen, dann ist da eine ganze Menge von Ray Harryhausen drin, und das ist kein Zufall. Ich liebe Ray Harryhausen, aber er hatte auch auf die Entwickler des Videogames einen Einfluss. Das war eine Art Thema in vielen Adaptionen, die ich gemacht habe. Schon das Game *Mortal Kombat* war von vielen Filmen beeinflusst, wenn man es gespielt hat, konnte man so etwas wie einen mythologischen Film in ihm sehen. Das Gleiche gilt für *Resident Evil*. Die ersten beiden *Resident Evil*-Spiele haben ihre Wurzeln ganz klar in den frühen George-Romero- oder John-Carpenter-Filmen. Wenn Sie sich *Resident Evil 2* anschauen, dann ist da ganz viel von ASSAULT – ANSCHLAG BEI NACHT drin.

Vor allem der Schauplatz, eine verlassene Polizeistation.

... und auch die Musik ist von John Carpenter geprägt. Diese Spiele haben ihre Wurzeln bereits in der Filmkultur. Wie Sie sich sicher vorstellen können, wäre eine Adaption von *Pac-Man* eine sehr schwierige Aufgabe. Die Spiele, die mich fasziniert haben, hatten ihre Wurzeln ganz offensichtlich im Kino.

Wie sind Sie also beispielsweise an die Adaption von Resident Evil *herangegangen? Soweit ich weiß, haben Sie dem Spieleentwickler Capcom ein ganzes Franchise-Konzept vorgestellt.*

Abb. 7 /
Mortal Kombat

Abb. 6 / Paul W. S. Anderson: MORTAL KOMBAT (1995)

> Das war eine Art glücklicher Zufall. Ich fing an, das Videospiel zu spielen, und war schon bald besessen davon. Ich habe die ersten drei Teile nacheinander in meinem Apartment in Los Angeles gespielt und bin im Grunde für etwa einen Monat von der Bildfläche verschwunden. Ich habe mit niemandem gesprochen, und mein Bart ist ziemlich lang geworden. Als ich dann nach einem Monat wieder aus der Versenkung kam, hatte ich knallrote Augen, und die Leute fragten sich schon: „Wo ist Paul?" Ich habe mit meinem Produzenten Jeremy Bolt gesprochen und ihm im Wesentlichen gesagt, dass dieses Spiel großartig ist und man einen Film daraus machen könnte. Ich bin ein großer Fan der Filme von George Romero und Lucio Fulci, doch zu dieser Zeit hatte seit über zehn Jahren niemand mehr einen Zombiefilm gedreht. Ich dachte mir, jetzt ist die richtige Zeit gekommen, um dieses Genre neu zu erfinden.

Wie haben Sie entschieden, welche Elemente aus dem Spiel Sie übernehmen? Im Spiel gibt es ja Monster, etwa die menschenfressende Pflanze, die im Spiel funktionieren, aber auf der Leinwand wohl ziemlich kitschig aussehen würden.

Es gibt ganz viel in dem Spiel, was phantastisch funktioniert, wenn man es spielt und versucht, der Riesenpflanze zu entkommen, aber auf der Leinwand furchtbar aussehen würde. Ich habe immer gedacht, dass *Resident Evil* mehr ist als nur Zombies, wir brauchten auch Kreaturen, und die Kreaturen, die meines Erachtens die größte Wirkung hatten, waren die Hunde und die Figur des Lickers. Wir haben uns dann entschieden, diese Kreaturen in den Film aufzunehmen. Das war meiner Meinung nach ausreichend und eine angemessene Widerspiegelung des Spiels. Er sollte aber auch mehr von einem Zombiefilm haben. Obwohl ich die Filme von Romero und Fulci geliebt und sie mir immer angeschaut habe, wenn sie in die Kinos kamen, war mir absolut klar, dass sie nur ein ganz kleines Publikum ansprachen. Ich aber wollte einen Mainstream-Film machen, und aus diesem Grund habe ich RESIDENT EVIL stets mehr als einen Science-Fiction-Thriller und weniger als klassischen Horrorfilm gesehen. Was das betrifft, würde ich die Reihe mit Filmen wie ALIEN – DAS UNHEIMLICHE WESEN AUS EINER FREMDEN WELT in Verbindung bringen, die ein breiteres Publikum ansprechen als die traditionellen Zombiefilme.

Was die Science-Fiction-Elemente betrifft, gibt es auch eine sehr starke soziale Allegorie in der Art und Weise, wie die Rolle der Umbrella Corporation in Ihren Filmen ausgearbeitet wird.

In dem Spiel gab es schon immer ein High-Tech-Science-Fiction-Element. Im ersten Spiel beispielsweise fängt man in einem Wald an und gelangt dann zu einem sehr gotisch anmutenden Herrenhaus, unter diesem Haus aber befindet sich ein High-Tech-Labor. Was ich an dem Spiel sehr interessant fand, war die Art und Weise, wie gotische Elemente wie das Spukhaus im Wald mit einer High-Tech-Labor-Umgebung nebeneinander gestellt wurden. Das hat mich wirklich fasziniert, und das ist etwas, was ich im ersten Film tatsächlich verwendet habe. Und seitdem haben die Filme immer gotische beziehungsweise postapokalyptische Landschaften und High-Tech-Futurismus gegenübergestellt. Dadurch wird auch die visuelle Qualität der Filme erhöht. Die meisten Filme spielen in einer postapokalyptischen Landschaft, und das ist auch die einzige Optik, die sie haben. In einem RESIDENT EVIL-Film bewegt man sich zwischen Postapokalypse und Gotik hin und her, und dadurch wird der Film visuell interessant.

Abb. 8 / Paul W. S. Anderson: RESIDENT EVIL (2002)

Ein Teil dieses High-Tech-Aspekts ist auch die allmächtige Umbrella Corporation. In Japan hieß das Spiel ursprünglich *Biohazard*. Die japanische Gesellschaft hat ein sehr ausgeprägtes Bewusstsein dafür, auf welche Weise Unternehmen die Gesellschaft schädigen können. Vor zehn Jahren gab es einen Bankenskandal in Japan, und Korruption auf Regierungsebene war weit verbreitet. Ich denke, dass Spiele wie *Resident Evil* darauf Bezug nehmen, die Korruption in Japan war wesentlich stärker ausgeprägt als im Rest der Welt. Als *Resident Evil* zum ersten Mal erschien, war es daher größtenteils Ausdruck des Zeitgeists, der Überzeugung, dass Unternehmen eigentlich nicht unser Bestes im Sinn haben. Dieses Thema hat mich schon immer interessiert. Sehr oft verfolgen Regierungen die Interessen von Unternehmen und nicht die der Menschen, die sie eigentlich vertreten sollten. Ich denke, die Tatsache, dass Alice in den Filmen nicht nur gegen böse Wesen, sondern auch gegen die bösen Seiten des Menschen kämpft, hat die Leute berührt.

Wir kommen immer wieder auf Science-Fiction zurück, und ich denke, das ist ein zentraler Aspekt der Filme. Manche Leute zeigen sich vom Erfolg der RESIDENT EVIL-Filme überrascht, vor allem von seiner weltweiten Dimension. Sie sind sowohl Action- als auch Science-Fiction- und Horrorfilme. Besonders Horrorfilme sind in den USA sehr erfolgreich, außerhalb der USA aber nicht so sehr. Amerika hat eine sehr hohe Toleranz gegenüber Gewalt, sowohl in der Gesellschaft als auch auf der Leinwand. In keinem anderen Land der Welt sieht man Menschen so häufig gegen Zerstörung kämpfen. Im US-amerikanischen Kino kann man Szenen zeigen, die in Deutschland niemals den Weg

Abb. 9 / *Resident Evil* (Capcom; 1996)

auf die Leinwand finden würden. Deshalb gibt es viele Filme von der Art der SAW-Filme, dieses ganze Genre, das man Torture Porn nennt. Sie sind hier stark vertreten und eine ziemlich amerikanische Besessenheit. Ich wollte nie, dass RESIDENT EVIL diesem Weg folgt, denn ich bin kein US-amerikanischer Filmemacher, eher ein globaler Filmemacher. Meine Einflüsse kommen aus der ganzen Welt, und es freut mich sehr, dass meine Filme in Deutschland und Japan ebenso erfolgreich sind wie in Nordamerika. Ich finde, der Science-Fiction-Aspekt ist ganz wichtig. Das sind die ambitionierteren Themen in den Filmen, die dafür sorgen, dass sie auch im Rest der Welt funktionieren.

Eine weitere großartige Ergänzung zu den Spielen ist der Charakter Alice. Sie hat eine große Tiefe, die in den Spielen nicht gezeigt wird.

Der Charakter Alice taucht zwar in den Spielen nicht auf, aber er ist eine Art Archetyp. Es gibt viele Ähnlichkeiten zwischen Alice und Jill Valentine, dem Charakter in den Spielen. In den Spielen kommen sehr starke und technisch versierte Frauen vor. Die Idee zu diesem Charakter kam mir, weil RESIDENT EVIL ein Thriller mit Horrorelementen ist, im Gegensatz zu dem Actionfilm MORTAL KOMBAT, bei dem die Story zweitrangig und den Kampf- und Actionszenen untergeordnet war. Wie Sie wissen, bin ich auch ein großer Fan von ALIEN und habe viel über ALIEN nachgedacht. Wenn man im Vorfeld wüsste, dass Sigourney Weaver die einzige Überlebende sein wird und Ian Holm ein mordender Roboter ist, würde das das Filmerlebnis ruinieren. Ich erinnere mich nämlich daran, wie es war, als ich den Film zum ersten Mal sah und keine Ahnung hatte, wer sterben würde. Es gab echt aufregende, unerwartete Wendungen. Ich war geschockt, als herauskam, dass Ian Holm der Böse ist und für das Unternehmen arbeitet. Eine direkte Adaption von *Resident Evil* zu machen wäre so, als würde man ALIEN produzieren und dabei auf all diese Plot Points verzichten. Im allerersten Spiel beispielsweise stellt sich eines der Hauptmitglieder des Teams Alpha als Böser heraus, das ist eine große Überraschung. Hinzu kommt, dass viele Charaktere, die man kennen- und lieben lernt, sterben. Deshalb kam mir der Gedanke, dass ich innerhalb der Struktur und der Welt des Spiels arbeiten, aber auch einige frische Charaktere vorstellen musste. Es ging darum, einerseits dem Spiel so weit treu zu bleiben, dass man als Fan sagen würde, dass der Film den Titel RESIDENT EVIL verdient, und zugleich eine frische Filmerfahrung zu bieten. Mein Plan war, das Prequel zum ersten Videospiel zu machen. Im ersten Videospiel geht man in das Haus und in das Labor darunter, beide sind bereits von Monstern überrannt worden. Ich dachte mir, es wäre wirklich interessant, herauszu-

✠ Abb. 10-11 ⌇ *Resident Evil 4* (Capcom; 2005)

finden, was in diesem Labor passiert ist. Das wurde im Spiel nie erläutert, und davon handelt unser Film. Wir haben also tatsächlich ein Prequel gemacht. Und ich bin mir sicher, dass man als Fan des Spiels noch genug Szenenbilder, Archetypen und Kreaturen daraus wiederfindet. Wir hatten das Gefühl, im selben Universum unterwegs zu sein wie das Spiel, und haben ihm auch Ehre erwiesen.

Ich finde, Sie haben gerade in diesem Punkt großartige Arbeit geleistet, wo andere Videospieladaptionen gescheitert sind, und zwar weil Sie das Spiel nicht einfach adaptiert haben, sondern im Universum des Spiels eine neue Story erschaffen haben.
In der neuesten Fortsetzung RESIDENT EVIL: RETRIBUTION *ist die gesamte Story wie Spielelevel strukturiert – mit Simulationen von Moskau, London, Tokio und einer Vorstadt als Teil eines unterirdischen Labyrinths.*

Die Idee war im Wesentlichen, dass Alice in der Struktur eines Videospiels gefangen sein sollte. An diesem Punkt haben wir uns mit der Erzählung von der Story der Spiele entfernt, weil ich nicht der größte Fan des neuesten *Resident Evil*-Spiels war. Aus diesem Grund wollte ich die spielartige Struktur erhalten, aber nicht zu viele Elemente aus dem Spiel übernehmen.

Die neuesten RESIDENT EVIL-*Filme enthalten auch eine sehr innovative Verwendung von 3 D. Wie planen Sie die visuellen Kompositionen?*

Für mich ist 3 D ein sehr inspirierendes Erzählinstrument, und ich denke, dass die stärksten 3-D-Filme diejenigen sind, die es aus einer möglichst naturgewachsenen Struktur heraus angehen. Die schlechteste Art von 3 D ist meiner Ansicht nach die, welche hinterher bei der Nachbearbeitung hinzugefügt wird. Wenn ich ein Filmdrehbuch schreibe, dann schreibe ich die Szenen so, dass sichergestellt ist, dass sie in 3 D funktionieren. Lange Korridore sind Schauplatz von Actionszenen, und wenn wir das Set bauen, dann haben wir immer im Hinterkopf, wie es in 3 D

→ Abb. 13 / *Resident Evil*

Abb. 12 und 14 / Paul W. S. Anderson: RESIDENT EVIL (2002)

aussehen wird. Alles, was wir jetzt drehen und schon gedreht haben, möchte ich in nativem 3 D erstellen. Ich plane alles von Grund auf. Unabhängig davon, ob sie meine Filme mögen oder nicht, sind sich die Kritiker einig darin, dass das 3 D sehr stark ist. Irgendwie merke ich, dass ich schon an 3-D-Filmproduktion interessiert war, bevor 3-D-Kameras wieder aufkamen. Bei der Planung von EVENT HORIZON – AM RANDE DES UNIVERSUMS haben wir viel über 3 D und die KING KONG-Achterbahn in den Universal Studios gesprochen und darüber, wie sie einen schwindlig macht. Mir hat es immer gefallen, das Publikum in das Bild einzutauchen.

Zurzeit wird das Konzept des transmedialen Erzählens rege diskutiert, sowohl in der akademischen Welt als auch in der Branche. Was halten Sie von der Idee, Filme und Spiele zu verbinden?

Ich finde, in RESIDENT EVIL gibt es eine symbiotische Beziehung zwischen dem Film- und dem Spiel-Franchising. Das Film-Franchising gibt es nur aufgrund des Videospiels. Aber zu dem Zeitpunkt, als ich mit der filmischen Umsetzung begann, waren die Umsatzzahlen der Videospiele rückläufig. Dann haben die Filme den Videospielen wieder Leben eingehaucht. Doch es passierte noch mehr: Obwohl ich zunächst viel aus den Spielen in den Filmen übernommen habe, was die Szenenbilder, Charaktere und Kreaturen betrifft, wurden dann später viele Elemente der Filme in den Games umgesetzt. Die Red Queen tauchte im Spiel auf, ebenso wie die Laserkorridore, und jemand, der wie Alice aussah, wurde im Game spielbar. Das ist zwar eine sehr symbiotische Entwicklung, aber wir haben nie versucht, die beiden Medien aneinanderzukoppeln, so dass ein Film und ein Spiel zur gleichen Zeit erscheinen. Ich finde nicht, dass eine solche Anbindung erforderlich ist, es ist sehr schwer umsetzbar, denn einen Film kann man innerhalb von zwölf Monaten entwickeln und produzieren. Ein Videospiel ist in diesem Zeitraum nicht realisierbar.

Verglichen mit Romero haben Sie zudem die Zombies beschleunigt. Es gibt also keine Geschwindigkeitsbeschränkungen für Zombies?

Als wir den ersten Film gemacht haben, haben sich die Zombies genauso bewegt wie in *Resident Evil 1* und *2*. Sie waren langsam – genauso wie die Zombies von Romero. Als wir RESIDENT EVIL: EXTINCTION gedreht haben, waren unsere Zombies schneller unterwegs, das hatte aber tatsächlich damit zu tun, dass sich auch die Zombies in den Spielen schneller bewegten. Das T-Virus verursacht verschiedene Mutationen, und die Untoten bewegten sich in den Spielen schneller. Wir haben also mit dem Schritt gehalten, was in den Spielen passierte. Ich bin froh, dass sie die Zombies in den Spielen beschleunigt haben. Dadurch wird nicht nur das Gameplay spannender, auch die Filmarbeiten werden interessanter. Nach zwei Filmen mit sich langsam bewegenden Zombies haben wir uns sehr angestrengt, sie erschreckend zu gestalten. Wir mussten Gründe finden, um Charaktere in dunklen, engen Räumen gefangen zu halten, aus denen sie nicht entkommen konnten. Wenn man mitten auf einem Feld stand, konnte man einfach weglaufen und dem Zombie in den Kopf schießen.

RESIDENT EVIL *basiert ja auf einem japanischen Videospiel. Gibt es Ihrer Ansicht nach große Unterschiede zwischen japanischem und westlichem Erzählstil?*

Japanische Erzählungen unterscheiden sich sehr stark von den westlichen. Die Storys sind in den *Resident Evil*-Games nicht immer das, worauf es am meisten ankommt. Sie spiegeln die japanische Kultur auf sehr kreative Weise wider. Beim japanischen Erzählstil geht es häufiger um Motive als um eine Story. Wir in der westlichen Welt hingegen sind sehr versessen auf Storys. Wir wollen wissen, warum jemand etwas

> tut, auf sehr lineare Weise. In der japanischen Kultur spielen Ehre und Respekt eine viel größere Rolle. Wenn die Menschen etwas tun, gehen Sie von B über C zu A. Das fühlt sich emotional korrekt an und funktioniert gut für das japanische Publikum.

In der westlichen Welt sind wir mehr daran interessiert, einzelne Punkte miteinander zu verbinden und eine stimmige Struktur zu erzeugen. Emotionen spielen dabei eine eher untergeordnete Rolle. Und genau dieser Aspekt fällt auch bei Videospielen auf, wenn man sich die Games der letzten 17 Jahre anschaut. Es gibt keinen zusammenhängenden Handlungsstrang. Viele Games widersprechen einander, aber wenn etwas cool aussieht und unheimlich ist, dann wird es gemacht, und das ist auch völlig in Ordnung. Das ist eben ihre Art des Erzählens. Die Stärke des Spiels sind sein Erscheinungsbild, die Räume, die es schafft, das Gefühl von Bedrohung und das Aussehen der Kreaturen. Die Stimmung und Atmosphäre des Spiels sind sehr stark. Davon haben wir viel übernommen.

Abb. 15 / Paul W. S. Anderson: RESIDENT EVIL: RETRIBUTION (2012)

Das ist ein interessanter Ansatz, denn im ersten Film ist der Schauplatz, das alte, dunkle Haus, sehr traditionell. Aber dadurch, dass es den Spielmachern gelingt, eine ganz bestimmte Atmosphäre zu erzeugen und die Aufmerksamkeit auf Details zu lenken, wird er wieder spannend.

Als ich noch sehr jung war, habe ich viel von Kafka gelesen, vor allem *Der Prozess* und *Das Schloss* haben mich begeistert. Ich war sehr angetan von der Idee, dass Charaktere sich an Orte begeben, die verwirrend sind und sich verändern. In *Das Schloss* beispielsweise hat man das Gefühl, dass die Räume ihren Standort wechseln, und irgendwie verändert sich die Umgebung ständig. Solche Räume übten schon immer eine große Anziehungskraft auf mich aus, egal ob in EVENT HORIZON oder in ALIEN VS. PREDATOR.

Der umgebungsorientierte Ansatz stellt scheinbar ebenfalls eine starke Verbindung zwischen Filmen und Spielen dar.

Die Spiele, die mich ansprechen, sind sehr stark vom Kino beeinflusst, weil man diese Art des umgebungsorientierten Erzählens zu klassischen Spukhausfilmen wie BIS DAS BLUT GEFRIERT von Robert Wise in Bezug setzen kann. Das Gebäude ist das wichtigste Element im Film, und die Charaktere erinnern häufig an kleine Schachfiguren, die durch die Umgebung bewegt

Abb. 16 / Shin'ya Tsukamoto: TETSUO (1989)

werden. Das ist etwas, was mir auch an RESIDENT EVIL gefallen hat. Es hat dieses Feeling der Spukhaus-Kammerspiele aus den Vierzigern und Fünfzigern.

Ich habe den Eindruck, dass die Filme, was die Umgebung betrifft, den Spielen etwas voraus haben. Denken Sie an *Resident Evil 5*, der in Afrika spielt, es war sehr heiß, es war sehr staubig. Viele Teile der Handlung spielten in der Wüste und am hellichten Tag. Ich bin davon überzeugt, dass das Spiel, was die symbiotische Beziehung zwischen Spielen und Filmen betrifft, stark von RESIDENT EVIL: EXTINCTION beeinflusst wurde, der ja in der Wüste spielt. Ich habe bei den Filmen immer versucht, jeden einzelnen in einer frischen Umgebung darzustellen, damit das Publikum nie das Gefühl hat, dass wir auf Altbewährtes zurückgreifen. Der erste RESIDENT EVIL hat viel von diesem Kammerstück-Horror mit einem einzigen Schauplatz. Der zweite Film APOCALYPSE ist weitläufiger, man kann in der ganzen Stadt herumstromern. Für den dritten Teil haben wir die Wüste ausgewählt, der vierte war eher ein Roadmovie entlang der Westküste Amerikas, von Alaska aus geht es hinunter bis zu dem kargen und verbrannten Ödland, das Los Angeles einst war. Der fünfte Film spielte vollständig in dieser großen unterirdischen Anlage, die stärker an die Level eines Videogames erinnerte. Auf diese Weise haben wir versucht, den unverbrauchten Charakter der Schauplätze zu bewahren. Ich denke, das hat sich positiv auf die Spiele ausgewirkt.

Haben Sie sich auch vom japanischen Horrorkino inspirieren lassen, beispielsweise von den J-Horror-filmen der letzten Jahre?

Ich mag diese Filme zwar sehr, aber RESIDENT EVIL ist eher von anderen japanischen Filmen wie der TETSUO-Serie beeinflusst, der Grundidee von Gegenständen im Fleisch, der Kombination von Mensch und Maschine. Mit Ausnahme von DER FLUCH – THE GRUDGE und RING gibt es nur sehr wenige japanische Wasserdämonen in der Welt von RESIDENT EVIL. Die TETSUO-Filme sind eine Verbindung, die den Menschen in Japan ganz sicher auffällt, und wahrscheinlich sind die Filme in Japan deshalb so erfolgreich. Der letzte Film hat in den japanischen Filmcharts Platz zwei belegt und war mit Abstand der erfolgreichste westliche Film. Er hat mehr eingespielt als THE AVENGERS und JAMES BOND. Der Film hat den japanischen Zeitgeist genau getroffen; alle RESIDENT EVIL-Filme enthalten viele Elemente der japanischen Kultur, auch wenn ein westliches Publikum Dinge wie die Verbindung zu TETSUO nicht bemerkt.

Wie sehen Sie die Zukunft von Kino und Videogames? Wird es weitere Synergien anderer Art geben, aus denen vielleicht ein Hybridmedium entsteht?

Ich denke, wenn diese beiden Medienformen etwas gemeinsam entwickeln, dann muss das in einem relativ natürlichen Prozess geschehen und kann nicht erzwungen werden. Menschen, die in Besprechungsräumen sitzen und über Synergien nachdenken, das wird jedenfalls nicht die Zukunft sein. Kreative Menschen, die sich hinsetzen und geistiges Eigentum kreieren, das beide Welten umspannt, die des Films und die des Videospiels, und Handy-Downloads – das ist die Zukunft. Das ist etwas Natürliches, etwas, woran ich sehr gerne beteiligt wäre, und zwar mehr von einem kreativen Standpunkt ausgehend als im Rahmen eines Versuchs, die Synergien zwischen zwei Institutionen zu maximieren.

Interview: Andreas Rauscher

J-Horrorfilm
J-Horrorfilme sind Horrorfilme aus Japan, die sich durch Thematik und Ästhetik von anderen, insbesondere westlichen Horrorfilmproduktionen abheben. Die Filme erzählen häufig Geistergeschichten.

Level 3 /
Film und Games transmedial

90 / Level 3 / Film und Games transmedial

21

HANS-JOACHIM BACKE

Zwischen Ellbogengesellschaft und Schulterschluss
TRANSMEDIA STORYTELLING

Eigentlich könnte alles so einfach sein. Das Computerspiel ist als digitales Medium par excellence dazu prädestiniert, Elemente aus anderen Medien einzubinden, nachzuahmen oder zu adaptieren. Bedenkt man zudem, dass die erste kommerzielle Umsetzung eines Films als Computerspiel – Shark JAWS (Horror Games [Atari]; 1975) – 40 Jahre zurückliegt und dass allein das Star-Wars-Franchise über 100 Computerspiele hervorgebracht hat,[1] sollte das medienübergreifende Erzählen („transmedia storytelling") zwischen Film und Computerspiel längst eine Routineangelegenheit sein. Der kommerzielle Erfolg einiger Projekte scheint in diese Richtung zu deuten: Kein Actionfilm mit einer weiblichen Hauptfigur hat mehr eingespielt als LARA CROFT: TOMB RAIDER (2001; R: Simon West), und das Computerspiel-Fernsehserien-Verbundprojekt Defiance (USA 2013-15) des amerikanischen Senders Syfy scheint nach zwei Jahren mit stabilen Zuschauer- und Spielerzahlen ein neues Unterhaltungsformat etabliert zu haben. Dennoch haben filmbasierte Computerspiele von E. T. the Extra-Terrestrial (Howard Scott Warshaw; 1982) bis zu Rambo: The Video Game (Teyon; 2014) genau wie Spielverfilmungen auf dem Niveau von ALONE IN THE DARK (2005; R: Uwe Boll) gezeigt, wie katastrophal die Adaption in beide Richtungen verlaufen kann.

Abb. 1 / Star Wars: The Empire Strikes Back (Parker Brothers; 1982)

/ 01 / Ian Bogost und Nick Montfort: Racing the Beam: The Atari Video Computer System. Cambridge (Mass.) 2009, S. 119.

So ähnlich sich Computerspiel und Blockbusterkino oberflächlich auch zu sein scheinen, werden sie doch von grundlegend unterschiedlichen Konventionen bestimmt. Spiele leben von einem gewissen Maß an Offenheit und Unsicherheit, müssen Raum für sinnvolles Agieren, für das Erlernen und Perfektionieren von Handlungen sowie für Sieg und Niederlage bieten. Wo ein Actionfilm Verfolgungsjagden und Schießereien in sorgfältig choreographierte Beats zerlegt und audiovisuell möglichst effektvoll inszeniert, werden derartige Handlungen in Games in voller Länge und meist aus einer deutlich funktional geprägten Perspektive gespielt. Der lückenlosen Effizienz eines Hollywood-Drehbuchs stehen in Games eine weniger starre Ordnung und Wiederholung gegenüber, die durchgehende Interaktion und individuelle Spielerlebnisse möglich machen. Und während Filmgenres inhaltlich und stilistisch definiert sind, werden im Computerspiel Genres oft anhand von Spielprinzipien abgegrenzt.[2] Die Liste der Unterschiede ließe sich beinahe beliebig fortsetzen.

Unter Medienwissenschaftlern besteht deshalb ein gewisser Konsens darüber, dass Erzählen über Mediengrenzen hinweg nicht so sehr an Themen, Handlungen oder Figuren orientiert sein kann wie an einer gemeinsamen fiktionalen Welt.[3] Dies gilt in besonderem Maß, wenn Computerspiele Teil eines transmedialen Arrangements sind: Die überzeugende Simulation der virtuellen Umwelt und ihrer Bewohner ist einerseits Vorbedingung für die sinnvolle Interaktion mit diesen und dient andererseits dazu, einen bereits bekannten Fiktionskosmos lebendig und vielschichtig erscheinen zu lassen. Über die Charakterisierung in eingeschobenen Filmsequenzen hinaus werden so Figuren auch durch ihre Handlungen im eigentlichen Spielgeschehen charakterisiert, weshalb es auch umgekehrt in Computerspielverfilmungen so wichtig ist, typische Bewegungen und Aktionen zu integrieren. Vielleicht mehr noch als in anderen Zweigen der Kulturindustrie sind im Transmedia Storytelling ästhetische und kommerzielle Aspekte untrennbar miteinander verwoben. Nicht von ungefähr spricht man in Bezug auf breit vermarktete Fiktionen von Franchises oder Intellectual Properties, da der gemeinsame Nenner von Film, Computerspiel, Roman, Actionfigur, Fan-T-Shirt und so weiter letztlich in wenig mehr als einem Eigentumsrecht besteht. Auf einer abstrakten Ebene lassen sich die Geschäftsmodelle der Rechteinhaber solcher Franchises zwischen den Polen einer totalen Kontrolle aller Publikationen und der Einladung zur aktiven Partizipation durch die Fans verorten, die Medientheoretiker Henry Jenkins als Gegensatz von *Commodity Culture* und *Gift Economy* beschreibt.[4] Mit der Handhabung des Eigentumsrechts eng verbunden ist die Frage der kurz- oder langfristigen Gewinnerwartung. Während das Lizenzieren der Verwertungsrechte für andere Medien einen direkten Erlös erbringt, bedeutet der schrittweise, konzertierte Aufbau eines breit angelegten Medienverbunds große Investitionen in eine ungewisse Zukunft.

Schon an den ersten filmbasierten Computerspielen lassen sich diese zwei bis heute vorherrschenden Tendenzen festmachen. Atari kaufte für sein Spiel *E. T. the Extra-Terrestrial* die Filmlizenz erst nach dem unerwarteten Erfolg des Films und zahlte dafür eine Rekordsumme. Um diese Investition lukrativ zu machen, wurde das Spiel in nur fünf Wochen entworfen und programmiert und – da der kommerzielle Erfolg eine Selbstverständlichkeit zu sein schien – in einer extrem hohen Auflage veröffentlicht. Obwohl sich das Spiel anfangs sehr gut verkaufte, wurde es von

---

/ **02** / Eine sehr lesbare Einführung hierzu liefert Andreas Rauscher: *Spielerische Fiktionen – Transmediale Genrekonzepte in Videospielen.* Marburg 2012.

/ **03** / Begründet wurde diese Sichtweise von Lisbeth Klastrup und Susana Tosca: Transmedial Worlds – Rethinking Cyberworld Design. In: *Proceedings of the 2004 International Conference on Cyberworlds. IEEE Computer Society.* Los Alamitos 2004, S. 409–416. Eine umfassende Ausarbeitung dieses Konzepts findet sich in Marie-Laure Ryan und Jan-Noël Thon (Hg.): *Storyworlds across Media. Toward a Media-Conscious Narratology.* Lincoln 2014.

/ **04** / Henry Jenkins, Sam Ford, Yoshua Green: *Spreadable Media. Creating Value and Meaning in a Networked Culture.* New York 2013.

Abb. 2 / *Wing Commander III: Heart of the Tiger* (Origin Systems; 1994)

Abb. 3 / Chris Roberts: WING COMMANDER (1999)

zahlreichen enttäuschten Käufern umgetauscht. Das war der Hauptgrund, dass Atari im Folgejahr Verluste von über einer halben Milliarde Dollar anmeldete. Im Nachhinein sind die Probleme des Spiels leicht zu identifizieren. Die übereilte Veröffentlichung resultiert in einem Spiel, das in Details unfertig wirkt – was gerade im intendierten Vergleich mit dem sorgfältig durchkomponierten Hollywood-Film unverzeihlich ist – und dem es nicht gelingt, die filmische Erzählwelt zu evozieren oder Spielprinzipien zu finden, die der Filmhandlung gerecht werden.

Das gelungene Gegenbeispiel aus dem gleichen Jahr ist *Star Wars: The Empire Strikes Back* (Parker Brothers; 1982). Parker Brothers nutzten ihre Lizenz für Star Wars-Spielzeug, um ein Computerspiel zu veröffentlichen, das auf audiovisueller Ebene durch die erstmalige Einbindung von Filmmusik auf den Film verwies und eine ikonische Filmsequenz nicht nur wiedererkennbar nachstellte – eine bemerkenswerte Leistung angesichts der damals verfügbaren groben Grafik (Abb. 1). Die Schlüsselstelle des Films, in der die unaufhaltsam vorrückenden imperialen Truppen lange genug aufgehalten werden müssen, um die Flucht vom Planeten Hoth zu ermöglichen, findet in der aus *Space Invaders* (Taito; 1978) abgeleiteten Spielmechanik eine perfekte Entsprechung.[5] Es dauerte zehn Jahre, bis die ersten für den internationalen Markt produzierten Computerspielverfilmungen entstanden, und auch an diesen lassen sich grundlegend unterschiedliche Herangehensweisen an transmediales Erzählen beobachten. Der unter Beteiligung von Nintendo entstandene Film SUPER MARIO BROS. (1993; R: Rocky Morton und Annabel Jankel) macht aus einem märchenhaften Geschicklichkeitsspiel einen bizarren, durch seine Albernheit mutmaßlich kindgerechten Actionfilm. Dass Ernsthaftigkeit allein aber auch kein Erfolgsgarant ist, zeigt WING COMMANDER (1999; R: Chris Roberts), in dem der Chefentwickler der gleichnamigen Spielserie seine Space Opera für ein anderes Publikum radikal verändert. Beginnend mit *Wing Commander III: Heart of the Tiger* (Origin Systems; 1994), erzählte die Computerspielreihe ihre Geschichte in aufwändigen Realfilmsequenzen mit Schauspielern wie Mark Hamill, Malcolm McDowell und John Rhys-Davies, die den Spielen eine gewisse Hollywood-Anmutung verliehen (Abb. 2). Die Filmfassung setzt stattdessen auf die jugendlichen Fernsehkomiker Freddie Prinze Jr. und Matthew Lillard und macht aus einer düsteren, erstaunlich vielschichtigen kriegerischen Science-Fiction einen Coming-of-Age-Film (Abb. 3).

Etwa zur gleichen Zeit finden sich allerdings Filme wie LARA CROFT: TOMB RAIDER und MORTAL KOMBAT (1995; R: Paul W. S. Anderson), die nicht als Konkurrenz oder Überbietung, sondern als gleichberechtigte Erweiterungen der adaptierten Computerspiele konzipiert sind. Sie bilden mit den anderen Texten im

/ **05** / Bogost und Montfort 2009, a. a. O., S. 127–134.

Abb. 4 / Paul W. S. Anderson: RESIDENT EVIL: AFTERLIFE (2010)

> Medienverbund – zu denen fast immer auch Romanadaptionen und Comics zählen – ein transmediales Ensemble, das laut Henry Jenkins auf sieben Prinzipien aufbaut. Neben der schon erwähnten Bedeutung des Entwurfs einer kohärenten Erzählwelt ist für das transmediale Nebeneinander von Geschichten wichtig, dass jedes Element als Teil einer Serie konzipiert ist. Diese Teile müssen klar im Fiktionskosmos positioniert sein, denn sowohl eine strenge Kontinuität als auch eine Vielfalt von Varianten einer Welt sind für Fans eines Franchise akzeptabel, nicht jedoch ein uninformierter oder liebloser Umgang mit etablierten Elementen. Radikale Veränderungen und Neuanfänge erweisen sich unter diesen Vorbedingungen durchaus als Vorteil etablierter Franchises, da Fans diese als Varianten der bekannten Erzählwelt akzeptieren können und neuen Rezipienten der Zugang zu einer gewachsenen und dadurch sonst überwältigend komplexen Welt eröffnet wird. Die aus einer transmedialen Ausweitung einer Erzählwelt unweigerlich entstehenden Widersprüche werden durch Betonung subjektiver, individueller Sichtweisen oberflächlich geglättet, laden eingeschworene Fans aber auch dazu ein, selbst kreativ mit den Stoffen umzugehen, sei es durch Vertiefung von Facetten der fiktionalen Welt oder durch Analyse der Zusammenhänge und Brüche. Dieser performative Aspekt führt letztlich dazu, dass Fans des Franchise in verschiedenen Kontexten, in unterschiedlichen sozialen Netzwerken und eben auch über Mediengrenzen hinweg diskutieren, kritisieren und empfehlen.[6]

Vor allem die Super-Franchises, die mit der Übernahme der Comicverlage Marvel und DC durch die Medienkonzerne Disney und Warner Bros. entstanden sind, haben diese Form der Transmedialität perfektioniert.[7] Doch auch abseits konzernweiter Strategien finden sich wiederkehrende Stilmittel, die mehrere von Jenkins' Prinzipien bündeln, allen voran die Einführung einer neuen Figur. Im Computerspiel erlaubt die Verwendung einer unbekannten oder peripheren Figur als Avatar größere Handlungsfreiheit und Gestaltungsmöglichkeiten, als wenn eine etablierte Hauptfigur gespielt würde. Die in einer Verfilmung eingeführte Protagonistin – etwa Alice (Milla Jovovich) in RESIDENT EVIL (2002; R: Paul W. S. Anderson) – kann nicht nur frei charakterisiert werden, sondern erlaubt es auch, nahtlos von einer Nacherzählung der Handlung der Spiele aus einer neuen Perspektive zur Etablierung eines parallelen Fiktionsuniversums überzugehen, in dem die Geschehnisse durch die Existenz ebendieser Figur einen anderen Lauf genommen haben. Ergebnis ist ein transmediales Arrangement, in dem dieselben Figuren vergleichbare Erfahrungen machen, aber unter anderen Umständen und in unterschiedlicher Reihenfolge. Das ermöglicht es beispielsweise, zwar die gleichen ikonischen Monster in Spiel und Film auftreten zu lassen (und damit einen hohen Wiedererkennungswert zu schaffen, Abb. 4–5), sie aber in unterschiedliche Kontexte zu setzen und damit nicht nur während der Rezeption für Überraschung zu sorgen, sondern schon im Vorfeld Anlass zu Spekulationen zu geben und damit die Partizipation der Fans anzuregen.

Abseits der sorgsam konstruierten Franchises vertikal integrierter Medienkonzerne existiert allerdings auch ein reflektierteres transmediales Erzählen. Das vielleicht gelungenste Beispiel für diese Art von Filmen ist SCOTT PILGRIM VS. THE WORLD (Scott Pilgrim gegen den Rest der Welt; 2010; R: Edgar Wright). Darin wird kein Computerspiel adaptiert, sondern ein Comic, der seine Erzählstruktur und Bildsprache dem Fundus des Computerspiels entlehnt. Wäh-

/06/ Henry Jenkins: The Revenge of the Origami Unicorn. Seven Principles of Transmedia Storytelling. henryjenkins.org/2009/12/the_revenge_of_the_origami_uni.html [10. 02. 2015].
/07/ Einen Überblick der Transmediastrategie von Warner Bros. liefert Will Brooker: *Hunting the Dark Knight. Twenty-First Century Batman*. London 2012.

Abb. 5 ⁄ *Resident Evil 5* (Capcom; 2009)

rend Computerspielverfilmungen regelmäßig daran scheitern, die spezifische Ästhetik des Ursprungsmediums zu evozieren – etwa in den eingeschnittenen Spielsequenzen in HOUSE OF THE DEAD (2003; R: Uwe Boll) oder der langen subjektiven Kamerasequenz in DOOM (2005; R: Andrzej Bartkowiak) –, gelingt es SCOTT PILGRIM VS. THE WORLD, sich Spielkonventionen wirklich zu eigen zu machen. Dass er seine Produktionskosten im Gegensatz zu manchem weit weniger gelungenen Film nicht eingespielt hat, zeigt noch einmal deutlich, dass selbst gekonntes transmediales Erzählen kein Erfolgsrezept ist.

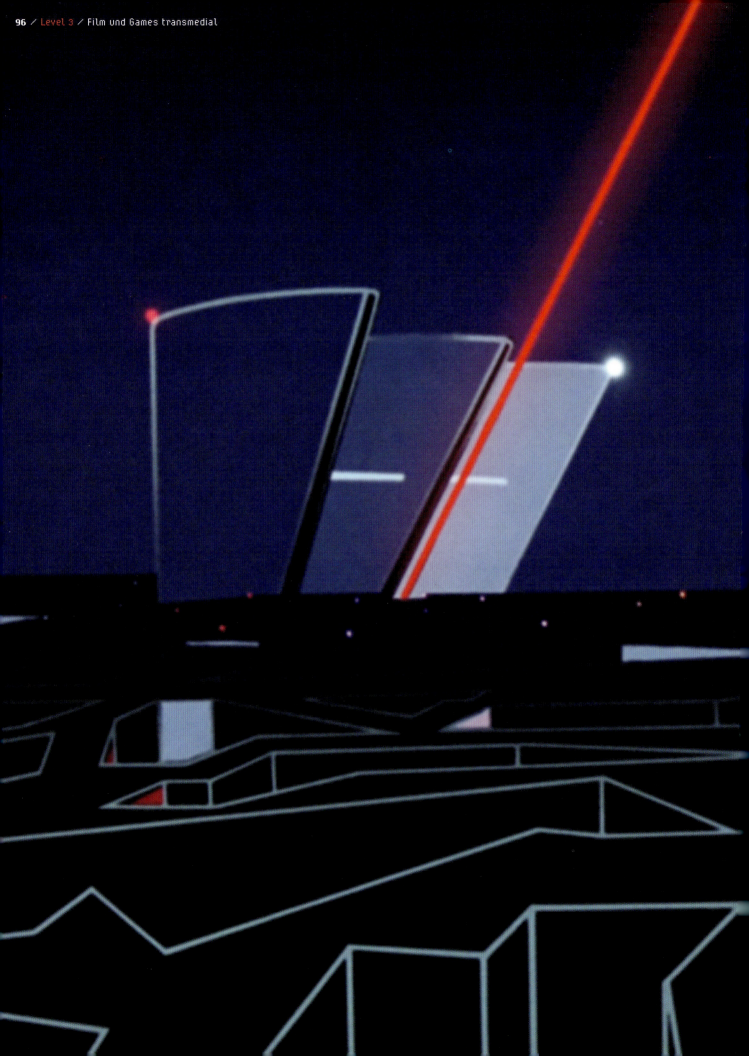

ANDREAS RAUSCHER

DIE LUDISCHE LEINWAND
oder: Das Videospiel im Zeitalter seiner filmischen Reproduzierbarkeit

Der fließende Wechsel zwischen Leinwand und Zuschauerraum hätte so spielerisch und einfach sein können, hätten sich die Zukunftsvisionen der frühen 1990er Jahre erfüllt. Angefeuert durch die Kapazitäten der CD-Rom, die die Integration ganzer Filmsequenzen in Videospiele ermöglichte, wurde der interaktive Film als begehbare virtuelle Welt hinter der Leinwand imaginiert. Vergleichbar dem Holodeck in der Serie *Star Trek – The Next Generation* (Star Trek – Das nächste Jahrhundert; USA 1987–94, Abb. 2), würden die Spieler nach Lust und Laune die Klassiker der Filmgeschichte als dreidimensionale Simulationen nacherleben

Abb. 2 ⁄ *Star Trek: The Next Generation* (USA 1987–1994, Staffel 1, Folge 4: *Code of Honor*)

Abb. 1 ⁄
Steven Lisberger: TRON (1982)

Abb. 3 / Lana und Andy Wachowski: THE MATRIX (1999)

können, mit deren Protagonisten interagieren oder interessante historische Schauplätze und Persönlichkeiten aufsuchen. Dass sich in den meisten Fällen die interaktiven Filme auf eine Abfolge von nicht beeinflussbaren, filmisch mittelmäßigen Sequenzen und schlichten Rätselaufgaben beschränkten, sorgte schnell für Ernüchterung.

Vielleicht hätte es bereits eine Warnung sein können, dass das Holodeck in den einprägsamsten *Star Trek*-Folgen ständig von Fehlfunktionen heimgesucht wird, vom sich verselbständigenden Professor Moriarty aus einem *Sherlock Holmes*-Spiel, der individuelle Rechte beansprucht, bis hin zum von den moralischen Ambivalenzen des Italowestern überforderten Klingonen.

Die zuversichtlichen Proklamationen der 1990er Jahre und die anschließende Ernüchterung bezeichnete die amerikanische Wissenschaftlerin Marie-Laure Ryan treffend als den Holodeck-Mythos.[1] Rückblickend betrachtet, erinnern die Spekulationen um den interaktiven Film an die rührende Naivität des Soldaten aus Jean-Luc Godards LES CARABINIERS (Die Karabinieri; 1963), der bei seinem ersten Kinobesuch versucht, in die Leinwand zu springen und diese in seinem Übereifer lediglich herabreißt, statt in die darauf abgebildete Badewanne zu tauchen.

Charakteristisch für die Umbrüche des digitalen Kinos erscheinen im Nachhinein weniger die nie realisierten Zukunftsentwürfe, wie sie in TRON (1982; R: Steven Lisberger, Abb. 1) ausformuliert und in den MATRIX-Filmen (1999–2003; R: Lana und Andy Wachowski) noch als Echo des Cyberpunk angedeutet werden (Abb. 3). Das digitale Kino bringt stattdessen bis heute Filme hervor, die wie die PIRATES OF THE CARIBBEAN-Reihe (Fluch der Karibik; seit 2003) als Reanimation vertrauter Stoffe funktionieren. Längst vergessen geglaubte Genres erleben ihre digitale Auferstehung: neben verspielten Piratenfilmen auch Historienfilme in digitalen Kulissen wie Ridley Scotts GLADIATOR (2000), KINGDOM OF HEAVEN (Königreich der Himmel; 2005) und EXODUS: GODS AND KINGS (Exodus: Götter und Könige; 2014) bis hin zum Fantasyfilm, der sich mit Peter Jacksons LORD OF THE RINGS (Der Herr der Ringe; 2001–3) sogar zum dominanten Genre der 2000er Jahre entwickelte. Wirft man einen genaueren Blick auf die Renaissance des Abenteuer-, Historien- und Fantasyfilms, dessen Motive auch in Strategiespielen wie *Europa Universalis* (Paradox Interactive; 2000) und *Total War: Rome* (Creative Assembly; 2013) oder in Rollenspielwelten der *Dragon Age* (BioWare; 2009–14, Abb. 8) und *Elder Scrolls*-Reihe (Bethesda Game Studios; 1994–2014, Abb. 9) hoch im Kurs stehen, werden verstärkte Austauschbeziehungen

/ 01 / Marie-Laure Ryan: Beyond Myth and Metaphor – The Case of Narrative in Digital Media. In: *Game Studies*. Band 1, Heft 1. Juli 2001. Abrufbar unter: www.gamestudies.org/0101/ryan [15. 02. 2015].

zwischen Filmen und Videospielen deutlich. Diese vollziehen sich nicht so sehr auf einer unmittelbaren inhaltlichen Ebene, sondern betreffen als abstraktere formale Akzentverschiebungen die Ästhetik und Dramaturgie neuerer Filme.

Die Ludifizierung der Leinwand vollzieht sich nicht in der plakativen Form der mit Spielelementen aufwartenden *crank*-Filme (2006, 2009; R: Mark Neveldine und Brian Taylor), sondern – wie in einem guten Spiel – durch die Wiederholung, Präsisierung und Variation bereits vorhandener audiovisueller Gestaltungsmittel und Erzählstrukturen. Ganz ähnlich enttäuschten die Verfilmungen bekannter Videospiele wie LARA CROFT: TOMB RAIDER (2001, 2004; R: Simon West) und DOOM (Doom – Der Film; 2005; R: Andrzej Bartkowiak), weil sie es versäumten, eine filmisch adäquate Umsetzung oder Erweiterung der Spielerfahrung zu realisieren. Die subjektive First-Person-Passage in DOOM funktioniert zwar als amüsanter Kurzfilm, die schleichende Bedrohung des Videospiels findet sich hingegen in keiner Einstellung. Auch die durchaus unterhaltsamen, aber nicht nachhaltig überzeugenden TOMB RAIDER-Filme geben sich alle Mühe, dem Status von Lara Croft als Popikone gerecht zu werden, darüber versäumen sie es jedoch, eine dem Spiel adäquate Handlung für die stilbewusste Actionheldin zu finden. Sowohl in *Doom* als auch in *Tomb Raider* (Abb. 4) bildet die

Abb. 4 / *Lara Croft and the Temple of Osiris* (Crystal Dynamics; 2014)

Abb. 5 / Alfonso Cuarón: GRAVITY (2013)

ausgedehnte atmosphärische Erfahrung des Raums eine wesentliche Komponente, die in den Filmen keinen Ausdruck findet. Beide veranschaulichen sehr pointiert, wie in Spielen die Mise en Scène eine Aufwertung gegenüber der Montage erfährt.

Michael Nitsche kommentiert in seiner Studie *Video Game Spaces* anschaulich die unterschiedlichen Set-Konstruktionen für einen Film und ein Videospiel:

> „If a film audience were to step through the camera and onto the film set they would see a modern film studio … Instead of a ceiling there might be a battery of light; where one would expect the fourth wall, there would be cameras, sound equipment, and a number of technicians working to produce the illusion. This space is not the world of the story but that of the production of the film."[2]

Diese im Off verbleibenden Nicht-Orte im Film werden im Spiel ausgefüllt und zu navigierbaren Räumen ausgestaltet. Die kontinuierliche Passage durch die Handlungsräume mit einer Kamera in subjektiver semi-dokumentarischer Position, die in LADY IN THE LAKE (Die Dame im See; 1947; R: Robert Montgomery) noch als Kuriosität galt, bildet in den Horrorfilmen der REC-Reihe (2007–14; R: Jaume Balagueró und Paco Plaza) und CLOVERFIELD (2008; R: Matt Reeves) die inszenatorische Grundlage. Das Astronautendrama GRAVITY (2013) von Alfonso Cuarón ähnelt in seinen ausgedehnten digital bearbeiteten Plansequenzen (Abb. 5) beispielsweise dem Walkthrough-Video eines Action-Adventures.

Der Medienwissenschaftler Henry Jenkins prägte 2004 den Begriff der „Narrativen Architektur" als möglichen Brückenschlag zwischen Videospielen und anderen Medien.[3] Diese Aufwertung der räumlichen Komponente bietet im Game-Design den Spielern die Möglichkeit, durch Assoziationen an bekannte Vorbilder und die Erkundung einer über Details angedeuteten Hintergrundgeschichte eine mögliche Handlung zu erschließen. Die Bedeutung der Narration wird nicht mehr fest vorgegeben, sondern erhält durch das Environmental Storytelling der Mise en Scène eine zusätzliche Ebene. Die detailverliebten Beschreibungen der Flora und Fauna von Mittel-Erde in den Romanen von J. R. R. Tolkien übertrug Peter Jackson in seinen Verfilmungen kongenial in Landschaftsaufnahmen (Abb. 6), die um digitale Kamerafahrten und Kulissen erweitert sind und die immer wieder an die Raumstruktur der begleitenden Videospiele erinnern. In THE LORD OF THE RINGS ähnelte der erste Teil der explorativen Struktur eines Rollenspiels, der zweite und dritte Film korrespondierten in ihren epischen Schlachtszenen (Abb. 7) hingegen mit den auf ihnen basierenden Strategiespielen wie *Battle for Middle-Earth* (EA Los Angeles; 2004, 2006). In der Verfilmung von THE HOBBIT (Der Hobbit; 2012–14; R: Peter Jackson) finden sich schließlich ganze Passagen, die nahtlos in ein Jump-'n'-Run-Spiel übertragen werden könnten, und im letzten Teil THE BATTLE OF THE FIVE ARMIES (Die Schlacht der fünf Heere; 2014) zeigt die Kamera in der entscheidenden Schlacht die Mannschaftsaufstellungen von Zwergen, Elben, Orks und Menschen wie in einem Multi-Player-Turnier.

Die Transformation der Mise en Scène zur Mise en Game bewirkt in den actionorientierteren Handlungsverläufen eine besondere Akzentuierung der Hindernisse, die in einer Levelarchitektur steigender Schwierigkeitsgrade angeordnet werden. Die Superhelden-Jahresvollversammlung MARVEL'S THE AVENGERS (2012; R: Joss Whedon) nutzt im Showdown den klassischen Aufbau von Arcade-Spielen (Abb. 10), die übrigens in einem Dialog des Films am Beispiel des Space-Shooters *Gradius* (Konami; 1985–2009) gewürdigt werden, um die besonderen Fähigkeiten der Comichelden effektvoll in Szene zu setzen. Paul W. S.

/ **02** / Michael Nitsche: *Video Game Spaces*. Cambridge (Ma.) 2008, S. 85.
/ **03** / Henry Jenkins: Game Design as Narrative Architecture. In: Noah Wardrip-Fruin, Pat Harrigan (Hg.): *First Person: New Media as Story, Performance, and Game*. Cambridge (Mass.) 2004, S. 118–130.

Abb. 6–7 ⁄ Peter Jackson: THE LORD OF THE RINGS: THE RETURN OF THE KING (2003)

Abb. 8 ⁄
Dragon Age: Origin
(BioWare; 2009)

Abb. 9 ⁄
The Elder Scrolls V: Skyrim (Bethesda Game Studios; 2011)

Abb. 10 / Joss Whedon: MARVEL'S THE AVENGERS (2012)

> Anderson demonstriert in den RESIDENT EVIL-Filmen (seit 2002) und ALIEN VS. PREDATOR (2004) sein eindrucksvolles Gespür für das räumliche Arrangement der Spielwelten. Er adaptiert gar nicht erst die Handlung der Videospielvorlagen, sondern entwirft wie in einem Let's-Play-Video gemeinsam mit seiner Ehefrau und Hauptdarstellerin Milla Jovovich einen eigenen Weg durch die Spielwelt (Abb. 11).[4] In RESIDENT EVIL – RETRIBUTION (2012), in dem Simulationen von Tokio, Moskau (Abb. 12) und amerikanischen Vorstädten durchquert werden müssen, erzielt die bizarre Raumarchitektur nahezu surreale Qualitäten.

Die Fokussierung auf die Durchquerung des Raums zwischen epischer Odyssee in der Fantasy, atemlosen Hindernisparcours im Actionfilm und vorsichtigen Tastbewegungen im Horrorfilm korrespondiert mit dem Blick auf Interfaces und Übersichtskarten. In den spielerischen Fiktionen, die Filme aus den Videospielen übernehmen, dienen diese nicht mehr nur als erste Orientierung, sondern geben zugleich die Spielaufgaben für den Level vor und informieren über verfügbare Ressourcen. In den IRON MAN-Filmen (seit 2008; R: Jon Favreau) reagiert Robert Downey Jr. als Tony Stark mindestens genauso häufig auf die Warnsignale seiner fliegenden Cyborg-Rüstung wie auf die Provokationen seiner Gegenspieler. In den neueren James-Bond-Filmen hält sich die Spitze des Geheimdiensts meistens in Kommandozentralen mit Touchscreens auf, die in den Spielen um den Agenten aufgegriffen werden. Das Spannungsverhältnis zwischen der Top-Down-Strategiespiel-Perspektive der Kommandozentrale und dem Bottom-Up-Third-Person-Shooter-Aktionismus des Agenten wird besonders anschaulich in der Eröffnungssequenz zu TOMORROW NEVER DIES (James Bond 007 – Der Morgen stirbt nie; 1997; R: Roger Spottiswoode) umgesetzt. Während der Secret Service per Knopfdruck eine Rakete auf einen Waffenbasar von Terroristen abfeuert, muss sich James Bond auf ganz traditionelle Weise von dort einen Fluchtweg frei kämpfen. Die sich an die Rakete heftende Following-Kamera und die klassisch

Abb. 11-12 / Paul W. S. Anderson: RESIDENT EVIL: RETRIBUTION (2012)

/ **04** / Zu Let's-Play-Videos vgl. den Beitrag von Michael Nitsche *Das Potenzial von Machinima*, S. 106-113, und den Beitrag von Thomas Klein *Let's-Play-Videos und Gaming Culture*, S. 198-203.

Abb. 13 / Christopher Nolan: THE DARK KNIGHT (2008)

gefilmten Aktionen Bonds drohen sich zur Kollisionsmontage zu entwickeln, bevor eine 007-typische Last-Minute-Rescue erfolgt. In Christopher Nolans THE DARK KNIGHT (2008) erhält Batman (Christian Bale) die wichtigsten Informationen aus der Überwachungszentrale seines Verbündeten Lucius (Morgan Freeman) und verfügt in seiner Maske über ein Infrarotsichtgerät (Abb. 13), das sich optisch in keiner Weise mehr vom Equipment im inhaltlich vom Film vollkommen unabhängigen Batman-Spiel *Batman: Arkham Asylum* (Rocksteady Studios; 2009) unterscheidet. Schnittstellen dieser Art nutzen die Synergien zwischen Spielen und Filmen besser als die allzu offensichtlichen Parallelen, die sich wie das Holodeck in den meisten Fällen als utopische Projektionen erwiesen haben.

Eine weitere Ebene der filmischen Reflexion von Game-Ästhetik entsteht, wenn die für die meisten Spielerlebnisse wesentliche Erfahrung des Scheiterns und der Wiederholbarkeit thematisiert wird. Zu den prägnantesten Aufbereitungen des in Spielen vorhandenen Lernprozesses zählen neben diversen *Star Trek*-Folgen wie *Cause and Effect* (1992), in der fünfmal hintereinander die Enterprise explodieren muss, bis der Android Data den relevanten Ausweg aus der Zeitschleife entdeckt, die Filme LOLA RENNT (1997) von Tom Tykwer und EDGE OF TOMORROW (2014) von Doug Liman. Im Unterschied zum immer wieder durchlittenen GROUNDHOG DAY (Und täglich grüßt das Murmeltier; 1994; R: Harold Ramis), in dem Bill Murray in der Rolle des Phil Connors wie in einem Märchen zu einem besseren Menschen werden muss, um dem Fluch der Ewigkeit eines Tages zu entgehen, beziehen Tykwer und Liman auch die Mechanik eines Spiels in ihren Handlungsaufbau ein. Im dritten Anlauf vermeidet Lola (Franka Potente) die Fehler ihrer ersten beiden Versuche, den von der Mafia bedrohten Freund zu retten, und Major William „Bill" Cage (Tom Cruise), Soldat eines zukünftigen Kriegs, entdeckt die richtige Taktik, einer scheinbar ausweglosen, sich endlos wiederholenden Situation zu entkommen. In DARK CITY (1998) von Alex Proyas ähnelt die Architektur einer abgeschotteten Film-noir-Stadt an den narrativen Baukasten eines Action-Adventures. In jeder Nacht wird das Gedächtnis der Bewohner gelöscht und ihre Position im urbanen Labyrinth neu arrangiert. Während hier das gesamte Setting wie ein konstruiertes Spielszenario funktioniert, realisiert der in seiner Bildsprache stark von Comics und Videospielen beeinflusste Regisseur Zack Snyder in SUCKER PUNCH (2011) die zugespitzte Auflösung zwischen subjektivem Spielerlebnis

Abb. 14–15 / Godfrey Reggio: KOYAANISQATSI (1982)

te Protagonist seinem Puppenspieler ebenso wie der vorgegebenen Narration entkommen muss.

Die stärkste Ausprägung künstlerischer Assoziationsmöglichkeiten findet sich in Filmen, die über die formale Reflexion hinaus das Spielerlebnis und dessen Ästhetik bebildern. Godfrey Reggios philosophischer Essay-Film KOYAANISQATSI (1982) montiert Aufnahmen aus Videospiel-Arcades der frühen 1980er Jahre parallel zu beschleunigten urbanen Impressionen (Abb. 14–15). In einer entschleunigten Gegenbewegung wurden sowohl die virtuellen Landschaftscollagen des Künstlers Ultrabrilliant (alias Andy Kelly, siehe Beitrag in diesem Katalog, S. 234–239) als auch die Welt des Indie Games Journey (Thatgamecompany; 2012) maßgeblich von den Naturaufnahmen in Reggios Film inspiriert. Von TRON: LEGACY (2010; R: Joseph Kosinski) bleibt weniger die routinierte Handlung in Erinnerung als vielmehr der magische Moment, in dem die seit dem ersten Teil verlassene und verstaubte Arcade-Spielhalle wie ein improvisiertes Museum der Spielkultur wieder zum Leben erweckt wird. Der einfallsreiche Animationsfilm WRECK-IT-RALPH (Ralph reichts; 2012; R: Rich Moore) imaginiert die Nachbarschaft verschiedenster Videospielwelten (Abb. 16) und arbeitet effektvoll mit der 8-Bit-Ästhetik vergangener Epochen der Game-Geschichte.

Mit einem abstrakteren Ansatz, in dem Reflexion, Erzählexperiment und ästhetische Aneignung aufeinander treffen, nehmen sich die Autorenfilmer David Cronenberg mit EXISTENZ (1999) und Mamoru Oshii mit AVALON (Avalon – Spiel um dein Leben; 2001) dem Potenzial der Videospiele an. Während Action-Auteur Paul W. S. Anderson mit seiner entfesselten Kamera den mühsamen Weg durch die entlegensten Katakomben der narrativen Architektur sucht, betrachten sie das Spielgeschehen beinahe von der abstrakten

und äußerer Wirklichkeit. Am Ende ist nicht mehr erkenntlich, ob die Handlung in einer psychiatrischen Anstalt spielt oder die an Game-Levels angelehnten episodischen Erlebnisse der Protagonistin die zuverlässigere Ebene bilden. Das Verhältnis zwischen Avatar und Spieler thematisiert GAMER (2009) von Mark Neveldine und Brian Taylor, indem der ferngesteuer-

Ebene des Codes, der ein Spiel erst zum virtuellen Leben erweckt. In eXistenZ vermischen sich die nüchtern inszenierten Ebenen so stark, dass am Ende des Films nicht klar wird, ob die Charaktere und wir als Zuschauer uns immer noch im Spiel befinden, und in Avalon erweist sich der mythenumrankte Fortgeschrittenenlevel eines Multi-Player-Spiels wie die geheimnisvolle Insel der Artus-Sage als eine Reise ohne Wiederkehr. Im Unterschied zu den trügerischen Versprechungen einer umfassenden Immersion verdeutlichen diese Filme ebenso wie die ästhetische und dramaturgische Arbeit mit Game-Ästhetik, dass es nicht auf die Überwältigung der Sinne, sondern auf die spielerische Freiheit ankommt, die künstlerische Spekulationen ermöglicht. Aus dieser ergeben sich sowohl anregende filmische Reflexionen als auch einfallsreiche Erweiterungen transmedialer Storyworlds. Diese artikulieren eine Einladung zum kreativen Dialog zwischen den Kunstformen und Medien, ohne dass das Ergebnis wie in den ersten Videospiel-Verfilmungen gleich an die falsch verstandenen prometheischen Impulse eines Frankenstein Junior erinnert.

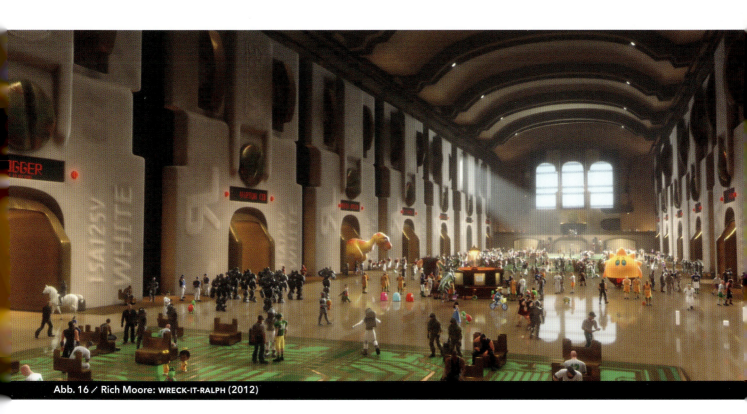

Abb. 16 / Rich Moore: Wreck-it-Ralph (2012)

MICHAEL NITSCHE

Das Potenzial von MACHINIMA

Ist es fair zu fragen, ob Machinimas in ihrer Ausdrucksfähigkeit eingeschränkt sind? Wer würde beispielsweise fragen, zu welchem Ausdruck Claymation fähig ist, um sich anschließend zu bemühen, den Trickfilmer Nick Park mit dem surrealistischen Filmemacher Jan Švankmajer zu vergleichen? Oder wer würde die Reichhaltigkeit handgezeichneter Folienanimation infrage stellen und sich dann abmühen, den Trickfilmregisseur Norman McLaren an dem Zeichentrickfilmregisseur Hayao Miyazaki zu messen? Diese Fragen erscheinen unfair, und doch bieten gerade die thematischen Einschränkungen einen Zugang zum Thema Machinima. Machinimas, definiert als die Darstellung bewegter Computerbilder mithilfe von Echtzeit-Rendering-Engines, sollten bezüglich ihres Inhalts ebenso neutral sein wie jede andere Form bewegter Bilder. Aber besonders für gamebasierte Machinimas scheint dies nicht der Fall zu sein – zumindest noch nicht. Die Suche nach der Verbindung von Machinima zu Game-Technologie und Game-Kultur führt zu der Frage, ob die Aus-

Claymation
Claymation ist eine Animationstechnik, bei der Knetfiguren aus Lehm oder Ton kontinuierlich verändert werden und dies fotografisch festgehalten wird. Durch den Zusammenschnitt der Fotos wirken die Figuren animiert und in Bewegung gesetzt.

Abb. 1-2 / Farbrausch:
fr-041: debris (2007)

Abb. 3-6 ◢ Farbrausch: *fr-041: debris* (2007)

drucksfähigkeit von Machinima in irgendeiner Weise auf einen bestimmten, durch diese Kultur geschaffenen Rahmen beschränkt ist. Im Folgenden soll anhand von zwei Beispielen veranschaulicht werden, dass dies nicht unbedingt negativ zu bewerten ist.

Es gilt, eine doppelte Herausforderung in der Balance zu halten: Jedes Produktionswerkzeug oder -verfahren hat seine Grenzen und schafft sich einen Referenzrahmen. Parallel dazu existiert aber auch ein kultureller Rahmen, von dem abhängt, was die Betrachter einer bestimmten Darstellung entnehmen können oder entnehmen wollen. Wenn die beiden Rahmen zusammenwirken, dann wird aus einem Bildwerk ein konstruktives Element der kulturellen Landschaft. So wie Susan Sontag über die Fotografie feststellte:

„Indem sie uns einen neuen visuellen Code lehren, verändern und erweitern Fotografien unsere Vorstellung von dem, was anschauenswert ist und was zu beobachten wir ein Recht haben. Es gibt eine Grammatik und, wichtiger noch, eine Ethik des Sehens."[1]

Der technische Charakter einer Fotografie ist immer präsent, aber er überschattet nicht die Vielfalt der dargestellten Themen und Aspekte. Fotografien „erweitern" unsere Sicht der Welt durch das Entdecken neuer Perspektiven. Wir können die Welt vielleicht als Fotograf betrachten, doch dies beschränkt nicht per se unseren Blick auf eine kulturelle Nische der Welt. Von den langen Belichtungszeiten für die Porträtfotografien des 19. Jahrhunderts über die Farbbilder in Kodachrome bis hin zu den Polaroid-Sofortbildern und den heutigen Digitalkameras – Technologie hat seit jeher die Erzeugung eines Bilds und seine Darstellung geprägt. Aber es bleibt der Fotograf, der das Thema des Bilds auswählt.

Bezogen auf Machinima lautet die Frage nun, ob sie eine kreative neue Art der Weltbetrachtung bieten kann oder ob sie durch ihr technologisches Erbe behindert wird. Wie gelingt ihr die Balance zwischen Technologie und Inhalt? Ist Machinima auf ihren eigenen medientechnologisch definierten Kern beschränkt? Zum einen geht es bei dieser Frage darum, was wir aus einem Machinima-Film herauslesen wollen, und zum anderen auch darum, was der Filmemacher in einen Film aufnehmen kann. Zwischen diesen beiden Polen etabliert

sich Machinima als eine reichhaltige Ausdrucksform für eine Debatte über digitale Kulturen.

Aus Spielwelten entstanden

Der Fokus auf die Technologie des Videospiels ist ein wiederkehrendes Thema in Machinima-Videos und war dies schon, noch bevor der Name Machinima gebräuchlich wurde. Wenn Hacker den Kopierschutz eines kommerziellen Spiels deaktivierten und es in Umlauf brachten, dann fügten sie ihm zuvor oftmals ein Crack-Intro hinzu, um gegenüber anderen Spielern ihre Hackerfähigkeiten zu demonstrieren. Die Erstellung dieser Crack-Intros (auch Cracktro genannt) wurde zu einem eigenen künstlerischen Wettbewerb und beeinflusste die Ursprünge der heutigen Demoszene. Noch heute zählt es in der Demoszene, mit extrem effizientem Code die eindrucksvollsten visuellen Meisterwerke zu erschaffen. Zentrale Elemente dieser Kultur sind das Zelebrieren und

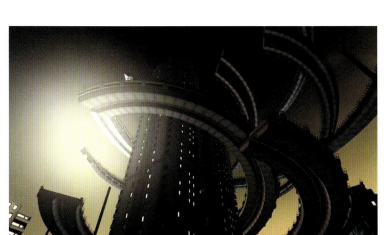

/01/ Susan Sontag: *Über Fotografie*. Frankfurt am Main 2006, S. 9.

> **QuakeDoneQuick-Speedrun**
> Als QuakeDoneQuick-Speedruns wird eine Reihe von Machinima-Filmen bezeichnet, die das schnelle Durchspielen eines Videospiels der Reihe *Quake* zeigen.

Meistern der Programmcodes ebenso wie audiovisuelles Design.² So sticht das Demo *debris* (2007), produziert von Farbrausch, nicht nur durch seinen visuellen Stil hervor (Abb. 1–6), sondern auch durch die winzige Größe der Originaldatei (177 Kilobyte). Es ist damit kleiner als die meisten Einzeltexturen, die in modernem Echtzeit-Rendering verwendet werden, und nicht vergleichbar mit den Datenvolumina in gerenderter CGI (Computer-Generated Imagery).

Die Effekte eines Demos wie *debris* sind bestimmt von optimierten Code- und Design-Entscheidungen. Bei gamebasierter Machinima hingegen wird der zugrundeliegende Code der Spiel-Engine nur selten gehackt. Gelegentlich mag die Spiel-Engine gemoddet oder gehackt werden und ihre spezifischen Merkmale werden ausgenutzt, um spezielle Effekte zu erzielen, aber der Zugriff auf den Sourcecode bleibt meistens verwehrt. Dies hält gamebasierte Machinimas aber nicht davon ab, Technologie in ihrer eigenen Weise zu feiern. Unabhängig davon, ob es sich um ein Video handelt, das eine Physik-Engine zelebriert (wie Randall Glass' *Warthog Jump*, 2002, Abb. 7–8), oder um eine Dokumentation eines Programmfehlers in einem Spiel (Gegenstand zahlloser Glitch-Filme), Machinimas wie diese sind Beispiele für Lob (oder Kritik) des Codes, der das jeweils vorliegende Bild rendert. Der Unterschied ist, dass hier die Fähigkeiten des Spielers entscheidend sind und nicht die des Programmierers. Ein Künstler der Demoszene muss in der Lage sein, das Material und den Code so zu optimieren, dass sie das bestmögliche Endergebnis fördern.

CGI
CGI steht für Computer-Generated-Imagery und wird in zahlreichen Genre-Filmproduktionen, am prominentesten in Hollywood-Blockbustern, als visueller Effekt eingesetzt. Im Bereich der CGI-Animationen vermischen sich die Elemente eines traditionellen Spielfilms mit Techniken des Trickfilms.

Physik-Engine
Videogame-Engines bestehen aus unterschiedlichen Komponenten; z. B. der Render-Engine, einer AI oder der Physik-Engine, die physikalische Effekte wie Schwerkraft im Spiel simuliert.

Im Gegensatz dazu beherrscht ein erfahrener Spieler das vorab erhältliche Gameplay voll und ganz und entdeckt in stundenlangem intensiven Spiel und der Erkundung aller Details der Spiellevel einen bestimmten Fehler oder eine bestimmte Eigenschaft des Spiels, die eine Optimierung des Spielens selbst beinhalten können. Bekannte Beispiele sind die QuakeDoneQuick-Speedruns der *Quake*-Spiellevels: optimierte Durchläufe des vorhandenen Spiels, die als Beleg für herausragende Leistungen aufgezeichnet wurden. Diese Spielaktivität hat ihren eigenen kulturellen Rahmen geschaffen: Spielen wird als Kunst im Machinima-Bild verwirklicht.

This Spartan Life (ab 2005) ist eine Talk-Show von Chris Burke, produziert in Videospielen der *Halo*-Serie (Bungie / Ensemble Studios / 343 Industries; ab 2001, Abb. 9). *Halo* selbst ist ein Nachfolger der *Quake*-Tradition und liefert die nötigen Charaktere und virtuellen Bühnen sowie andere Effekte für die Show. Der Gastgeber von *This Spartan Life*, Burkes Onlinecharakter Damian Lacedaemion, und seine Gäste werden als Spielavatare dargestellt, die einen Streifzug durch verschiedene Spielumgebungen unternehmen und dabei über unterschiedliche Themen sprechen. Dabei stehen sowohl Künstler wie auch Akademiker auf der Gästeliste, die über ihr jeweiliges Fachgebiet sprechen, wie sie es auch in jeder anderen Talk-Show tun würden. Ihre virtuellen Dialoge werden von anderen Spielern aufgezeichnet, die ihnen folgen und deren Egoperspektiven als Kameraperspektiven dienen, aus denen die Folge schlussendlich zusammengeschnitten wird. Der Spielcharakter der Gesamtsituation bleibt intakt

Glitch-Film
Glitch-Filme ästhetisieren digitale Fehler und technische Störungen. So werden z. B. rauschende oder verpixelte Bilder zu einem ästhetischen Stilmittel.

/ **02** / Lassi Tasajärvi: *Demoscene: The Art of Real-Time*. Helsinki 2004.

Abb. 7-8 / Randall Glass: *Warthog Jump* (2002)

und ist bewusst in die einzelnen Folgen miteinbezogen. Teil der besonderen Identität und Qualität von *This Spartan Life*, dessen Staffel 2014 passenderweise den Titel *Selfies in the War Zone* trägt, ist die Tatsache, dass ein Talk-Show-Teilnehmer in jedem Moment der Show zurückwechseln kann in die Rolle des Spielers und dass ein gepflegter Smalltalk jederzeit in ein virtuelles Scharmützel übergehen kann. Die Kombination eines Talk-Show-Formats mit einer Game-Performance ist ein wichtiger Schritt weg von den Quake-DoneQuick-Speedruns, deren Schwerpunkt ausschließlich auf der Optimierung des Spielens selbst liegt. In seinen besten Momenten gelingt es Burke, die Spielwelt als Erweiterung der Talk-Show-Gespräche und als Reflexion der sich entwickelnden Diskussion zu nutzen. Spielelemente wie Waffen und Explosionen werden im wahrsten Sinne des Wortes Teil einer auf ihre eigene Weise konstruktiven Diskussion. Aber sie tun dies, indem sie auf ihre eigene Art dem Spielcharakter verpflichtet bleiben. Will man *This Spartan Life* verstehen und schätzen, muss das Publikum das spezielle Design der zugrundeliegenden Game-Engine verstehen und die Tatsache akzeptieren, dass Action-Gameplay-Elemente ebenso Bestandteile der Form sind wie Voice-over-IP-Gespräche und Multi-Player-Funktionen.

Nur für Technokraten?

Von den Besuchern der ersten Kinovorstellungen wird berichtet, sie seien davongelaufen, wenn sich ihnen auf der Leinwand ein Zug näherte, oder dass sie auf die Schauspieler, die gerade in einem Westernfilm agierten, zurückgeschossen hätten. Wenn diese Berichte auch übertrieben sind, so stellen sie doch Beispiele einer zunehmenden Medienkompetenz dar. Der Filmhistoriker Tom Gunning stellt eine Verbindung zwischen den ersten öffentlichen Film-

Abb. 9 / *This Spartan Life*, Talk-Show von Chris Burke, produziert mit *Halo* (Bungie/343 Studios/Ensemble Studios; ab 2005)

vorführungen der Lumière-Brüder und den zuvor von Georges Méliès genutzten visuellen (Bühnen-)Effekten her und argumentiert, dass sich der Zuschauer im „Kino der Attraktionen" nicht in der Fiktion verliert, „but remains aware of the act of looking, the excitement of curiosity and its fulfillment".[3] Dieses Bewusstsein beruht auf gemeinsamen kulturellen Codes.

Die Entwicklung von Machinima hängt – wie „das Kino der Attraktionen" – vom Verständnis dieser gemeinsamen kulturellen Codes ab. Ohne diese Kenntnis können die Zuschauer schlicht und ergreifend nicht einordnen, was sie sehen. Ob es die actionbasierte Spielvariante in Burkes *This Spartan Life* ist, die aus *Halo* adaptiert ist, oder ob es andere Spielformen – von Sport- zu Rollen- oder Strategiespiele – sind, die Zuschauer benötigen das Hintergrundwissen, um den finalen Machinima-Film einzuordnen.

In dieser Hinsicht unterscheidet sich Machinima von anderen Digitalbild-Innovationen. YouTube und Facebook stellen Technologien mit eigenen Herausforderungen dar, vom Design ihrer Benutzerschnittstelle hin zur Handhabung persönlicher Daten. All diese Themen sind Gegenstand anhaltender öffentlicher Diskussionen. Der Großteil der von Nutzern generierten Inhalte dieser Websites basiert allerdings nicht auf den medienspezifischen Eigenschaften der jeweiligen Plattform, sondern verwendet sie als Kanal. Bei Machinima hingegen ist es genau diese Verbindung zu der ihr zugrundeliegenden Technologie, die Machinima-Werke ihre Stimme finden lässt. Auch wenn die Plattform nicht der alleinige Inhalt ist (es gibt zahllose Machinima-Filme, die sich von ihren technologischen Ursprüngen lösen), sie bleibt häufig ein bestimmender Bestandteil der Machinima-Produktion.

Abb. 10-11 / *War of Internet Addiction* (Corndog/Oil Tiger Machinima Team; 2010)

War of Internet Addiction (Corndog/Oil Tiger Machinima Team; 2010) stellt eine bissige Kritik an dem chinesischen Internet-Zensurprogramm Green Dam und seinen Auswirkungen auf die Spieler von *World of Warcraft* (Blizzard Entertainment; ab 2004) in China dar (Abb. 10). Der Film selbst ist als *World of Warcraft*-Machinima produziert und formuliert seine Kritik in Form von Spielaktionen und -dialogen, die ihren Höhepunkt in einer Grundsatzrede des Hauptcharakters findet – gehalten in just jener Spiel-Engine von *World of Warcraft*. Der Film verbindet die spielinternen Restriktionen der Zensur (zum Beispiel ästhetische Änderungen ebenso wie schlechtere Onlineverbindungen durch das Ausweichen auf fremde Server) nahtlos mit größeren gesellschaftlichen Themen (etwa mangelnde politische Einflussnahme [Abb. 11] und finanzielle Ausbeutung). Die-

/ **03** / Tom Gunning: An Aesthetic of Astonishment: Early Film and the (In)Credulous Spectator. In: *Art & Text* 34, 1989, S. 31–45.

se Form von Protest ist effektiv, weil das Spielen von *World of Warcraft* als bedeutende kulturelle Aktivität eingesetzt wird in einer Gesellschaft, die von einer Game-Kultur geprägt ist.

Videospiele sind fester Bestandteil unseres kulturellen Gefüges und bieten sich zwangsläufig an zur Reflexion über unsere Gesellschaft. Aus dieser Reflexion erwachsen jedoch auch Herausforderungen. So spekuliert die Game-Designerin Katie Salen darüber, dass Machinima „doesn't seem to want to grow up".[4] Tatsächlich ist der einst vorhergesagte prunkvolle Einzug von Machinima in das große Film- und TV-Geschäft bisher ausgeblieben. Stattdessen bleibt Machinima vielmehr eine Nischenaktivität von Amateuren. Doch Machinima-Filme bieten auch als Nische eine reichhaltige künstlerische Plattform für Videospielkultur. Sie tragen diese Kultur durch eine breite Basis von Amateuren – anstatt durch elitären Professionalismus – weiter in den Mainstream hinein. Der Held aus *War of Internet Addiction* formuliert es so:

> „All these years, people change, games change but our love for gaming never changed; our lack of representation in the society never changed either."

This Spartan Life und *War of Internet Addiction* präsentieren und reflektieren durch ihre technische und ästhetische Konstruktion exemplarisch die zunehmende kulturelle Rolle von Videospielen und Machinimas. Auch wenn diese Kulturen sehr facettenreich sind, so werden sie noch immer nicht unbedingt von allen als komplexe Ausdrucksformen wahrgenommen. Aber die Tatsache, dass *War of Internet Addiction* wenige Tage nach seinem Erscheinen verboten wurde, zeigt, dass die chinesische Zensur durchaus dieses Einflusspotenzial erkannt hat. Dass der Machinima-Film in China trotzdem auf Festivals ausgezeichnet wurde, zeigt wiederum, dass er weiterhin Gegenstand einer aktiven Debatte ist, die sich nicht zum Schweigen bringen lässt.

Im Rahmen dieser Debatte stellt die Verknüpfung von Machinima zur Welt der Spiele nicht notwendigerweise eine Einschränkung dar, sondern ermöglicht eine Reihe spezifischer Ausdrucksqualitäten, die sich von denen anderer Animationsformate unterscheiden. Um erneut auf Susan Sontag zu verweisen: Die Art, in der Machinima Technologie und spielthematische Referenzen gebraucht, kann zu einem wichtigen neuen Mittel zur „Standortbestimmung" für eine sich entwickelnde Kultur werden. Solange uns bewusst ist, dass Machinimas Reflexionen unserer Gesellschaft darstellen, ist daran kaum etwas auszusetzen.

/ 04 / Katie Salen: Arrested Development: Why Machinima Can't (or Shouldn't) Grow up. In: Henry Lowood und Michael Nitsche (Hg.): *The Machinima Reader*. Cambridge (Mass.) 2011, S. 37–50; hier S. 39.

INTERVIEW
mit Jordan Mechner

Mit Spielen wie *Karateka* (1984), *Prince of Persia* (1989) und *The Last Express* (1997) hat Jordan Mechner die Welt der Videospiele nachhaltig beeinflusst. Seine Arbeit hat nicht nur neue Maßstäbe für das Action-Adventure-Genre gesetzt, sondern sie spiegelt auch ein starkes Bewusstsein für filmische Traditionen, Bilder und Schauplätze wider, die im folgenden Interview näher betrachtet werden.

Weshalb haben Sie für Prince of Persia *als Umgebung* Die Märchen aus 1001 Nacht *gewählt?*

1001 Nacht ist eine unglaublich facettenreiche und phantasievolle Welt aus Geschichten, die seit Tausenden von Jahren erzählt und weitererzählt werden. Die Märchen sind exotisch, phantastisch und menschlich zugleich. Ein kulturelles Erbe, das wir alle miteinander teilen, egal, ob wir aus dem Orient oder aus der westlichen Welt stammen – es ist tief im kollektiven Unterbewusstsein der Menschheit verwurzelt. Weil diese Welt einen so hohen Wiedererkennungswert hat und voll von Action, magischen Abenteuern und Romantik ist, bietet sie großartige Möglichkeiten für Spiele und Filme gleichermaßen.

Abb. 1–2 / *Prince of Persia: The Sands of Time* (Ubisoft; 2003)

Abb. 3-6 ∕ Ludwig Berger, Michael Powell, Tim Whelan: THE THIEF OF BAGDAD (1940)

> *Haben Filmklassiker wie* DER DIEB VON BAGDAD *(1940) Inspirationen für das Spiel geliefert? Und wenn ja, inwiefern haben sie seine Gestaltung beeinflusst – nur auf der Ebene des Szenarios oder auch in Bezug auf die Erstellung der Spielmechanik? Gab es Situationen aus Abenteuerfilmklassikern (zum Beispiel die Stop-Motion-Kampfszenen von Ray Harryhausen), die als Vorlage für Herausforderungen im Spiel ausgearbeitet werden konnten?*

Ich bin in den 1970er-Jahren aufgewachsen und habe die Welt von *1001 Nacht* deshalb sowohl durch diverse Hollywood-Filme als auch aus Bilderbüchern kennengelernt. DER DIEB VON BAGDAD aus dem Jahr 1940 (mit Conrad Veidt als böser Großwesir Jaffar, der der Prinzessin nachstellt) war eine direkte Inspiration für die Story des Spiels. Und natürlich Ray Harryhausens kämpfende Skelette in SINDBAD (1958). Mein Vorbild für den Schwertkampf war das Duell zwischen Errol Flynn und Basil Rathbone im Film ROBIN HOOD (1938). Im Grunde habe ich überall geklaut.

> *In Ihrem Tagebuch über das Making-Of von* Prince of Persia *erwähnen Sie, dass Sie mit dem Gedanken gespielt haben, Drehbuchautor oder Regisseur zu werden. Hat Ihre Affinität zum Film die Gestaltung Ihrer Spiele beeinflusst?*

Was mich am Entwickeln von Spielen zunächst am meisten gereizt hat, war, dass es im Wesentlichen eine Möglichkeit ist, einen interaktiven Abenteuerfilm zu machen, bei dem man die Story erlebt, indem man sie durchspielt und nicht nur anschaut. Mich haben die ersten zehn Minuten des Films JÄGER DES VERLORENEN SCHATZES (1981) inspiriert, in dem Indiana Jones rennt, über einen Stachelgraben springt, ihm der Sprung misslingt und er sich mächtig abmühen muss, um sich wieder hochzuziehen, während sich langsam ein Fallgitter schließt. Ich wollte diese Art des instinktiven Gefühls von Gefahr und Spannung in die Spielanimationen aufnehmen. Ich wollte, dass man spürt, dass es wirklich wehtun wird, wenn man den Sprung verpatzt. Das Zurückdrängen einer Wache in die tödlichen Klingen einer Falle ist ein anderes Motiv aus diesem Film. Außerdem sind natürlich

Stop-Motion
Stop-Motion bezeichnet ein filmisches Verfahren, bei dem einzelne Bilder mit minimalen Veränderungen aneinandergeschnitten werden und dadurch das Gezeigte zum Leben erwacht. Besonders verbreitet ist das Verfahren bei Trick- und Animationsfilmen, seine Ursprünge finden sich bereits in der Frühphase des Kinos.

Abb. 7 / Nathan Juran: THE 7TH VOYAGE OF SINBAD (1958)

Abb. 8 / Michael Curtiz, William Keighley: THE ADVENTURES OF ROBIN HOOD (1938)

die gesamte Story, die Cuts zur Prinzessin und zur Sanduhr vom Stummfilm inspiriert.

In der Filmgeschichte gab es bereits sehr ausgereifte Vorstellungen der künstlerischen Rolle des Regisseurs wie beispielsweise die Auteur-Politik, die von François Truffaut proklamiert und von Andrew Sarris in eine Theorie überführt wurde. Kann es im Spieldesign ein Äquivalent zur Auteur-Politik geben – vor allem im Hinblick auf die Spiele aus den 1980er Jahren, die von einem einzigen Designer programmiert wurden, so wie Ihre Arbeit an Karateka?

Vom wissenschaftlichen Standpunkt aus ist es sehr verlockend, ein Spiel oder einen Film als das Werk eines einzigen Autors oder Regisseurs zu betrachten, in den meisten Fällen entspricht das aber nicht der Realität. Jeder, der schon einmal an der Erstellung eines umfangreicheren Films oder Spiels mitgewirkt hat, weiß, dass sie das Ergebnis gemeinschaftlicher Teamarbeit sind. Selbst Ein-Mann-Projekte wie *Karateka* und *Prince of Persia* (oder Handyspiele wie *Canabalt*, ihre moderne Entsprechung) sind nur im Kontext einer unterstützenden Community, eines speziellen Zeitpunkts und Orts, mit der Familie, den Freunden und den Kollegen des Autors realisierbar, die häufig wichtige, nicht anerkannte Beitragende sind. Wie Sie meinen alten Tagebüchern aus dieser Zeit entnehmen können, war dies bei *Karateka* und *POP* ganz sicher der Fall.

In wissenschaftlichen Spielstudien aus den Anfängen der 2000er Jahre gab es eine intensive Auseinandersetzung zwischen Narratologen und Ludologen über die Bedeutung des Erzählens in Spielen. Kann man die Erzählung in einem Spiel mit den narrativen Konzepten des Kinos vergleichen? Oder muss sie sich, bezogen auf das Gameplay, hintanstellen (auch auf die Gefahr hin, somit die zweite Geige spielen zu müssen)? Was halten Sie von Zwischensequenzen, den Cutscenes?

Für meinen Geschmack sind die besten Cutscenes kurz und fließen reibungslos in die Spielhandlung ein und wieder heraus. Sie sollen das Gameplay unterstützen und nicht überladen. Idealerweise erzählt ein Spiel seine Story nur durch das Gameplay, ganz ohne Cutscenes. Ich betrachte Cutscenes als Überbleibsel vom Film, ein nützliches, aber unhandliches Werkzeug, von dem ich hoffe, dass es sich bald auswächst. Eine Analogie könnte die Voice-over-Erzählung im Kino sein: Wenn sie geschickt eingesetzt wird, kann sie effektiv sein, allzu oft ist sie aber eine Krücke, nämlich ein Überbleibsel der Roman- oder der Literaturquelle, von der der Film adaptiert wurde, und nicht die wirkungsvollste oder filmisch geeignetste Option, die Story voranzutreiben.

Abb. 9 / Steven Spielberg: RAIDERS OF THE LOST ARK (1981)

Abb. 10 ⁄ Videoaufnahmen von Mechners Bruder für die Vorentwürfe zu *Prince of Persia*

Kann das Konzept der Mise en Scène, das den Schwerpunkt auf das Raumarrangement und die symbolische Bedeutung der Set-Gestaltung legt, eine alternative Basis für das Zusammentreffen von Spielen und Filmen bieten, die neutraler ist als der narrative Bezugspunkt?

Das klingt, als sprechen Sie über Spiele, die sich mehr auf das Erstellen einer Welt konzentrieren als auf die Erstellung linearer Handlungslinien, die bestimmten Charakteren folgen. Ich denke, das ist eine vielversprechende Ausrichtung. Die interessantesten Storys sind oft die, die von den Spielern entdeckt oder erstellt werden, und nicht die, die von den Designern gescriptet sind.

Beim ersten Prince of Persia *haben Sie für die Animation des Protagonisten Videomaterial aufgenommen. Wie war diese Erfahrung für Sie? Ist sie mit der Rotoskopie in der Animation vergleichbar?*

Ja, genau das war es, Rotoskopie. Zunächst habe ich Videoaufnahmen von meinem Bruder gemacht, die ihn zeigen, wie er auf dem Parkplatz unserer Highschool herumrennt und -hüpft, dann habe ich jedes Einzelbild nachgezeichnet, um die Illusion von Bewegung nachzubilden. Das war ein arbeitsintensiver Prozess aus vielen Einzelschritten: Zuerst musste ich mir eine VHS-Videokamera besorgen (1985 eine neue Technologie), dann Standbilder auf einem 35-mm-Film aufnehmen, Abzüge erstellen, Schwarzweiß-Silhouetten davon sorgfältig nachzeichnen, jedes Einzelbild im Computer digitalisieren, Pixel für Pixel, und dann den Computer so programmieren, dass er sie mit einer Rate von acht Frames pro Sekunde abspielt. Die Erstellung einer einzigen Sequenz war eine Arbeit von mehreren Wochen. Ich war kein versierter Animator und mit den Ergebnissen meiner früheren Animationsversuche von Hand sehr unzufrieden gewesen. Als ich dann endlich sah, wie dieses kleine Wesen auf dem Bildschirm des Apple II zum Leben erwachte, wie es rannte und sprang und dabei so viel von der Persönlichkeit meines Bruders an sich hatte – das war eine ganz großartige, echt aufregende Sache.

Lässt sich ein Charakter in einem Spiel durch seine Handlungen definieren?

Die Handlung ist das Element, das einen Charakter am besten definiert, das gilt für Spiele und Filme gleichermaßen. In einem Film werden die Charaktere am stärksten durch die Handlungen definiert, die wir von ihnen tatsächlich auf der Leinwand sehen (im Gegensatz zu den Elementen, über die nur gesprochen oder auf die nur verwiesen wird). In einem Spiel hingegen sind die vom Spieler ausgeführten Handlungen das, worauf es ankommt.

Was hat sich im Hinblick auf das Spieldesign und seine Herausforderungen geändert, als Sie an den dreidimensionalen Räumen für Prince of Persia – The Sands of Time *(2003) gearbeitet haben? Hat die Arbeit mit der virtuellen Kamera das Puzzledesign beeinflusst?*

Für *Sands of Time* mussten wir die ursprüngliche plattformbasierte Spielmechanik vollständig neu konzipieren, um den dreidimensionalen Raum zu nutzen. Eine der Fragen, die uns am meisten Kopfzerbrechen bereitete, war, wie es uns gelingen könnte, erneut den Flusscharakter des 2-D-Spiels aufzugreifen, der dem Spieler das Gefühl vermittelt, Handlungen so aneinanderreihen zu können, dass sie reibungslos ineinander übergehen. Ein wichtiger Durchbruch dabei waren sei-

⚜ Abb. 11-12 ∕ *Prince of Persia: The Sands of Time*

ne Übertragung in den vertikalen Raum und das Hinzufügen von Parkour-Elementen wie Wandlaufen und Abprallen. Ein weiteres wichtiges Element war das „Rücklauf"-Feature, mit dessen Hilfe man die Zeit auf Knopfdruck zu jedem Zeitpunkt zurücklaufen lassen kann.

Das Konzept Zeit scheint in Ihren Spielen sehr wichtig zu sein (die Countdown-Situation im ersten Prince of Persia, *der Rücklaufeffekt in* Sands of Time*). Wie unterscheiden sich der Einsatz und das Erleben der Zeit in Spielen vom Film? Und wie kamen Sie in* Sands of Time *auf die brillante Idee des Dolches der Zeit, der als Spiegel der Spielmechanik interpretiert werden kann?*

Ich denke, dass ein Spieler die Zeit im Spiel mehr wie beim Lesen eines Buches und nicht so sehr wie beim Anschauen eines Films erlebt. Im Film wird der Rhythmus durch die Bearbeitung festgelegt. Im Spiel hingegen entscheidet häufig der Spieler, wohin er seine Aufmerksamkeit richten möchte und wann es Zeit ist, weiterzugehen. Im Spiel steigern Elemente wie eine tickende Uhr oder angreifende Feinde die Spannung in einer Weise, die sich vom Film unterscheidet, weil das Spiel den Spieler zwingt, in Echtzeit zu reagieren. Durch die Abwechslung dieser Episoden mit Phasen, in denen der Spieler das Tempo vorgibt und „verschnaufen" kann, entsteht der Rhythmus des Spiels. Zuerst wollte das Team den Rücklauf in *Sands of Time* als Funktion der Spielmechanik umsetzen. Es sollte ein Knopf sein, den der Spieler drücken kann, wann immer er mag, um die Zeit rückwärts laufen zu lassen. Die Story – einschließlich des „Dolchs der Zeit", des ma-

gischen Sands, der Sanduhr und des Sands, der eine Plage ist, die alle in Monster verwandelt – kam später. Die Storyelemente wurden speziell ausgewählt, um das Gameplay zu unterstützen und zu erweitern.

Wie haben Sie sich während Ihrer Mitarbeit an der Adaption von Prince of Persia – Sands of Time *für einen Hollywood-Film gefühlt? In Ihrem Tagebuch erwähnten Sie, dass Disney Sie fasziniert. Wie war es für Sie, 20 Jahre später mit ihnen zusammenzuarbeiten? Wie lief die Übertragung der interaktiven Situationen*

↗
Abb. 13 ∕ Entwürfe zu *Prince of Persia: Sands of Time*, Zeichnung auf Papier

Abb. 14-16 ∕ Mike Newell: PRINCE OF PERSIA: THE SANDS OF TIME (2010)

> aus dem Spiel in die weniger aktive Erfahrung eines Films ab?

Ein Drehbuch für einen Film zu schreiben ist ein ganz anderes Handwerk als das Schreiben eines Spiels. Ein Film ist zum Anschauen gedacht, ein Spiel soll gespielt werden. Die Spielstory von *Sands of Time* wurde absichtlich so gestaltet, dass sie das Gameplay unterstützt und dem Spieler eine aktive, amüsante und herausfordernde Erfahrung bietet. Bei seiner Drehbuchadaption habe ich Elemente aus dem Spiel verwendet – den Dolch, die Sanduhr –, mir aber auch die Freiheit genommen, meine Mythologie und die Charaktere so neu zu erfinden, dass sich eine bessere Filmstory ergibt. Im Film sind beispielsweise die Kräfte des Dolches sehr viel begrenzter. Er hat nicht die Fähigkeit, den Lauf der Zeit zu verlangsamen oder zu beschleunigen

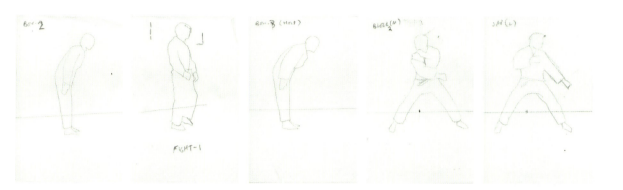

oder in die Zukunft zu sehen. Und er enthält nur eine sehr kleine Menge Sand, damit der Held nicht ständig Ereignisse rückgängig macht, die ihm missfallen. Dinge, die im Spiel sehr amüsant sind, sind es nicht unbedingt auch auf der Leinwand.

Es gab viel Wirbel um transmediales Erzählen. Die Serie Prince of Persia *passt sehr gut in diesen Kontext. Sehen Sie kreatives Potenzial in der Verbindung von Spielszenarien und -charakteren mit einer Welt, die sich über mehrere Medien erstreckt?*

„Transmedial" ist ein neues Schlagwort, letztendlich läuft es aber immer noch darauf hinaus, mehrere separate Werke in unterschiedlichen Medien zu erstellen, deren Sieg oder Niederlage ihr jeweils eigener Verdienst ist. Star Wars ist eines der erfolgreichsten Beispiele aller Zeiten für Transmedia, weil so viele Videospiele, Comics, Spielzeuge und animierte TV-Serien auf ihre eigene Weise großartig sind. Das ist dem Talent der vielen Einzelpersonen und Teams zu verdanken, die an diesen Projekten mitgearbeitet haben. Dass die Umsetzung einer Idee in einem bestimmten Medium ein großer Erfolg ist, ist keine Garantie dafür, dass sich das bei einer anderen Medienform ebenso wiederholt. Die ursprünglichen Schöpfer ins Boot zu holen oder jeden Beteiligten zum Befolgen einer zehn Zentimeter dicken „Bibel" anzuhalten erhöht keineswegs die Wahrscheinlichkeit, dass es dem neuen Team gelingt, etwas Magisches zu erschaffen. Dafür gibt es kein Patentrezept. Wir geben unser Bestes, aber immer, wenn uns der Zauber gelingt, ist das ein kleines Wunder.

Kürzlich haben Sie ein Remake von Karateka *erstellt, das vom Drehbuchautor John August produziert wurde und Illustrationen von Jeff Matsuda enthält. Ist die Erstellung eines Spiele-Remakes mit einem Film-Remake vergleichbar?*

Das ist durchaus vergleichbar, und zwar in dem Sinne, dass Teile des Publikums das Original noch nie gesehen haben, während es anderen sehr vertraut ist. Man steht also vor der doppelten Herausforderung, ein neues Publikum mit einem Werk zu fesseln, das auf eigenen Füßen stehen kann, und gleichzeitig die Fans der ursprünglichen Version nicht enttäuschen zu wollen, indem man zu viel verändert oder ihren „Geist" verrät. Und genau dieser Herausforderung mussten wir uns auch bei *Karateka* und *Sands of Time* stellen. Neue Technologien ermöglichen höhere Produktionswerte, erzeugen aber nicht zwangsläufig bessere Spiele – oder Filme. Abgesehen von dem Marketingvorteil, den ein bekannter Titel bietet, denke ich nicht, dass die Erstellung eines Remakes in irgendeiner Weise einfacher ist als die eines Originals.

Interview: Andreas Rauscher

BENJAMIN BEIL

POINT OF VIEW
und virtuelle Kamera

ie Blickwinkel und Bewegungen der Kamera, die den filmischen beziehungsweise virtuellen Raum erst für den Zuschauer beziehungsweise Spieler sichtbar, erfahrbar und – im Fall des Computerspiels – buchstäblich begehbar machen, bilden ein besonders hervorstechendes Vergleichskriterium der beiden Medien Film und Computerspiel. Spätestens seitdem die rasante Entwicklung der Computertechnik eine in manchen Fällen geradezu fotorealistische Simulation dreidimensionaler Räume ermöglicht,[1] sind vielfältige ästhetische Wechselspiele zwischen der virtuellen Kamera des Computerspiels und der „realen" Filmkamera – die heutzutage nicht selten ebenfalls eine virtuelle Kamera ist – zu beobachten.

Point of View im Film und im Computerspiel

Die Kadrage, das heißt die Auswahl eines Bildausschnitts, und die Kamerabewegungen werden in der Filmwissenschaft meist unter dem Begriff Point of View (Blickpunkt oder Perspektive) diskutiert.[2] Der französische Filmtheoretiker Jean Mitry unterscheidet hier zwischen objektiven, semi-subjektiven und subjektiven Bildern.[3] Das objektive Bild zeigt das filmische Geschehen von außen aus einer – mal mehr,

Abb. 1-2 / Julian Schnabel:
LE SCAPHANDRE ET LE PAPILLON
(2007)

/ 01 / Natürlich frönt die Entwicklungsgeschichte des Computerspiels keinesfalls ausschließlich einer fotorealistischen Darstellung von dreidimensionalen Räumen - im Gegenteil: Diskontinuitäten, Stilisierungen und Hybridisierungen von räumlichen Strukturen sind ein zentrales ästhetisches Merkmal zeitgenössischer Spiele.
/ 02 / Eine der wohl wichtigsten und bekanntesten Abhandlungen ist Edward Branigan: *Point of View in the Cinema. A Theory of Narration and Subjectivity in Classical Film*. Berlin 1984.
/ 03 / Jean Mitry: *The Aesthetics and Psychology of the Cinema*. London 1998 (1963-65).

Abb. 3 / Robert Montgomery: LADY IN THE LAKE (1947)

mal weniger – „neutralen" Perspektive; das semi-subjektive Bild ist auf eine Figur konzentriert; beim subjektiven Bild schließlich nimmt die Kamera den Blickpunkt der Figur ein.

Das objektive Bild ist der „Normalfall" der filmischen Darstellung. Oft wird die Kamera hier gar nicht bewusst wahrgenommen, sie ist eine „unsichtbare Beobachterin". Genauso sind aber auch ungewöhnliche und expressive Perspektiven möglich, zum Beispiel durch eine extreme Untersicht, eine Froschperspektive. Semi-subjektive Bilder sind seltener zu finden. Sie werden durch eine Verfolgerkamera realisiert, oft in Plansequenzen, das heißt in langen Einstellungen ohne Schnitt, wie sie zum Beispiel Alfonso Cuaróns dystopisches Science-Fiction-Meisterwerk CHILDREN OF MEN (2006) auszeichnen. Die subjektive Kamera schließlich ist ein Ausnahmefall der filmischen Ästhetik und wird meist nur „als vorübergehende Einlage"[4] genutzt. Ein erstes berühmtes, aber gescheitertes Experiment, einen Film vollständig aus der Perspektive des Protagonisten zu realisieren, ist Robert Montgomerys LADY IN THE LAKE (Die Dame im See; 1947, Abb. 3). Neuere Beispiele für längere subjektive Sequenzen stammen vor allem aus dem Bereich des Art-House-Kinos, zum Beispiel Julian Schnabels LE SCAPHANDRE ET LE PAPILLON (Schmetterling und Taucherglocke; 2007, Abb. 1–2) oder Gaspar Noés ENTER THE VOID (2009, Abb. 4).

Die Medienwissenschaftlerin Britta Neitzel hat Mitrys Kategorien aufgegriffen und auf das Computerspiel übertragen.[5] Auch sie spricht von einem objektiven, einem semi-subjektiven und einem subjektiven Point of View. Der semi-subjektive Point of View wird oft als Third-Person-, der subjektive Point of View als First-Person-Perspektive bezeichnet. In der objektiven Ansicht ist keine Blickpunktsteuerung der Spielfigur – des Avatars – möglich, obgleich der Bildausschnitt häufig mit den Bewegungen der Avatarfigur gekoppelt wird, zum Beispiel wenn die Spielwelt in Jump-'n'-Run-Games wie *Super Mario Bros.* (Nintendo; 1985) mit der Bewegung der Spielfigur seitwärts scrollt. Nicht selten übernehmen Spiele hier auch filmische Kameraperspektiven. So zeigt sich das Action-Adventure *Heavy Rain* (Quantic Dream; 2010) nicht nur hinsichtlich seiner Handlung vom Film noir inspiriert, sondern es werden auch expressive Kameraperspektiven, die für den Film noir typisch sind, übernommen. Ein semi-subjektiver Point of View präsentiert sich als eine Art Verfolgerkamera, das heißt, die Perspektive ist in der Regel so angelegt, dass sie sich dem Blickwinkel der Spielfigur annähert, diesen aber nie einnimmt (Abb. 7); Neitzel spricht von einem „Mitsehen". Auch hier sind einige Computerspiele durch filmische, aber auch durch dokumentarische Kamera-Ästhetiken beeinflusst. So ist zum Beispiel der Avatar im Shooter *Gears of War* (Epic Games; 2006) in der normalen Third-Person-Darstellung des Spiels aus einer leichten Obersicht bis zur Hüfte sichtbar (Abb. 5). Schaltet der Spieler jedoch in den sogenannten Roadie-run-Modus um, der ein schnelles Sprinten erlaubt, positioniert sich die virtuelle Kamera in Bodennähe direkt hinter dem Avatar und beginnt instabil zu wanken – die Darstellung erinnert hier an die Bilder einer Kriegsberichterstattung durch einen „embedded journalist". Das Geschwindigkeitsgefühl und die Desorientierung werden in *Gears of War* zudem noch durch eine Bewegungsunschärfe und die

Jump-'n'-Run-Game
Diese Videospiele zeichnen sich hauptsächlich durch laufende und springende Figuren aus. Um Hindernisse zu überwinden, sind Präzision, Geschicklichkeit und Schnelligkeit erforderlich. Zu den bekanntesten Vertretern des Genres zählen *Super Mario Bros.* (Nintendo; 1985) und *Sonic* (Sonic Team; 1991).

/ **04** / Christine N. Brinckmann: Ichfilm und Ichroman. In: Mariann Lewinsky, Alexandra Schneider (Hg.): *Die anthropomorphe Kamera und andere Schriften zur filmischen Narration*. Zürich 1997, S. 82–112, hier S. 95.
/ **05** / Vgl. Britta Neitzel: Point of View und Point of Action. Eine Perspektive auf die Perspektive in Computerspielen. In: Klaus Bartels, Jan-Noël Thon: Computer/Spiel/Räume. Materialien zur Einführung in die Computer Game Studies. *Hamburger Hefte zur Medienkultur*, Heft 5, 2007, S. 8–28.

träge reagierende Bewegungssteuerung verstärkt (Abb. 6). Eine Übereinstimmung der Blickpunkte liegt schließlich beim subjektiven Point of View vor. In diesem Fall – der im Folgenden genauer betrachtet werden soll – wird der Avatar meist nur in Form einer Hand oder einer Waffe an der Unterseite des Bildschirms visualisiert.

First-Person-Perspektiven

First-Person-Shooter wie etwa die berühmte *Call of Duty*-Reihe (Infinity Ward; seit 2003) werden oft als ein Beispiel für besonders „filmische Inszenierungen" von Computerspielen genannt. Ebenso demonstriert die Verwendung der First-Person-Perspektive im Shooter (Abb. 8) aber auch deutlich die ästhetischen Unterschiede zwischen Filmen und Spielen.[6] Ein anschauliches Beispiel hierfür ist der Film DOOM (Doom – Der Film; 2005; R: Andrzej Bartkowiak), eine filmische Adaption des First-Person-Shooters *Doom 3* (id Software; 2004). Von besonderem Interesse ist eine knapp fünfminütige Plansequenz, die komplett mit der subjektiven Kamera realisiert ist – im Unterschied zu den übrigen Szenen des Films, die mit klassischen Kadrierungs- und Montagetechniken umgesetzt sind. In dieser Sequenz nimmt die Kamera die Perspektive des Protagonisten John Grimm ein, der sich in den Gängen einer Raumstation durch Horden von Zombies und Dämonen kämpfen muss. Die filmische Darstellung ist dem Vorbild des Computerspiels dabei durchaus recht ähnlich: Die Waffe ist meist im unteren Drittel des Bildes positioniert, die Interface-Anzeigen des Spiels fehlen allerdings (Abb. 9). Doch auch wenn diese First-Person-Shooter-Perspektive als Hommage an *Doom 3* durchaus ihren Reiz haben mag, funktioniert sie im Wesentlichen nach den typischen Merkmalen des filmischen Horror-Genres, etwa durch eine Form von Unmittelbarkeit und Schockwirkung, ausgelöst durch sich schnell auf die Kamera zubewegende Objekte, in diesem Fall (ebenfalls genretypisch) Zombies und Dämonen. Ein solcher Einsatz der subjektiven Kamera muss jedoch auf Dauer recht artifiziell wirken, und so erinnert die Sequenz streckenweise eher an eine Geisterbahnfahrt auf dem Jahrmarkt als an einen Horrorfilm und wird nach wenigen Minuten schlicht langweilig.[7]

Woran liegt das? Der Erfolg der First-Person-Perspektive im Computerspiel ist in vielen Fällen recht einfach zu erklären: Die First-Person-Sicht stellt für die Spielmechanik des Zielens schlicht die ideale Perspektive dar – und so erscheint es auch nur konsequent, dass beim First-Person-Shooter die Bewegung der Waffe oft „unnatürlicherweise" fest

Abb. 4 ∕ Gaspar Noé: ENTER THE VOID (2009)

∕ **06** ∕ Vgl. Stephan Günzel: *Egoshooter. Das Raumbild des Computerspiels*. Frankfurt 2012; Benjamin Beil: *First Person Perspectives. Point of View und figurenzentrierte Erzählformen im Film und im Computerspiel*. Münster 2010; Alexander R. Galloway: Origins of the First-Person Shooter. In: ders.: *Gaming. Essays on Algorithmic Culture*. Minneapolis 2006, S. 39-69.
∕ **07** ∕ Vgl. Andreas Rauscher: Hindernislauf der Attraktionen. Filmische Spielwelten in Shooter-Games. In: Matthias Bopp u. a. (Hg.): *Shooter. Eine multidisziplinäre Einführung*. Münster 2009, S. 373-391.

↑ Abb. 7 ∕ *Heavy Rain* (Quantic Dream; 2010)

mit dem Blick der Avatarfigur verbunden ist. Da im Film diese „spielmechanische" Begründung wegfällt, zeigt sich, dass die First-Person-Sicht in der Regel zwar als effektvolles, aber nur über kurze Abschnitte einsetzbares Stilmittel funktioniert, das auf Dauer vor allem eine Verkürzung der filmischen Ausdrucksmittel – insbesondere der Montagetechniken – darstellt. Zudem ist die subjektive Kamera aufgrund der aufwändigen Plansequenzen, die mit diesem Stilmittel einhergehen, oft nur schwerlich in etablierte filmische Produktionsprozesse zu integrieren.

Der intermediale Vergleich veranschaulicht im Fall von DOOM zudem die komplexen Verflechtungen der zeitgenössischen Medienlandschaft. Denn im Grunde handelt es sich bei DOOM bereits um eine „Adaption einer Adaption". So ist der Film DOOM von 2005 eine Adaption von *Doom 3*, das ein Sequel oder vielmehr ein Remake des berühmten Klassikers DOOM aus dem Jahr 1993 darstellt. Das Spiel *Doom* geht wiederum auf filmische Inspirationsquellen zurück, denn es war ursprünglich als eine Adaption von James Camerons Science-Fiction-Klassiker ALIENS (Aliens – Die Rückkehr; 1986) geplant, was jedoch an Problemen beim Erwerb der Lizenzrechte scheiterte.[8]

Kamera – Körper – Störung

Die First-Person-Perspektive besitzt eine geradezu paradoxe Grundstruktur: Auf den ersten Blick suggeriert sie eine Kontinuität zwischen Betrachter- und Bildsphäre, der immersive Tiefensog reißt den Zuschauer beziehungsweise Spieler wie kaum eine andere Darstellungsart geradezu mit in den filmischen beziehungsweise virtuellen Raum. Nicht umsonst sind im Film und im Computerspiel zum Beispiel unzählige Achterbahnfahrten zu finden, die sich genau

> **Immersion**
> Immersion bezeichnet das Erlebnis des Spielers, durch die von ihm gesteuerte Spielfigur in die dargestellte Welt einzutauchen und sie als virtuelle Realität anzunehmen. Je nach Spieler und Spiel ist dieser Identifikationsprozess unterschiedlich intensiv und kann verschiedene Formen der Involvierung umfassen.

↑ Abb. 5-6 ∕ *Gears of War* (Epic Games; 2006)

∕ **08** ∕ Vgl. David Kushner: *Masters of Doom. How Two Guys Created an Empire and Transformed Pop Culture.* New York 2004.

↑ Abb. 8 ⁄ *Call of Duty: Ghosts* (Infinity Ward; 2013)

diese spektakuläre Wirkung zunutze machen. Dabei – so einige Theorien[9] – werde die auf eine (Waffen-)Hand beschränkte Darstellung des Figurenkörpers zur „Prothese" des Zuschauer- beziehungsweise Spielerkörpers.

Jedoch realisiert auch die First-Person-Perspektive eine Form der fiktional geschlossenen Film- bezie- hungsweise Spielwelt. So gehört zur subjektiven Kamera normalerweise eine Filmfigur beziehungsweise ein Avatar, ein diegetischer Stellvertreter. Mit anderen Worten: Die First-Person-Perspektive erzeugt keineswegs einen „Kurzschluss" zwischen Betrachter und Film- beziehungsweise Spielwelt. Ganz im Gegenteil, in vielen Fällen geht es vielmehr um die Zele-

⁄09⁄ Vgl. Britta Neitzel: Medienrezeption und Spiel. In: Jan Distelmeyer u. a. (Hg.): *Game Over?! Perspektiven des Computerspiels.* Bielefeld 2008, S. 95–114, hier S. 105.

Abb. 9 / Andrzej Bartkowiak: DOOM (2005)

bration der Fremdartigkeit dieser ungewöhnlichen Darstellungsform. Dies zeigt sich insbesondere an einer Reihe von „typischen" bildlichen Stilisierungen des Films und des Computerspiels, die gerade nicht die Imitation einer „natürlichen" Wahrnehmung anstreben.

Das wohl bekannteste Beispiel sind Blendenflecke, die durch die Lichtbrechung in der optischen Apparatur der Filmkamera entstehen. Obgleich diese – als bildlich-optische Störung – in der virtuellen Kamera gar nicht auftreten können, finden sich unzählige (künstlich simulierte) Blendenflecke in Computerspielbildern. Ein anderes Beispiel ist der sogenannte Film Grain Filter im Action-Rollenspiel *Mass Effect* (BioWare; 2007), der, wie der Name vermuten lässt, ein leicht körniges Filmmaterial simuliert und das Spiel visuell seinen filmischen Inspi-

rationsquellen – dem Science-Fiction-Kino der 1970er/80er Jahre – annähert. Dabei entbehrt es nicht einer gewissen medienhistorischen Ironie, dass die hochauflösenden, detailreichen Pixelwelten des zeitgenössischen Computerspiels mit simulierten analogen Störungen überzogen werden. Es zeigt sich geradezu eine „Konjunktur der analogen Störung im digitalen Bild"[10], denn stilistische Referenzen dieser Art sind im zeitgenössischen Computerspiel mittlerweile keine Ausnahmeerscheinung mehr: So erinnert die Darstellung des Third-Person-Shooters *Wet* (Artificial Mind and Movement; 2009) durch die Simulation eines stark beschädigten Filmmaterials (Abb. 10) mit

Abb. 10 / *Wet* (Artificial Mind and Movement; 2009)

/ **10** / Barbara Flückiger: Zur Konjunktur der analogen Störung im digitalen Bild. In: Alexander Böhnke, Jens Schröter (Hg.): *Analog/Digital – Opposition oder Kontinuum? Beiträge zu Theorie und Geschichte einer Unterscheidung*. Bielefeld 2008, S. 407–428.

Abb. 11-12 / *Kane and Lynch 2: Dogdays* (IO Interactive; 2010)

Schmutz und Klebestellen sowie Überbelichtungs- und Vignetierungseffekten an das Exploitationkino der 1960er/70er Jahre. Das Actionspiel *Stranglehold* (Midway Chicago; 2007) ist von der Zeitlupenästhetik des Hongkong-Actionkinos der 1980er/90er Jahre geprägt – was nicht weiter überrascht, ist es doch in Zusammenarbeit mit John Woo entstanden.

Die Auflistung ließe sich fortführen, soll sich hier jedoch auf nur ein weiteres Beispiel beschränken, das die Bildstörung in besonders hohem Maße als Referenz nutzt: *Kane and Lynch 2: Dogdays* (IO Interactive; 2010) ist zwar in thematischer Hinsicht von filmischen Vorbildern – insbesondere Gangsterdramen – beeinflusst, stilistisch scheinen jedoch TV-Reportagen und vor allem YouTube-Videos die maßgebliche Inspirationsquelle gebildet zu haben. So simuliert der Third-Person-Shooter eine extrem verwackelte Handkamera, deren Linse starke Lichtreflexionen abbildet und die aufgrund mangelnder Lichtempfindlichkeit ein deutlich sichtbares digitales Bildrauschen produziert (Abb. 11). Die Bildstörungen werden dabei auch spielerisch funktionalisiert: Wird der Protagonist verletzt, verstärkt sich das Bildrauschen, zusätzlich kommt es zu Fragmentbildungen (Abb. 12), gar zu kurzen Bildaussetzern. Diese Störungen sind somit nicht nur bildästhetische Referenzen, sondern funktionieren gleichzeitig auch als Interface-Element – die Bildstörung ersetzt sozusagen den „klassischen" Lebensenergiebalken einer Spielfigur.[11]

Damit sind die bildlichen Stilisierungen des Computerspiels zwar einerseits unverkennbar durch ihre filmischen Vorbilder inspiriert, sie demonstrieren andererseits aber ebenso deutlich zahlreiche spielerische Transformationen, die Bildstörungen nicht mehr nur erzählerisch-stilistisch nutzen, sondern auch spielerisch umwidmen.

/ **11** / Vgl. Benjamin Beil: *Avatarbilder. Zur Bildlichkeit des zeitgenössischen Computerspiels*. Bielefeld 2012, S. 105-129.

PETER MOORMANN

SPIEL MIT MUSIK
Entwicklungen und Potenziale der Komposition für Games

Heutige Relevanz

Computerspiele sind schon lange nicht mehr nur Teil einer Jugendkultur, sondern zu einem Massenphänomen geworden, das unsere Gesellschaft mitprägt.[1] Als Unterhaltungsmedien haben sie inzwischen eine ebenso große Bedeutung erlangt wie Fernsehen, Videos oder Musik. Doch Computerspiele sind nicht nur Unterhaltung, sondern zugleich ein Weg, der Realität zu entfliehen und in virtuellen Welten aufzugehen. Mithilfe der Computerspiele lernen wir – über Welt, Kultur und Musik. Denn Game Music prägt unsere Musikerfahrung und damit unseren Musikgeschmack wesentlich mit. Aus dem Bereich der Film- und Popmusik werden musikalische Konventionen adaptiert, um bestimmte Emotionen, Atmosphären und Ausdruckscharaktere über eine bereits vertraute Musiksprache zu erzeugen. Dabei begegnet uns Computerspielmusik schon lange nicht mehr nur im Game selbst, sondern auch in vielen anderen Kontexten. Wir finden sie in der Werbung, wenn beispielsweise der geräumige Kofferraum eines japanischen Kleinwagens zur Musik von *Tetris* (Alexei Paschitnow; 1984) befüllt wird.[2] Ebenso erklingt Computerspielmusik im Konzertsaal und ist beispielsweise beim WDR-Funkhausorchester bereits seit vielen Jahren mit großem Erfolg fester Bestandteil der Konzertsai-

Abb. 1 / *Bit.Trip Beat*
(Gaijin Games; 2009)

/ **01** / Nach einer Studie der Gesellschaft für Konsumforschung spielten 2014 knapp 30 Millionen Menschen in Deutschland regelmäßig Computerspiele, vgl. hierzu: www.biu-online.de/de/fakten/reichweiten/spieler-in-deutschland.html [20. 01. 2015].
/ **02** / Der Werbeclip von Honda aus dem Jahr 2006 ist abrufbar unter www.youtube.com/watch?v=CblUy-Qfm1E [20. 01. 2015].

son. Mittlerweile begegnet uns Game Music sogar im Szeneclub, wenn junge Künstler aus der ganzen Welt mit ihren Gameboys oder alten Atari-Computern auf der Bühne sogenannte Chiptune Music machen.[3] Und selbst im Kino hören wir Spielemusik, wenn Games und ihre Scores – wie im Fall der *Silent Hill*-Reihe (Konami; 1999–2010) – für die Leinwand adaptiert werden (SILENT HILL; Silent Hill – Willkommen in der Hölle; 2006; R: Christophe Gans).

Doch wie einst gegenüber der Filmmusik herrschen heute noch immer Vorurteile gegenüber der kompositorischen Qualität von Game Music, so dass sich die Wissenschaft bislang eher zögerlich diesem relevanten Gebiet heutiger Musik geöffnet hat. Das ist verwunderlich, denn das Medium bietet für Komponisten ganz neue gestalterische Möglichkeiten und konzeptionelle Ansätze, die noch lange nicht ausgeschöpft sind. Ein wesentlicher Punkt, der die Musik in Computerspielen von jener im Film unterscheidet, ist ihre Flexibilität, die den Spieleentwicklern von Anfang an sehr wichtig war, um die Gamer in die Welt des Spiels hineinzuziehen und dort zu halten.

Um diese Flexibilität zu ermöglichen, haben Komponisten und Programmierer Verfahren entwickelt, mit deren Hilfe sich die Musik dem individuellen Spielverhalten des Users anpasst. Mehr und mehr verabschieden sich die Komponisten gerade bei den storybasierten Rollenspielen und Adventures von linear konzipierten, fixen Musikbegleitungen – wie wir sie aus dem Film kennen. Denn bei einer Spieldauer von 30 und mehr Stunden können diese schnell eintönig werden und dazu führen, dass die User lieber

✢ Abb. 2 ∕ *New Super Mario Bros.* (Nintendo; 2006)

ganz auf die Musik verzichten.[4] Stattdessen setzen die Spieleentwickler auf adaptive Game Scores, die die Spieler zu einer Art „Co-Arrangeur der Komposition" werden lassen, indem sie den Verlauf der Musik durch ihre Spielentscheidungen wesentlich mitbestimmen.

Historische Entwicklungen und technische Abhängigkeiten

Erst gut 20 Jahre nach ihrer Geburt in den 1950er/60er Jahren gaben die Games erste „beeps" von sich.[5] Einfachste musikalische Begleitungen finden sich etwa bei *Space Invaders* (Midway Games; 1978), in dem eine aus drei Tönen bestehende Ostinatofigur parallel zum Spielgeschehen nach und nach beschleunigt wird. Trotz aller Limitierungen trägt die Musik doch maßgeblich zur Spannungsintensivierung bei. Mitte der 1980er Jahre erklingen dann 8-Bit-Melodien, die ins kollektive musikalische Gedächtnis eingegangen sind. Hierzu gehört sicherlich die an Calypso erin-

∕ **03** ∕ Vgl. hierzu Matthias Pasdzierny: Geeks on stage? Investigations in the world of (live) chipmusic, In: Peter Moormann (Hg.): *Music and Game. Perspectives on a Popular Alliance*. Wiesbaden 2012, S. 171–190.
∕ **04** ∕ Es ist schon ein merkwürdiger Umstand, dass die Gamer bis heute bei zahlreichen Spielen wählen können, ob sie diese mit oder ohne Musik bestreiten wollen. Man stelle sich eine solche Option einmal für den Film vor. Diese Tatsache zeigt aber sehr deutlich, dass der Musik im Computerspiel oftmals noch ein eher geringer Stellenwert beigemessen wird; dies zeigt sich auch im Prozess der Produktion.
∕ **05** ∕ Eine ausführliche Darstellung der historischen Entwicklung von Musik in Computerspielen bietet Melanie Fritsch: History of Video Game Music. In: Peter Moormann (Hg.): *Music and Game. Perspectives on a Popular Alliance*. Wiesbaden 2013, S. 11–40.

nernde Komposition von Kōji Kondō für *Super Mario Bros.* (Nintendo; 1985). Mit rhythmisch agilen und sprunghaft anmutenden Melodien gelang es Kondō, die heitere Grundstimmung des Spiels zu transportieren und die Aktionen der Spielfigur zu illustrieren. Beim Durchschreiten unterschiedlicher Welten werden zahlreiche Musiksequenzen ausgelöst, die der Beschaffenheit des Orts und der Stimmung der jeweiligen Spielsituation entsprechen. Bemerkenswert ist, wie die Musik mit den zahlreichen Soundeffekten (beim Sammeln der Punkte) harmoniert und sogar auf bestimmte Spielmodi reagiert, etwa wenn die Figur mit Hilfe eines Sterns unverwundbar wird und hierzu eine entsprechende Melodie erklingt. Für die Komponisten jener Zeit waren Kenntnisse in der jeweiligen Programmiersprache unerlässlich, da diese die „Notation" der Musik darstellte.

Einen Meilenstein in der Entwicklung hin zu einer adaptiven Musik stellte die sogenannte Interactive Music Streaming Engine, kurz iMUSE, von Michael Land und Peter McConnell dar, die sie für das Spiel *Monkey Island 2* (LucasArts; 1991) programmierten und anschließend sogar patentieren ließen.[6] Für eine wesentlich höhere Flexibilität der Musik sorgen nicht nur die zahlreichen musikalischen Sequenzen, die je nach Spielverhalten an bestimmten Stellen (*decision*

↑ Abb. 3 / *Journey* (Thatgamecompany; 2012)

/ **06** / Die Beschreibung des Patents „US5315057 (A) - Method and apparatus for dynamically composing music and sound effects using a computer entertainment system" vom 24. Mai 1994 ist abrufbar unter: worldwide.espacenet.com/publicationDetails/biblio?CC=US&NR=5315057&KC=&FT=E&locale=en_EP [20. 01. 2015].

Abb. 4-5 ⁄
Assassin's Creed II
(Ubisoft; 2009)

points) abgerufen werden, sondern auch die aufwändig gestalteten Übergänge zwischen den einzelnen Musiksequenzen. Die Frage des Übergangs wurde entweder durch eine Übernahme des neuen Materials nach dem Ende des aktuellen Spielabschnittes oder aber durch extra komponierte Überleitungen gelöst, die fließend zum nächsten Abschnitt führen. Und gerade diese *transitions* stellten die programmierenden Komponisten vor besondere Herausforderungen. Denn damit derartige Übergänge stets möglich sind, mussten die Module eine zueinander kompatible musikalische Grundstruktur aufweisen. So galt es, Melodien aus dem Quellsegment sinnvoll zu Ende zu bringen, neue Instrumente einzuführen, Tonartwechsel einzuleiten und eine Beschleunigung des Tempos auszulösen.

Bis in die 1990er Jahre hinein wurde die kompositorische Gestaltung der Games durch mangelnde Speicherkapazitäten der Computer und Datenträger erheblich erschwert. Nur wenige Stimmen konnten gleichzeitig erklingen, und deren klangliche Ausgestaltung blieb ebenfalls limitiert. Der jeweiligen Soundkarte entsprechend wurden Instrumente und orchestrale Klangkulissen elektronisch imitiert. Gerade diese Limitierungen führten dazu, dass mit der Spielemusik der 1980er und 90er Jahre ein charakteristischer „8-Bit-Sound" beziehungsweise „16-Bit-Sound" verknüpft ist.[7]

Neue klangliche Gestaltungsmöglichkeiten eröffnete in den 1990er Jahren die Einführung der CD-Rom. Von nun an konnte auf vorproduzierte Musikdateien aller Art zurückgegriffen werden.[8] Auf die adaptive Qualität der Kompositionen hingegen wirkte sich diese technische Neuerung zunächst negativ aus, da die Musiksequenzen nicht mehr programmiert, sondern lediglich als Sounddatei zugespielt wurden.

Statt komplexer Transitionen überwogen einfache Aus- oder Überblendungen. Erst mit der DVD-Rom in den 2000er Jahren vervielfachten sich Speicherkapazitäten und beförderten dadurch eine Rückkehr zu adaptiven kompositorischen Anlagen.

Ebenso wie im Film ist die auditive Ebene im Computerspiel immer komplexer geworden. Bei prestigeträchtigen Games mit riesigen Produktionsbudgets sind mehr als 100 gleichzeitig aktive Audiospuren für Sounddesign, Dialog und Musik keine Seltenheit mehr. Auch bei der Musikaufnahme herrscht schon seit längerem ein hohes Qualitätsbewusstsein. So nahm Gary Schyman seine opulente Komposition für *Bioshock* (2k Games; 2007) mit dem renommierten London Philharmonic Orchestra in den Abbey Road Studios auf. Solch großorchestrale Scores finden sich immer häufiger in Games und dürften ein Anzeichen dafür sein, dass sich die Ästhetik der Musik in Spielen mehr und mehr jener in Filmen annähert, wobei die jeweiligen klanglichen Klischees den Genres entsprechend adaptiert werden. Dies lässt sich besonders gut etwa bei Horror-Survival-Spielen beobachten, die zahlreiche musikalische Topoi aus Horrorfilmen aufgreifen.

Unabhängig von der Klangästhetik existiert jedoch weiterhin ein entscheidender Unterschied zwischen Kompositionen für Filme und Spiele: ihre kompositorische Anlage, die im ersten Fall stets linear und fixiert ist, im zweiten Fall flexibel und anpassungsfähig sein kann. Game-Komponisten arbeiten mehr und mehr mit flexiblen Modulen, deren Erklingen, Länge, Intensität und dramatischer Verlauf von der jeweiligen Spielsituation abhängig sind. Entsprechend sollten die einzelnen Module in einem größeren Zusammenhang möglicher Handlungsentwicklungen kohärent sein, das heißt, sämtliche musikalische Parameter (also Har-

⁄**07**⁄ Ihr klangliches Revival feiern die Atari-, C64- und Gameboy-Klänge heutzutage in der bereits erwähnten Chiptune-Music-Szene, vermehrt aber auch als Sample in Popsongs.
⁄**08**⁄ Wie sich die klanglichen Gestaltungsmöglichkeiten seit den 1980er Jahren weiterentwickelt haben, lässt sich beispielhaft an rund 80 Games nachvollziehen, die in Folge des zweiten Films der Star-Wars-Reihe, STAR WARS: EPISODE V – THE EMPIRE STRIKES BACK (Das Imperium schlägt zurück; 1980; Irvin Kershner) veröffentlicht wurden. Den Anfang machte 1982 das gleichnamige Atari-Spiel *The Empire Strikes Back* (Parker Brothers; 1982).

monik, Melodik, Rhythmik, Tempo, Dynamik und Artikulation) sollten sich bei jedem Spielverlauf und jeder Entscheidung der Spieler idealerweise stimmig zueinander verhalten, so dass die Komposition eine dramaturgisch konsequente Gesamtkonzeption aufweist. Für den Komponisten bedeutet dies wiederum, möglichst viele Varianten bereitzuhalten, um die Spieler musikalisch nicht zu langweilen oder gar zu stören, selbst wenn sie die gleichen Wege mehrfach zurücklegen oder in aller Ruhe die einzelnen Räume erkunden.[9] Denn nur jene Musik wird zu einem intensiven Spielerlebnis beitragen, die sich dem individuellen Verhalten des Spielers mit größtmöglicher Flexibilität anpasst, sich mit ihm weiterentwickelt und die Struktur des Spiels dramaturgisch schlüssig unterstützt.

/ **09** / Gerade bei einem Spielverhalten, das von dem zu erwartenden abweicht, zeigt sich die Qualität der kompositorischen Gesamtkonzeption.

Funktionen von Musik in Filmen und Spielen

Sowohl in Filmen als auch in Games weist Musik deskriptive Qualitäten auf, indem beispielsweise Bewegungen nachgezeichnet werden, sie beeinflusst Emotionen und Stimmungen, dient der Strukturierung, fungiert mit entsprechenden Leitmotiven als Erinnerungsträger und kann als eine Art zweiter Erzähler auftreten.[10] Doch Game Music besitzt darüber hinaus noch ganz eigene Funktionen, wenn sie mit den Spielern interagiert und ihnen hilft, komplexe Spielmechanismen besser zu verstehen. Game Music ist in der Lage, das Spielverhalten zu antizipieren, zu begleiten und zu kommentieren. Sie kann Informationen über Lebensenergie oder besondere Spielmodi, zum Beispiel Unverwundbarkeit, liefern, ankündigen oder warnen und im besten Fall sogar Leben retten, wenn sie – für die Spieler nur hörbar – die im Rücken herannahenden Feinde ankündigt und mittels Leitmotiven sogar personalisiert. Noch ehe sie den Gegner erblicken, sind die Spieler in der Lage abzuschätzen, wie viele Angreifer sich auf sie zubewegen und wie groß die Gefahr ist, in der sie sich befinden. Die Musik beeinflusst somit direkt das Spielverhalten und den Handlungsverlauf. Dies geschieht gleichfalls, wenn sie zur Eile drängt oder die Performance bewertet, indem sie die Spieler nach dem Meistern einer Mission lobt oder ihr Scheitern entsprechend kommentiert. Ebenso nimmt die Musik Einfluss auf das Spielgeschehen, wenn sie Auskunft über Erfolgsaussichten liefert und der Entwicklung der Figur folgt, an vergangene Situationen musikalisch erinnert und Konsequenzen einstiger Handlungen erkennbar macht. Somit trägt sie wesentlich zur Individualisierung des Spiels bei.

⇧ Abb. 6 ∕ *Grand Theft Auto: Vice City* (Rockstar Games; 2002)

Komponieren mit Modulen – eine musikalische Praxis mit langer Tradition

Die Form des Komponierens, die sich in den vergangenen Jahrzehnten für den Bereich der Computerspiele entwickelt hat, existiert keineswegs losgelöst von der musikalischen Praxis anderer Kunstbereiche. Denn Game-Komponisten greifen auf ganz ähnlich geartete musikalische Muster, Formeln und Modelle zurück, wie wir sie aus der Musikgestaltung für den

∕**10**∕ Eine ausführliche Darstellung der Funktionen von Musik und Geräuschen im Film findet sich bei Oliver Keutzer, Sebastian Lauritz, Claudia Mehlinger und Peter Moormann: *Filmanalyse*. Wiesbaden 2014, S. 122–133.

Film kennen. Auch hier müssen sich die Komponisten den dramaturgischen Gegebenheiten unterordnen und innerhalb kürzester Zeit musikalische Lösungen für bestimmte Situationen finden. Hierfür greifen sie oftmals auf eine Art Baukastensystem zurück, bei dem sie bewusst oder unbewusst bestimmte Grundmodule beziehungsweise musikalische Klischees variieren und auf die spezifische filmische Situation hin anpassen. Dieses Verfahren ist keineswegs ein neues Phänomen, sondern erfreute sich bereits während der Stummfilmära vor 100 Jahren großer Beliebtheit. Denn nur in seltenen Fällen wurde für die Filme jener Zeit eigens Musik komponiert. Stattdessen griffen die Kinomusiker auf sogenannte Kinotheken zurück, in denen Passagen aus Opern, Programmmusik und anderen Quellen situativ aufbereitet vorlagen.[11] Entsprechend weisen die musikalischen Konventionen – wie wir sie aktuell im Bereich der Filmmusik, aber auch der Game Music vorfinden – eine weitaus längere musikalische Tradition auf, als man vermuten würde.

Selbst in der Kunstmusik des 20. Jahrhunderts spielte das Komponieren mit Modulen eine wichtige Rolle. In Schlüsselwerken wie der *3. Klaviersonate* (1955-57) von Pierre Boulez oder dem *Klavierstück XI* (1957) von Karlheinz Stockhausen werden verschiedene Abschnitte der Komposition vom Interpreten individuell zusammengestellt. Und im Bereich der Oper verfolgten Komponisten wie Henri Pousseur Ansätze, das Publikum – wie in *Votre Faust* (1969) – über den dramatischen Verlauf mitentscheiden zu lassen.

Vielleicht lassen sich sogar historisch noch ferner liegende Phänomene finden, die ähnliche Versuchsanordnungen aufweisen, wenngleich es charakteristische Unterschiede gibt. So könnte man etwa die musikalischen Würfelspiele heranziehen, die sich Ende des 18. Jahrhunderts großer Beliebtheit erfreuten. Das wohl berühmteste von ihnen stammt von Wolfgang Amadeus Mozart. Die ausgewürfelten Augenzahlen führen über eine Tabelle zu einer bestimmten Taktnummer. Wurf um Wurf werden auf diese Weise zueinander kompatible Takte kombiniert und ergeben schließlich eine Komposition. Außerdem sei auf Ghiselinus Danckerts' als Schachbrett angelegten Rätselkanon *Ave maris stella* aus dem Jahr 1535 hingewiesen, bei dem die jeweilige Leserichtung darüber entscheidet, wie die einzelnen musikalischen Bausteine zu einem vierstimmigen Kanon zusammengesetzt werden.

Es zeigt sich also, dass trotz aller medialen Entwicklungen und Transformationsprozesse bestimmte Kompositionsprinzipien und musikalische Standards in der Geschichte der musikalischen Praxis eine erstaunliche Beständigkeit aufweisen.

Man darf gespannt sein, wie Spieleentwickler und Komponisten in den kommenden Jahren gemeinsam auf die sich immer komplexer gestaltenden Anforderungen reagieren werden. Denn angesichts der noch recht jungen Geschichte des Computerspiels dürften die bislang vorgelegten musikalischen Konzeptionen erst den Anfang einer Entwicklung bilden, die sich mehr und mehr von linearen Narrationen verabschieden wird. Ebenso könnten diese Entwicklungen für die traditionellen audiovisuellen Medien inspirierend sein und dazu führen, dass sich auch hier die Erzähl- und Kompositionsprinzipien dynamisieren. Denn die multimediale Konzeption von Erzählformen und ihre auditive Gestaltung jenseits der bisherigen Mediengrenzen gewinnen mehr und mehr an Relevanz und erfordern entsprechend innovative Lösungen, die auch dem sich wandelnden Nutzungsverhalten der User entsprechen.

/ 11 / Vgl. hierzu Martin Miller Marks: *Music and the Silent Film. Contexts & Case Studies 1895–1924*. New York 1997.

Abb. 1 ⁄ Matte Painting des Vandamm House in Alfred Hitchcocks NORTH BY NORTHWEST (1959)

„Characters end up going through various interiors, meeting obstacles all the time. Designing a computer game is not like designing a single film, but like designing eight films at once."

Sir Ken Adam[1]

MARC BONNER

IM RHYTHMUS DER RAUMBILDER
Architektur und Art Direction in Film und Computerspiel

Der Art Director und Production Designer Sir Ken Adam, berühmt für die ikonischen Filmarchitekturen in DR. STRANGELOVE (Dr. Seltsam oder: Wie ich lernte, die Bombe zu lieben; 1964; R: Stanley Kubrick) und sieben James-Bond-Filmen (1962–1979), bringt mit obigem Zitat die zentrale Gemeinsamkeit von Film und Computerspiel auf den Punkt: die raumzeitliche Notwendigkeit des Durchquerens von Handlungsorten, deren audiovisuelle Repräsentation und die damit einhergehende narrative wie auch semiotische Bedeutung im Kontext von Mise en Scène und Levelstrukturen. Film und Computerspiel werden allerdings auf unterschiedliche Arten wahrgenommen, was sich auch maßgeblich in ihrer räumlichen Inszenierung zeigt. Nach Michael Nitsche ist der Film eine lineare Beschreibung, während das Computerspiel als nicht-lineare Erkundung erfahren wird.[2] Die evidenten Parallelen versteht Nitsche – ähnlich wie Adam – als räumlich bedingte Notwendigkeiten und stellt fest,[3] dass Architektur und Film die formgebenden Medien des Computerspiels sind. Die Spieler betreten sozusagen einen filmischen Raum, in dem sie dann ähnlich der Nutzung einer Architektur raumlogisch handeln.[4] Stephan Günzel definiert, darauf aufbauend, das Computerspiel als ein Raumbild, in dem die Spieler

Abb. 2 ⁄ Annäherung an die Burnwood Villa, *Hitman: Absolution* (IO Interactive/Square Enix; 2012)

/ **01** / Ken Adam, Christopher Frayling: *Ken Adam designs the movies. James Bond and Beyond*. London 2008, S. 113.
/ **02** / Michael Nitsche: *Video Game Spaces. Image, Play, and Structure 3 D Worlds*. Cambridge, London 2008, S. 79 und 51.
/ **03** / Ebd., S. 74.
/ **04** / Ebd., S. 85: „The necessary eye of the virtual camera makes these spaces cinematic and the interaction makes them accessible much like architectural structures."

Abb. 3 ⁄ Kletterpassage am Vandamm House

interaktiv navigieren.[5] Durch die unvorhersehbaren Bewegungsmuster der Spieler innerhalb begrenzter, aber frei begehbarer Levelabschnitte werden die digitalen Architekturen und Kulissen um ihrer selbst willen ausgestaltet, um besagte Erkundung oder Navigation zu ermöglichen. Im filmischen Raum hingegen werden Architekturen und Kulissen nur in Beziehung zu den durch Storyboards vorgefassten Perspektiven und Bewegungen physisch realer Kameras erstellt sowie ausgerichtet und bilden daher lediglich fragmentarische Bauteile.[6]

Abb. 4 ⁄ Kletterpassage an der Burnwood Villa

So ist es nur konsequent, wenn Adam im Jahr 2003 die digitalen Spielarchitekturen für die Level des Computerspiels *GoldenEye: Rogue Agent* (Electronic Arts; 2004) entwarf,[7] da er viele seiner analog erbauten Bond-Sets nun digital ausgestalten konnte:

> „[T]he multiple viewpoints of the game players, as distinct from the single viewpoint of the cinema audience, and the new geography of the sets that is demanded – plus the fact that the game could go on for up to twenty hours – made the project an interesting challenge."[8]

Bereits 1925 merkte der Architekt und Set Designer Robert Mallet-Stevens an, ein Filmset müsse agieren, eine Rolle spielen, den Charakter vorstellen, bevor dieser die Bühne betritt.[9] Diese Maxime gilt auch für die Levelkulissen in digitalen Spielwelten, die sich an real erbauten, historisch tradierten Baustilen orientieren und das Gameplay auf raumzeitlicher Ebene rhythmisieren. Oft wird auch die Erzählperspektive des Hollywood-Kinos adaptiert. Andreas Rauscher definiert dies als „Genre-Settings, die als Kulisse und Zeichensystem für die ludischen Ereignisse dienen".[10] In der Verzahnung von Filmgenres und Architekturstilen mit Spielmechaniken bilden die Levelstrukturen spezielle Charakteristika aus.

⁄**05**⁄ Stephan Günzel: The Space-Image, Interactivity and Spatiality of Computer Games. In: Stephan Günzel, Michael Liebe u. a. (Hg.): *Conference Proceedings of the Philosophy of Computer Games*. Potsdam 2008, S. 170-189, hier S. 172. opus.kobv.de/ubp/volltexte/2008/2456/pdf/digarec01_10.pdf [22. 01. 2015].
⁄**06**⁄ Mike Jones: Vanishing Point: Spatial Composition and the Virtual Camera. In: *Animation: An Interdisciplinary Journal*, Band 2(3), 2007, S. 225-243, hier S. 230 f.
⁄**07**⁄ Adam, Frayling 2008, a. a. O., S. 110.
⁄**08**⁄ Ebd.
⁄**09**⁄ Robert Mallet-Stevens: Le Cinema et les Arts: Architecture. In: *Les Cahiers du Mois*, Nr. 16/17, 1925, S. 95.
⁄**10**⁄ Andreas Rauscher: *Spielerische Fiktionen. Transmediale Genrekonzepte in Videospielen*. Marburg 2012, S. 19.

Prospect Space / Intimate Space

Prospect space und intimate space bezeichnen entweder komplette Level oder Teile von diesen und zeichnen sich meist durch große komplexe Räume aus, durch die die Spieler einen Weg finden müssen. In einem prospect space sind die Spieler den räumlichen Vorteilen ihrer Feinde ausgesetzt und müssen sich demnach unbemerkt bewegen. Der intimate space ist das spielmechanische Gegenteil: In einer ebenfalls komplexen Architektur sind nun die Spieler im Vorteil, da sie erhöhte Angriffspunkte und Verstecke nutzen können.

Hitchcock als Vorbild für *Hitman*

In diesem Kontext hat Christopher W. Totten jüngst die gängigen Kategorien digitaler Spielwelten räumlich erfasst.[11] Eine Kippfigur aus Tottens prospect space und intimate space ist in den meisten Level des Stealth-Shooters *Hitman: Absolution* (IO Interactive/Square Enix; 2012) vorzufinden. Beide Raumarten werden durch eine oft mehrstöckige Architektur verkörpert, in der die Spieler mal eingeschränkt durch die räumlichen Vorteile der Gegner handeln und mal mit mehr Nutzungs- und Bewegungsmöglichkeiten diesen gegenüber agieren.[12] Solche variierenden Bewegungs- und Handlungsmuster sind Basis der dichten Spannung, die während des Schleichens und lautlosen Tötens von Wachen entsteht.

Im ersten Level des Computerspiels müssen die Spieler mit ihrem Avatar Agent 47, möglichst ohne entdeckt zu werden, die Villa des NPCs[13] Diana Burnwood infiltrieren (Abb. 2). Als Vorbild diente eine Kulisse aus NORTH BY NORTHWEST (Der unsichtbare Dritte; 1959; R: Alfred Hitchcock). Der Protagonist Roger O. Thornhill (Cary Grant) ist im Laufe des Films immer wieder in Architekturen gefangen und muss schließlich in die über den vier Präsidentenköpfen des Mount-Rushmore-Denkmals gelegene Villa des Antagonisten Philip Vandamm (James Mason) eindringen.[14] Hier zeigt sich bereits eine Parallele zwischen dem filmischen Archetyp moderner Agentenfilme und dem Stealth-Shooter. Production Designer Robert Boyle entwarf das Vandamm House (Abb. 1) nach bestimmten Vorgaben des Plots und Hitchcocks Idee von Architektur als unheimlichem Labyrinth.[15] So muss die Hauskulisse Thornhill in eine gefährliche Position bringen, in der er zwar den Antagonisten aushorchen muss, aber nicht entdeckt werden darf. Zudem müssen entsprechende Schleich- und Kletterpassagen für Eindringen und Flucht gewährleistet sein.[16] Wie die Spieler manövriert sich auch Thornhill durch eine Mischung aus prospect space und intimate space. Die spielmechanischen Eigenheiten sind also deckungsgleich mit dem Plot des Films. Neben dieser Ausgangssituation stimmen filmischer Raum und spielimmanente Levelstruktur auch durch die gemeinsame Architektursprache überein. Boyle nutzte seinerseits den Präriehausstil des bekannten US-amerikanischen

Abb. 5 / Vandamm House innen

Abb. 6 / Burnwood Villa innen

Stealth-Shooter

Hierbei handelt es sich um Spiele, in denen eine direkte Konfrontation mit Gegnern möglichst umgangen werden soll. Kennzeichnend ist vielmehr, aus dem Verborgenen heraus zu agieren und sich Missionszielen unbemerkt zu nähern. Die Entdeckung durch die Gegner führt meistens zum vorzeitigen Ende der Mission.

/ 11 / Christopher W. Totten: *An Architectural Approach To Level Design*. Boca Raton, London, New York 2014. / 12 / Ebd., S. 120–122.
/ 13 / NPC bedeutet Non Playable Character.
/ 14 / Steven Jacobs: *The Wrong House: The Architecture of Alfred Hitchcock*. Rotterdam 2013, S. 299.
/ 15 / Ebd., S. 12: „Uncanny labyrinth".
/ 16 / Robert Boyle im Interview, zitiert in: Vincent LoBrutto: *By Design. Interviews With Film Production Designers*. Westport 1992, S. 1–16, hier S. 9.

Abb. 7 / Frank Lloyd Wright: Haus Fallingwater (1934-1937)

Architekten Frank Lloyd Wright als Vorbild. Seine filmische Adaption verweist auf das 1937 erbaute Haus Fallingwater, da es aufgrund der horizontal gegliederten Kalksteinwände und dem weit über den Wasserfall auskragenden Wohnbereich potenzielle Klettermöglichkeiten bietet (Abb. 7).[17]

Was Boyle als Auswahlkriterium für die Kreation des fiktiven Vandamm House wichtig war, ist auch entscheidend für Art Director Robert Marchesis Wahl des Vandamm House als Vorbild der Burnwood-Villa. Letztere ist die spielbare Adaption des Vandamm House, das wiederum eine filmische Adaption von Fallingwater darstellt. Folglich verweist die Spielarchitektur nur indirekt auf Wrights ikonisches Bauwerk.

Diese intermedialen Rückgriffe beruhen also auf den Vorgaben übereinstimmender Handlungsanweisungen. Thornhills Kletterpassagen an den Fassaden und schrägen Stützen (Abb. 3) sowie dessen Schleichen und Belauschen im Inneren der Villa (Abb. 5) werden in *Hitman: Absolution* aus spielmechanischen Gründen in die Länge gezogen und redundant eingesetzt (Abb. 4). Im Inneren beider Handlungsorte ergeben sich dadurch zwangsläufig auch Übereinstimmungen in Stil und Raumabfolgen (Abb. 6).[18]

Mit ihren weit in Richtung Abgrund auskragenden Wohnräumen, die wie eine Art Kontrollzentrale alles überblicken, verkörpern beide Architekturkulissen Macht und Tücke. Während das Vandamm House, eine Montage aus Matte Paintings und kleineren Studiokulissen, über einem National Monument thront, ist die Burnwood-Villa auf einer fiktiven Klippe mit Blick auf ein digitales Chicago erbaut. Mit diesen panoptischen Ansprüchen erwirken beide Architekturen zugleich ein *foreshadowing* auf den jeweils nächsten Handlungsort.

Das Vandamm House gilt trotz seiner fragmentarischen Existenz als ikonischer Hort des Bösen und gar als Archetyp für die Refugien der Bond-Bösewichte. Auch dies ein Grund, warum Marchesi sich dieser eindringlichen Filmarchitektur als architektonischer Rhythmisierung des ersten Levels bedient.

Matte Painting
Matte Paintings sind auf Leinwände oder Glas gemalte Filmkulissen, die durch Tricktechnik, bspw. mit einem Optical Printer, in den fertigen Film eingefügt werden. Heutzutage wird die Technik größtenteils digital oder mit Fotografien emuliert.

/17/ Ebd.
/18/ Die digitale Spielarchitektur verweist in ihrer teilweisen Adaption des Art Déco jedoch zudem auf das ebenfalls von einem Antagonisten (Julian Glover als Walter Donavan) bewohnte, extravagante Penthouse in INDIANA JONES AND THE LAST CRUSADE (Indiana Jones und der letzte Kreuzzug; 1989; R: Steven Spielberg).

Abb. 8 / War Room in Stanley Kubricks DR. STRANGELOVE OR: HOW I LEARNED TO STOP WORRYING AND LOVE THE BOMB (1964)

Der Mythos des War Room

Sir Ken Adam entwarf für Kubricks Antikriegsfilm DR. STRANGELOVE eine Kulisse, die als das ikonische Schaustück für Machtarchitektur in die Kinogeschichte einging.[19] Der unterirdische Handlungsort ist über die Lauflänge des Films ein mehrmals zu sehendes visuelles Kernstück. Adam nutzt für den weitläufigen Raum der US-Führungsspitze seine für ihn typische und in vielen Bond-Filmen zu entdeckende asymmetrische Pultdachkonstruktion, die abermals von Frank Lloyd Wrights Architektur, der 1937 erbauten Gebäudegruppe *Taliesin West*, inspiriert ist.

Adam überdehnt jedoch Wrights Bauformen und fügt megalomane Weltkarten hinzu, welche die Flugbahnen der mit Atombomben bestückten Flugzeuge aufzeigen. Petra Kissling-Koch hält fest, dass Adam eine enge Verflechtung von räumlicher Darstellung und Schauspielrolle schafft.[20] Der War Room verweist somit in seiner von der Erdoberfläche entkoppelten düsteren und kantigen Expressivität auf die hitzigen US-Generäle und ihren ratlosen Präsidenten. Diese architektonische Visualisierung der Charaktere und ih-

Abb. 9 / War Room in *Mass Effect 3* (Bioware; 2012)

rer Handlungsoptionen gipfelt im kreisrunden Konferenztisch und der über ihm hängenden ringförmigen Beleuchtung, die inmitten des leeren Raumes platziert sind (Abb. 8). Das runde Möbel erinnert an einen Pokertisch, der für das riskante und mit Bluffs versetzte Spiel um die Welt steht. Eine derartige zeichenhafte Lesbarkeit, so Kissling-Koch, mache dem Betrachter auf Anhieb die „Spielebene" des Films deutlich.[21]

/ 19 / Petra Kissling-Koch: *Macht(t)räume. Der Production Designer Ken Adam und die James-Bond-Filme*. Berlin 2012, S. 79.
/ 20 / Ebd., S. 8.
/ 21 / Ebd., S. 95.

> **Non Playable Character (NPC)**
> NPCs sind Videospielfiguren, die ausschließlich vom Spiel selbst gesteuert werden. Der Spieler kann mit ihnen interagieren. Sie helfen bspw. dabei, den Plot voranzutreiben, oder verschaffen dem Spieler Vorteile durch Ratschläge oder Gegenstände.

> Über Jahrzehnte und Genres hinweg besteht das mythisch aufgeladene Bild des perfekt inszenierten War Room bereits fort.[22] Dabei wird jedoch oft nur das Destillat aus Adams rundem Konferenztisch und dessen ringförmiger Beleuchtung als Pars pro Toto fiktiver Machtarchitektur übernommen.

Daher ist es nicht verwunderlich, dass Adams expressionistisches Design auch in die Levelstrukturen von Computerspielen transferiert wird. Im Science-Fiction-Action-Adventure *Mass Effect 3* (Bioware; 2012) können die Spieler auf ihren interstellaren Reisen zwischen den Missionen an Bord ihres Raumschiffs Normandy SR 2 mit NPC-Crewmitgliedern sprechen, dadurch engere Bande knüpfen und sie als Unterstützer für Gameplay-Missionen auswählen. Neben der Kajüte des Avatars (Commander Shephard) oder dem Maschinenraum ist auch ein als War Room betitelter Konferenzraum integriert. Dieser ist kreisrund und hat in der Mitte einen runden Projektionstisch mit entsprechender Beleuchtung (Abb. 9). Somit ist hier der intermediale Rückgriff über die Bezeichnung hinweg gegeben. Der spielimmanente Handlungsort des Raumschiffs ist – fernab des kriegerischen Gameplays normaler Level – für interaktive Dialoge und Zwischensequenzen erdacht und hat somit wie das Vorbilds in DR. STRANGELOVE auch eine ähnliche narrative Funktion im Spiel um Macht und Intrigen.[23]

Im Irrgarten mit dem Alien

ALIEN (Alien – Das unheimliche Wesen aus einer fremden Welt; 1979; R: Ridley Scott) gilt nicht nur wegen H. R. Gigers weltberühmten Designs des gleichnamigen Xenomorphs und der wohl ersten weiblichen Actionheldin (Sigourney Weaver als Ellen Ripley) als Schaustück der Vermischung von Suspense-Horror und Science-Fiction. Auch die Kulissen zählen zu den eindringlichsten Raumschiffstrukturen im filmischen

Abb. 10 / Interieur der Nostromo in Ridley Scotts ALIEN (1979)

/ 22 / Zuletzt sind Adaptionen zu sehen etwa in WATCHMEN (Watchmen – Die Wächter; 2009; R: Zack Snyder), X-MEN: FIRST CLASS (X-Men: Erste Entscheidung; 2011; R: Matthew Vaughn) und STAR TREK INTO DARKNESS (2012; R: J. J. Abrams).
/ 23 / Andere Computerspiele hingegen verweisen nur rudimentär auf den War Room: In *Call of Duty 4: Modern Warfare* (Infinity Ward; 2007) ist ein Level mit *No Fighting In The War Room* betitelt. Hier wird direkt einer der bekanntesten Dialogfetzen aus Kubricks Film zitiert. Der im Level eigentlich vorkommende Besprechungsraum ist jedoch klein und wirkt wie ein konventionelles Konferenzzimmer der Alltagswelt.

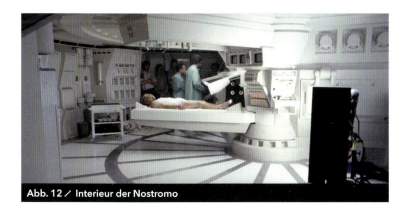

Abb. 12 / Interieur der Nostromo

Abb. 13 / Interieur der Sevastopol in
Alien: Isolation (Creative Assembly; 2014)

Raum. Das Innere der USCSS Nostromo ist Haupthandlungsort des Films und wurde durch mehrere namhafte Künstler und Set Designer abwechslungsreich gestaltet.

Im Science-Fiction-Survival-Horror-Computerspiel *Alien: Isolation* (Creative Assembly; 2014) wurde der filmische Irrgarten der Nostromo, der im weiteren Verlauf dem Alien als Jagdrevier zur Erlegung der Besatzung dient, nahezu unverändert als digitale Spielwelt des Raumschiffs Sevastopol umgesetzt. All die wirr blinkenden Bedienelemente, organischen Ornamente, flackernden Röhrenbildschirme und klobigen Knöpfe sind bis ins kleinste Detail den Kulissen des Science-Fiction-Films von 1979 nachmodelliert (Abb. 10–13). Creative Director Al Hope führt dazu aus, dass *Alien: Isolation* zwar in der Zukunft angesiedelt sei, aber eigentlich auf der Vergangenheit basiere.[24]

Dieser Retro-Futurismus stößt jedoch schnell an die Grenzen der wenigen, damals analog erbauten Filmkulissen. Da die Spieler in *Alien: Isolation* als Ellen Ripleys Tochter Amanda deutlich mehr Zeit in den Gangsystemen und Serviceröhren des Raumschiffs verbringen, mussten die Designer für die Levelstrukturen alte Konzeptstudien sichten, um zuvor ungesehene Orte authentisch im Stil der Filmkulissen zu modellieren. Im Computerspiel wird nun in einem Kontinuum von Räumen, Hallen und Gängen die stete Bedrohung durch das Alien tatsächlich erlebbar. Die dreidimensionale Ausgestaltung ist also mehr als nur eine nostalgische 1:1-Adaption des filmischen „world-feeling".[25]

Mit diesem letzten Beispiel wird noch einmal deutlich, dass im filmischen Raumbild Architektur mittels einer fixierten choreographierten Kamerabewegung erfahren wird, während in der interaktiven Simulation eines Computerspiels die Spieler über Eingabegeräte selbst im spielimmanenten Raumbild navigieren. Das dabei entstehende Gameplay ist jedoch an vorprogrammierte Begebenheiten gebunden, die das bespielbare Areal sowie die Handlungsoptionen vorgeben. Zentral bleibt Sir Ken Adams Bemerkung: „Letztendlich bewegen sich Charaktere durch Räume und werden stetig mit Hindernissen konfrontiert."[26]

Abb. 11 / Interieur der Sevastopol

/ 24 / „This is a game set in the future but based on the past […] It's a place which we can really relate to. It's also a world where technology won't save you." Dave Tach: *Alien: Isolation video explores its ‚low-fi sci-fi' design, straight out of 1979*. www.polygon.com/2014/4/17/5624086/alien-isolation-design [08. 01. 2015].
/ 25 / Daniel Yacavone: Film Worlds. Zur Neukonzeption von filmischer Repräsentation, Temporalität und Reflexivität. In: *Rabbit Eye – Zeitschrift für Filmforschung*, 2010, Nr. 001, S. 109–120, hier S. 117. www.rabbiteye.de/2010/1/yacavone_film_worlds.pdf [22. 01. 2015].
/ 26 / Adam, Frayling 2008, a. a. O., S. 113.

INTERVIEW
mit Jan Klose
Creative Director, Deck 13

Der Frankfurter Spieleentwickler Deck 13 zählt mit den Reihen *Ankh* (seit 2005) und *Jack Keane* (seit 2007) zu den international renommiertesten Produzenten von Adventures. In den Spielen *Venetica* (2009) und *Lords of the Fallen* (2014) realisiert Deck 13 Rollenspiele mit offenen Strukturen und ausgefallenen Settings.

Welche Parallelen gibt es zwischen der Arbeit eines Creative Director im Spiel und eines Regisseurs im Film?

Ich glaube, man kann die Arbeit schon relativ gut mit der Tätigkeit eines Regisseurs vergleichen, wobei diese doch auch immer ein wenig vom Projekt abhängt. Es gibt den Regisseur, der zugleich Produzent ist, und es gibt den Regisseur, der Teil eines großen Teams ist und seine Arbeit am Set macht. Aber generell ist die Spieleentwicklung doch sehr stark mit der Entstehung eines Films zu vergleichen, gerade weil man so viele unterschiedliche Disziplinen hat.
Es gibt Leute, die sich um die Akustik und die Sprachaufnahmen kümmern, es gibt Leute, die die Kulissen bauen. Bei 3-D-Spielen muss man sich das noch intensiver vorstellen, bei denen kann man die Arbeit

Abb. 1 /
Entwurfszeichnung
zu *Venetica*

Abb. 3 / *Ankh* (Deck 13; 2005)

tatsächlich mit Animationsfilmen vergleichen, für die man eine Welt in 3 D baut. Das ist etwas, was wir auch machen. Man hat eigentlich die gleichen Prozesse wie im Film – bis hin zur Ausleuchtung und den Dialogen.

Arbeitet ihr häufiger mit Storyboards, wie man sie vom Einsatz der Kamera im Film kennt? Oder ähnelt die Arbeit eher der Tätigkeit eines Set Designers?

Das Set ist wichtiger für den Kern, für das Gameplay. Die Storyboards haben wir hauptsächlich, wenn es um Zwischensequenzen geht, die wir besonders schön darstellen wollen. Dann sind wir eigentlich in der klassischen Filmproduktion und unterscheiden uns nicht stark von Pixar oder DreamWorks. Aber diese Zwischensequenzen sind eher das Eye Candy, um dem Spieler noch ein paar interessante Einblicke zu verschaffen, sie sind nicht die emotionalen Höhepunkte, die er selbst erlebt, für diese muss er selbst das Storyboard schreiben.

Im Film hat man die Pre-Production, die Hauptphase der Dreharbeiten und schließlich die Post-Production. Gibt es bei der Produktion eines Spiels vergleichbare Abläufe?

Bei einem Film ist es möglich, eigentlich immer schon am Anfang abzuschätzen, wie er ungefähr zu produzieren ist und wie er abläuft. Bei der Spieleentwicklung kann man das nur schätzen. Es ist viel stärker ein iterativer Prozess. Man sagt nicht: So, jetzt haben wir alles abgedreht, wir sind fertig, kommt noch die Post-Production drauf, Schnitt, dann ist das Ding im Kasten. Sondern man sagt: Okay, das ist die erste spielbare Version, die wir jetzt hier haben. Macht es wirklich Spaß zu spielen? Funktioniert der grundsätzliche Ablauf, den der Spieler immer wieder vollziehen wird? So arbeitet man lange Zeit am tatsächlichen Gameplay und nicht so sehr daran, Sachen hintereinander weg fertig zu produzieren. Das kann man machen, das führt aber dann meistens dazu, dass man einige Sachen für die Tonne produziert, weil sie dann doch nicht passen.

Dann gilt die gängige auf Filmproduktionen bezogene Redensart „we'll fix it in post" – dass man in der Post-Produktion Fehler der Dreharbeiten korrigieren muss, da sich die Aufnahmen nur mit großem Aufwand wiederholen lassen – nicht in gleicher Weise

Abb. 2 / **Entwurfszeichnungen für die Figur eines Bootsmannes in** *Ankh*

für Videospiele, da man jederzeit in die Aufnahmephase zurückgehen kann. Das verschafft größere kreative Möglichkeiten, andererseits könnte aber auch eine Gefahr darin bestehen, dass man sich sagt, der Gameplay-Mechanismus könnte noch einmal verfeinert werden, und dann hat man auf einmal Sequenzen, die gar nicht mehr richtig zu ihm passen.

Absolut, das ist Fluch und Segen zugleich. Das Spiel ist eigentlich immer offen, und man kann an jeder Stelle, an jeder Schraube noch einmal anfassen. Man hat eben nichts, was abgedreht wurde und fertig irgendwo liegt, sondern man kann immer wieder das vorhandene Material neu durchgehen. Das ist natürlich der größte Unterschied zum Film, man weiß nie genau, wie der Spieler das Ganze spielen wird. Beim Spiel begleitet der Entwickler den Spieler nicht persönlich, sondern er muss im Voraus versuchen, alle Eventualitäten zu erkennen und zu ermöglichen, dass der Spieler diese dann alleine an seinem Rechner lösen kann.

Bietet man dem Spieler eher eine von ihm selbst gestaltbare Erfahrung an? Oder sagt man sich, die Perspektive auf das Geschehen ist die, die man selbst als Designer vermitteln will?

Es gibt beides, manche Spiele sind nah am interaktiven Film dran. Da kann ich mich lediglich entscheiden, ob ich links oder rechts gehen will, ob ich jemandem helfen will und wem ich in der Gefahr zur Seite stehe. Diesen Spielverlauf kann man natürlich sehr stark kontrollieren und dadurch ein sehr filmisches Erlebnis vermitteln, so wie man sich das vorher ausdenkt.

Auf der anderen Seite – und das machen für mich Spiele aus – gibt es Spiele mit einer völlig offenen Welt, wo der Spieler einfach in der Landschaft steht, und mehr Informationen gibt es nicht. Das Spiel sagt dir, bitteschön, jetzt bist du dran, und ich kann mir überlegen, in welche Richtung ich gehen will. Ich kann reden, mit welchen Charakteren ich möchte. Ich kann Spielmöglichkeiten ausprobieren, oder ich kann es lassen. Hier besteht natürlich die größte Herausforderung in der Entwicklung, aber auch der größte Spaß für den Spieler, und das ist die größte

Abb. 4 / *Jack Keane* (Deck 13; 2007)

Leistung, die man am Schluss erbringen kann. In diesem Rahmen eine Geschichte mit einem roten Faden zu erzählen ist natürlich nahezu unmöglich. Man muss dann den Spieler seine eigene Geschichte erleben lassen.

Man kann natürlich immer gewisse Tore aufbauen, durch die der Spieler gehen muss, und damit die Handlung wieder kanalisieren, wenn man möchte. Allerdings werden das oft nicht die Spielmomente sein, die dem Spieler am meisten im Gedächtnis bleiben, sondern die Sequenzen, die von der Produktion am teuersten sind. Denn oft sind es genau die Spielereignisse, die der Spieler aus seiner eigenen Welt heraus erlebt, die nicht vorgesehen sind oder die von den meisten nicht in der gleichen Reihenfolge erlebt werden, die ihn am meisten beeindrucken und im Gedächtnis bleiben. Es ist ein besonderes Erlebnis, wenn man seinen Freunden davon erzählen kann, ein Video davon aufnehmen kann und sagt, hey, mir ist was Verrücktes passiert, und wenn die Freunde sagen, oh ja, das ist mir auch passiert. Man ist als Entwickler stolz, dass der Spieler das erlebt hat und dass es seine Geschichte und sein Spiel war.

✣ Abb. 5-6 ⁄ *Venetica* (Deck 13; 2009)

Das wäre vielleicht stärker mit einem Regisseur vergleichbar, der aus seinen Schauspielern eine gute Performance herausholt.

Absolut, es ist eher so, dass man einen Spielplatz bereitet: Grundlagen, eine Atmosphäre, eine Kulisse, eine Einstellung, und der Spieler hält sich darin auf und nutzt sie, wie er möchte. Es gibt tatsächlich viele Spieler, die die Atmosphäre in sich aufsaugen und das Spiel ihrer Rolle gemäß spielen. Und es gibt auch viele, die einfach versuchen, auszubrechen und ihr eigenes Spiel zu spielen. Wenn man beides ermöglicht, hat man ein großes Werk geschaffen.

Wie gestaltet sich die Konzeption der Story für ein Spiel? Arbeitet man noch mit einem Drehbuch? Einige Rollenspiele benötigen, wie ich gehört habe, das Zehnfache eines Skripts für einen zweistündigen Film.

Man kann sich das Ganze einmal von den Zahlen her anschauen. So ein Film ist zwei Stunden lang,

und wir wissen genau, was am Schluss in jedem Einzelbild passieren soll oder was der Zuschauer sieht. Ein Rollenspiel hingegen hat schon einmal ganz locker eine Spielzeit von 20 Stunden, in der das Spiel mit allen seinen technischen und inhaltlichen Besonderheiten 30- bis 60-mal pro Sekunde auf die Spielereingaben reagieren und das ganze Bild und den ganzen Inhalt entsprechend anpassen muss. Wenn man sich das einmal überlegt und die ganzen Budgets, die einem zur Verfügung stehen, gegeneinander hält, dann müsste man eigentlich, um eine so starke Erfahrung wie im Film herzustellen, das Vielfache eines Hollywood-Filmbudgets aufbringen.

Dass man das nicht braucht, liegt daran, dass es dem Spieler oft gar nicht so sehr auf die Schauwerte ankommt und auch nicht darauf, eine gewaltige Geschichte mit einem umfangreichen Skript zu erleben, sondern ihm kommt es eher auf die Momente an und auf das, was er wirklich im Spiel von Minute zu Minute tut. Der Spieler kann auch einfach einmal ein Ziel für eine Viertelstunde in seinem Kopf haben und sich überlegen, dort will ich hin. In der Zeit durchstreift er einen Wald, bekämpft Wölfe, er braucht hier keine Geschichte, er braucht nicht alle zehn Sekunden einen Dialog, der ihn irgendwie bei der Stange hält. Er tut etwas, womöglich so wie wir im echten Leben das Ziel haben, irgendwo hinzugehen. Das dauert eine Weile, aber der Weg dahin ist auch spannend, den merke ich mir vielleicht, und das macht ein Spiel aus. Man muss nicht jedes Mal das große Skript bemühen. Man muss nicht Seiten um Seiten mit einer tollen Story vollgeschrieben haben. Es lohnt sich aber immer, wenn man diese Zeit in die Atmosphäre hineinsteckt, in den Hintergrund, in den besagten Wald, in die Wege, die ich durchschreiten kann, in das Gefühl, das ich dabei haben soll, und in die Farben und die Formen, die ich erlebe. Wenn man das hinbekommt, dann wird es sich der Spieler merken und lange etwas von dem Erlebnis haben.

Ich finde gerade die Auswahl der Spielwelten in euren Produktionen sehr spannend. Das alte Ägypten in Ankh, *Abenteuer in der Kolonialzeit in* Jack Keane. *Was begeisterte euch am Format des Adventure, und was führte zur Wahl dieser Settings, die an das klassische Hollywood-Abenteuerkino erinnern?*

Tatsächlich ist das Abenteuerkino auch eine große Inspiration gewesen für die Spiele – ebenso wie natürlich auch alte Adventure-Spiele, die wir früher sehr gern gespielt haben und die wir selbst wieder zum Leben erwecken wollten. Wir haben tatsächlich bei *Ankh* nicht groß nachgedacht. Mein Gründerkollege Florian Stadlbauer und ich, wir waren vor ewigen Zeiten auf einer Reise in Afrika und haben danach zusammen die ersten Zeilen für unser Adventure *Ankh*, das in Ägypten spielt, geschrieben. Pyramiden, Palmen und durchgedrehte Krokodile kamen uns gerade recht. Dass wir tatsächlich einmal ein Spiel daraus machen würden, war uns noch nicht so bewusst. Wir fanden den Stoff amüsant und haben ihn umgesetzt. Damals gab es noch nicht so starke Überlegungen, ob das in eine Zielgruppe hineinpasst oder nicht. Bei *Jack Keane* war das schon anders, die Kolonialzeit fanden wir einfach interessant und unverbraucht für so ein Genre und haben deshalb auch weitergemacht daran. Der Schauplatz Indien war in dieser Weise noch nicht oft gesehen worden in Computerspielen. Wir dachten uns, das hört sich gut an, man kann schöne Geschichten er-

↑ Abb. 7-8 ∕ *Venetica*

zählen. Wir haben aber Wert darauf gelegt, die Sachen nicht klischeebehaftet darzustellen. Wir haben zwar schon mit ein paar Klischees gespielt, wir wollten aber die Charaktere nicht als die klassischen Nebenfiguren eines Abenteuerfilms darstellen. Assil ist ein Ägypter und mit Tara, einer Araberin, im alten Ägypten unterwegs – das ist jetzt nicht der Westler, der eine große Wüstenwelt als Kulisse aufgezogen bekommt. Genauso haben wir es in den anderen Spielen auch versucht, immer ein Gefühl aus dem Ort selbst entstehen zu lassen. Das haben wir in unserem ersten Rollenspiel *Venetica* fortgeführt, in dem wir das alte Venedig genommen und daraus eine verzerrte Phantasie- und Traumwelt gebaut haben. Es hat immer Spaß gemacht, existierende Orte zu nehmen und ein Spiel daraus zu machen. Es gibt auch sehr viele Spiele, die komplett in die Fantasy-Welt gehen. Unser aktueller Titel *Lords of the Fallen* ist sehr stark in einem Paralleluniversum angesiedelt, wir mögen es aber auch sehr gern, existierende Stoffe in die Spiele mit unterzubringen.

Im Fall von Venetica *ist die Hauptfigur eine Abenteurerin mit einer ungewöhnlichen und ambivalenten Hintergrundgeschichte, die sich meiner Meinung nach auf angenehme Weise von den Standardfiguren in Videospielen abhebt.*

Wir wollen nicht zwanghaft anders sein, aber wir mögen es auch, wenn wir einen Stoff finden, den es so noch nicht unbedingt gab. Wir sind teilweise extrem gelangweilt von archetypischen Computerspielfiguren, für uns ist das immer noch so ein bisschen diese Jahrmarktattitüde, mit der der Film um 1900 seine Anfänge nahm, bis dann Regisseure sagten, wir müssen jetzt endlich der Welt einmal etwas kulturell Wertvolles zeigen und nicht immer wieder die gleichen effekthascherischen, anbiedernden Filmszenen aneinanderreihen.

Ich glaube, wir kommen gerade erst mit der Welle von neuen Spielen, die in den letzten Jahren entstanden ist, dazu zu sagen: Klar, es gibt das einfache Actionkino auch im Spielbereich. Klar können wir die immer gleichen Helden den immer gleichen Leuten vorsetzen, aber wir müssen das nicht. Es gibt genügend Vielfalt und genügend Spieler auf der Welt, und wenn wir ein Thema haben, das wir spannend finden, dann werden wir höchstwahrscheinlich auch einige finden, die mitgehen und etwas Besonderes erleben wollen. Das ist unser Ziel, lass uns etwas ausprobieren, was wir interessant finden, lass uns nicht immer wieder die gleichen Klischees wiederholen. Lass uns nicht immer wieder auf die gleichen Marketingslogans hereinfallen, das Spiel müsse dem 15-jährigen actionbegeisterten Jungen gefallen. Das macht das Kino auch, das macht das amerikanische Kino gerade sehr stark, trotzdem gibt es viele Kinogänger und auch Computerspieler, die sich für andere Themen interessieren.

Das würde bedeuten, dass man ähnliche Nischen nutzen sollte wie das Art-House-Kino im Filmbereich? Independent Games wie Limbo *oder* Papers, Please *würden einige Ansätze dazu bieten.*

Genau, aber hier muss man natürlich berücksichtigen, dass es keine vergleichbare Förderung gibt, wie man sie für kulturell wertvolle Filme erhält. Wenn allein ein kulturell relevanter Film mit fünf bis zehn Millionen Euro gefördert wird, könnte man damit eine halbe Branche von kreativen Spieleentwicklern aus dem Boden stampfen. Was man aber nicht tut. Es wird in Deutschland inzwischen zwar mehr gefördert, was Games angeht, auch gerade was unabhängige, kulturell interessante Spiele ang eht, aber der Graben zwischen kultureller Förderung von Filmen und kultureller Förderung von Spielen ist so groß, dass der Abstand kaum messbar ist. Ich glaube, da muss noch viel passieren, Deutschland ist da sowieso wesentlich träger als andere Länder. Man muss sich das mal zu Gemüte führen: Da wachsen vielleicht zwei Generationen schon mit den bekannten Spielfiguren auf, und wir denken immer noch, dass es nichts weiter gibt als Puzzles und kleine Springspiele. Man sieht, es ist noch eine gewisse Kluft zu überbrücken, bis wir tatsächlich dahin kommen, mehr Kultur zu erkennen und zu fördern.
Ich glaube, dass gerade die jungen Spieleentwickler, die jetzt nachkommen, extrem kreativ in ihrer

Abb. 9 ∕ Entwurfszeichnung zu *Venetica*

Themenwahl sind. Sie finden nur wenig Anschluss und wenige Leute, an die sie sich wenden können, wenn sie nach einer Finanzierung suchen. Die Finanzierung muss ja teilweise nicht sehr hoch sein. Es müssen keine Schauspieler und kein sehr teures Equipment bezahlt werden. Es muss eine kleine Gruppe von Enthusiasten bezahlt werden, die sich vielleicht über ein Jahr mit einem spannenden Thema beschäftigt. Das sollte es der Kunst wert sein, das sollte es der Förderung wert sein.

Förderung sollte dafür da sein, dass ein Spiel oder ein Film kommerziell auch floppen darf, wenn er für die Kultur einen Beitrag leistet. Ich glaube, das ist ein sehr wichtiger Gedankengang. Wenn wir den nicht haben, dann landen wir wieder bei dem breitschultrigen Helden mit seiner Knarre, der die Teenager dazu bringt, eine Runde Auto zu fahren.

Wie funktioniert es hingegen, wenn man versucht wie in Lords of the Fallen, *ein Thema wie Schuld und Reue im Spiel umzusetzen? Vermittelt man dieses über das Gameplay oder über das Szenario?*

Ich glaube, es kommt darauf an, ob man will, dass der Spieler diese Gefühle selbst erlebt oder ob er sie bei der Figur nachvollziehen soll. Wenn er sie nachvollziehen soll, kann ich ihm immer wieder Szenen vorsetzen, in denen er sich mit der Figur identifiziert oder nicht. Wenn er die Gefühle aber selbst erleben soll, dann müssen wir ihm immer die Freiheit lassen, sich auch anders zu entscheiden. Denn nur durch seine eigene Entscheidung ist es sein eigenes Erlebnis. Es gibt ganz tolle Beispiele von Spielen, die versucht

✝ Abb. 10-11 ∕ *Lords of the Fallen* (Deck 13; 2014)

haben, Spieler in eine Situation hineinzuversetzen, ihnen aber dann keine Chance ließen, entsprechend zu reagieren. Zum Beispiel Kriegsspiele, die bewusst nicht den Krieg verherrlichen wollen. Sie versetzen den Spieler in eine Situation, in der er auf andere schießt und später herausfindet, dass er auf Zivilisten geschossen hat. Wenn ich als Spieler da durch muss – ich muss auf die schießen, sonst geht meine Spielhandlung nicht weiter –, ist das Spielerlebnis natürlich weit weniger stark, als wenn ich die Wahl gehabt hätte. Und wenn ich anfangs denke, nein, das mache ich nicht, dann kann ich den ganzen spannenden Handlungsstrang vielleicht gar nicht erleben. Als Konsequenz heißt das, ich muss beides anbieten, und ich kann nicht wissen, wie der Spieler sich zum Schluss entscheidet.

Spiele sind dann stark, wenn man ein Dilemma aufzeigt. Das geht wirklich gut, wenn man darlegt, es gibt keine gute Entscheidung, es gibt nur zwei schlechte.

Damit kann man auch die Ausweglosigkeit einer Situation vor Augen führen: Wenn ich zwei geliebte Menschen im Spiel retten muss und nur einen retten kann, weil ich nicht schnell genug bin. Ein solches Dilemma kann ich entwickeln und dadurch gewollt starke negative Gefühle hervorrufen. Aber ich muss dem Spieler die Entscheidung lassen – wenn ich will, dass er sie trifft und dadurch persönliche Gefühle überträgt.

Vielleicht noch abschließend, wir hatten verschiedene genrebezogene Beispiele: Welche Bedeutung haben Genrekonzepte in der Gestaltung von Videospielen? In den Game Studies werden aktuell häufig Hybridstrukturen diskutiert, beispielsweise in der Kombination von Adventures und Rollenspielelementen. Wie stark sind diese Ideen in den Designprozessen präsent? Versucht man diese Mischformen bei einzelnen Titeln, oder bestimmt dieser Prozess durchgehend die kreative Arbeit?

Ich glaube, das sind zwei verschiedene Punkte. Man muss ein bisschen aufpassen, wenn man Genres vermischt, da viele Genres ihre klaren Spielregeln haben, die Spieler sich auch wünschen. Wenn man zum Beispiel ein Point-&-Click-Adventure mit einem Actionspiel mischt und viele Actionpassagen einbaut, dann werden es viele Leute gar nicht mögen, die sonst Adventures mögen. Und Actionspieler werden andererseits die Adventure-Passagen nicht mögen. Am Schluss wird niemand das Spiel mögen. Das wäre die eine Seite. Das heißt aber nicht, dass man es nicht trotzdem probieren sollte. Es wird sich wahrscheinlich nur nicht besonders gut verkaufen. Die andere Seite ist aber, dass eine gewisse Art von Zutaten in jedem Spiel sehr interessant ist, und die findet man alle in ihrer Gesamtheit im Rollenspiel. Rollenspielelemente in andere Spiele zu übernehmen ist meiner Meinung nach daher etwas Natürliches. Man fügt durch weitere Schichten mehr Würze hinzu. Wenn ich ein Rennspiel habe, in dem ich tolle Strecken fahren kann, ist das schön, aber wenn ich mein Auto weiterentwickeln kann, wenn ich Stufen damit aufsteigen kann, wenn ich mir Fähigkeiten erspielen kann, dann macht es das Ganze reizvoller und für längere Zeit interessant. Rollenspielelemente machen Spiele größer und langlebiger, dadurch fühlt sich das echte Rollenspiel natürlich schon als Königsklasse an. Man sagt, das ist eine Welt, in die ich eintauche, andere Spiele sind teilweise nur Ausschnitte daraus, aber am Schluss will ich in vielen Spielen einfach doch eine echte Welt haben. Es sei denn, es ist ein Spiel, das sich um einen kleinen Kernbereich herum abspielt. Im Multi-Player-Shooter ist mir die Story wahrscheinlich noch in 100 Jahren egal, weil ich mich mit meinen fünf Kumpels ein bisschen austoben will, oder bei den *FIFA*-Spielen, in denen ich schön dargestellten Fußball und die echten Spieler haben will. Da muss man nicht unbedingt Rollenspielelemente dazufügen, aber bei den meisten anderen Games wird das Spiel einfach dadurch größer, und das wäre für mich nicht unbedingt ein Hybridspiel, sondern es gibt dadurch einfach mehr Schichten um das Spiel.

Das Spiel lebt davon, dass man es spielt, und der Film lebt davon, dass er erzählt. Man kann das immer vermischen, im Adventure wird es sicher stärker vermischt als in einem reinen Spiel in einer offenen Welt ohne Zwischensequenzen. Das ist auch nicht unbedingt neu, die Genres und die Kulturen beeinflussen sich immer gegenseitig.

Interview: Andreas Rauscher

INTERVIEW
mit Dennis Schwarz
Senior Game Designer, Crytek

Crytek ist eines der größten deutschen Entwicklerstudios und steht mit Titeln wie der *Crysis*-Serie, *Far Cry* und *Ryse: Son of Rome* für filmische Ästhetik und packende Inszenierung, die an Actionfilme aus Hollywood erinnern. Die von Crytek programmierte CRYENGINE® wird weltweit nicht nur als Designwerkzeug für Spiele, sondern auch für Machinima-Filme und visuelle Konzeptionen verwendet.

Wenn man an Titel wie Far Cry *oder* Crysis *denkt, werden Erinnerungen ans Actionkino wach. Wie wird die Ästhetik eines Spiels entworfen?*

Abb. 1 ⁄ *Ryse: Son of Rome* (Crytek; 2013)

⬆ Abb. 2 ⁄ *Crysis 3* (Crytek; 2013)

Das ist unterschiedlich. Wir sind eine Firma, die für ihre innovative Technologie bekannt ist; wir haben unsere eigenen Verfahren entwickelt, und es ist uns wichtig, diese Technologie zu präsentieren. Wir legen großen Wert auf die Optik in den Spielen und auf eine cineastische Erfahrung, zum Beispiel in den Zwischensequenzen. Ähnlich wie bei einem Hollywood-Blockbuster haben wir gewisse Produktionswerte für die Story, um einerseits unsere Engine gut darzustellen und um andererseits auch das Spiel und dessen Welt sehr detailreich zu gestalten.

Abb. 4 / *Crysis 3*

Abb. 3 / *Crysis* (Crytek; 2007)

> *Die Spielwelt ist ein gutes Stichwort. Bei Far Cry bestand einer der innovativen Aspekte darin, dass es ein Open-World-Design war. Wie verfährt man, wenn man sich eine Geschichte für so ein Spiel ausdenkt?*

In *Crysis* zum Beispiel haben wir, als Fortführung der Konzepte von *Far Cry*, den Spielern eine sehr freie Welt eröffnet, ihnen aber auch Missionsziele gegeben, um die Story weiterzubringen. Für uns ist es wichtig, einerseits die Illusion der Kontrolle für den Spieler aufrechtzuerhalten und andererseits trotzdem eine Umgebung zu schaffen, in der wir als Entwickler die Kontrolle haben. Denn ob die Kamera eine Landschaft jetzt von links oder rechts zeigt, das kann schon einen starken Unterschied machen. Wenn der Spieler auf natürliche Weise an einen Canyon kommt, stellt er das gar nicht infrage. Er kommt aus der großen, offenen Weite, es wird ein bisschen enger, und genau dort wird eine Zwischensequenz ausgelöst. Das ist ein alter Trick in der Spielentwicklung beim Open-World-Design, um die Kontrolle zu behalten.

Wie schätzt ihr denn generell die Bedeutung von Zwischensequenzen ein?

Da gibt es verschiedene Ansätze. Es gibt den klassischen Ansatz, in dem man sagt, die Zwischensequenz findet genau jetzt statt, das interaktive Gameplay wird unterbrochen und erst danach fortgesetzt. Dies machen heutzutage immer noch die meisten Spiele. Für uns Entwickler ist das die am einfachsten zu kontrollierende Variante. Der zweite Ansatz wäre, den Spieler in einen Raum zu sperren und ihm gewisse Interaktionsmöglichkeiten zu nehmen. Er kann vielleicht noch laufen, aber er kann nicht mehr schießen, und die Szene passiert um ihn herum in einer kontrollierten Umgebung. Der Spieler hat immer noch die Möglichkeit, sich zu beteiligen, natürlich mit dem Risiko, dass er nicht alles so aufnimmt, wie man es gerne hätte. Er verpasst vielleicht eine wichtige Information, weil er sich gerade mit einer kleinen Vitrine beschäftigt. In anderen Spielen, bei denen ein hoher Produktionsaufwand in die Story gesteckt wurde wie beispielsweise bei *Ryse*, ist es wichtig, dass wir Schlüsselszenen genauso rüberbringen können, wie wir es wollen.

Wie gestaltet sich die Story-Entwicklung für ein Open-World-Spiel? Baut man einzelne episodische Handlungen auf, die miteinander verzahnt werden, oder überlegt man sich einen linearen Ablauf von A nach B?

Auch das ist unterschiedlich. Zum Beispiel bei *Assassin's Creed* oder *Grand Theft Auto*, typischen Open-World-Titeln, die versuchen, viel aus der Story zu machen, gibt es einen Punkt, an dem man eine Aufgabe bekommt. Sobald der Spieler diese erhalten hat, werden die in der Open World aktiven Systeme, etwa die Möglichkeit, Shops zu benutzen, heruntergefahren. Während der Mission kann man diese nicht nutzen, und durch die Missionsziele wird die Story vorangebracht, zum Beispiel bei einer Verfolgungsjagd.

Man hat gewisse filmische Assoziationen bei euren Spielen, etwa bei Far Cry, *das an Bruce Willis in* DIE HARD *erinnert, den „lonely hero" auf einer Insel, der gegen die Schurken kämpft. Man weiß von Anfang an, dass man hier nicht in die Versuchung gerät, am Strand zu verweilen ...*

Aber auch das kann man machen. Wir hatten das zum Beispiel in *Crysis*. Die Missionsziele waren zwar klar vorgegeben, man wusste, dass man auf die andere Seite gehen und das Ziel erfüllen muss, aber theoretisch kann man auch den Sonnenuntergang etwas länger beobachten. Wir haben zahlreiche kleine Ambient-Elemente eingebaut, beispielsweise Tiere, die am Strand herumlaufen. Man kann sogar weit hinausschwimmen. Wir haben eine Gating-Mechanik eingebaut, die die Spieler etwas zurückhält – irgendwann kommt ein Hai und frisst den Spieler. Der Spieler soll sich fühlen, als wäre er Teil der Welt, das Pacing, den Takt, gibt er vor. Ich kann schöne, schnelle Musik unterlegen, aber wenn er anhält, hält er an.

Pacing
Unter Pacing versteht man das Tempo einer Aktion. In Filmen und Spielen bezeichnet der Begriff, wie schnell sich die Handlung entfaltet.

Welche Möglichkeiten gibt es in einer Open World, einen Spieler dennoch dorthin zu bekommen, wo man ihn haben will?

Der Klassiker sind Timer. Es ist der einfachste Weg, aber auch derjenige, der am meisten kaputtmacht, wenn sich der Spieler sonst frei bewegen kann. Man hat sehr schnell das Gefühl des Zwangs, und das

⬆ Abb. 5 ⁄ *Ryse: Son of Rome*

↑ Abb. 6-7 ⁄ *Ryse: Son of Rome*

schlägt sich auf die Atmosphäre nieder. Am elegantesten löst man die Situation, indem man dem Spieler eine indirekte Motivation gibt, beispielsweise Signposts – bestimmte Lichteffekte in der Distanz, die signalisieren, dass es dort etwas zu entdecken gibt.

An Crysis 2 *hat der Science-Fiction-Schriftsteller Richard Morgan mitgearbeitet. Wie läuft so eine Zusammenarbeit ab? Denkt sich der Autor einzelne Szenarien aus, oder entwickelt er ein umfassendes Story-Konzept?*

Es ist ein sehr kooperativer Ansatz, man muss natürlich verstehen, dass die meisten Autoren noch nicht an die Prozesse, die man bei Spielen durchläuft, gewöhnt sind. Man muss sich aufeinander einstellen. Wir haben auf der einen Seite eine Person, die ihre eigenen Welten erschafft, eigene Kontrolle ausübt und dann mit einem Team zusammenarbeitet, das einen Teil dieser Kontrolle übernimmt. Wir versuchen dann in Einklang zu bringen, wie die Akte aufeinander aufbauen. Der Autor geht nicht hin und sagt: In diesem Level muss genau dieses und jenes passieren. Er gibt dem Ganzen eine Struktur, die von den Designern genutzt werden kann. Es erinnert ein bisschen an eine Schnitzeljagd.

Hatte der Schriftsteller auch Einfluss auf die Levelgestaltung?

Man inspiriert sich gegenseitig. Wir bekommen ein Story-Konzept von ihm, das wir als Grundlage nutzen, um es auf die Levels herunterzubrechen und zu sagen, wir haben bestimmte Beat Points, also Highlights, in der Erzählung, die in ihrer Reihenfolge aber auch variiert werden können. Wichtig ist nur, dass der Spieler alle wichtigen Punkte passiert, bevor er in den nächsten Abschnitt weitergeht.

Konzepte wie Aktstruktur und Heldenreise sind Ansätze, die wir auch bei uns benutzen. Hinzu kommt jedoch die Interaktion des Spielers, wir können nicht genau sagen, an welchem Punkt der Beat passieren muss, es sollte nur *um* diese Zeit herum geschehen. Wenn der Spieler länger braucht, um dort hinzugelangen, ist es auch in Ordnung.

Wie sieht es mit dem Interaktionsdesign aus? Kommen zuerst das Gameplay und die Welt, oder sucht man sich zu einer Story das passende Setting?

Das kommt ganz auf die Zielsetzung des Spiels an. Angenommen, man macht ein Spiel auf der Basis eines Films; dann hat man feste Vorgaben und bestimmte Punkte, die man abarbeiten muss. Das Gameplay wird eigentlich entwickelt, um die Zielset-

Flow Channel
Flow Channel bezeichnet den psychologischen Zustand des Menschen, in dem er/sie mental auf eine Aktion fokussiert bleibt. Spieleentwickler versuchen, dem Spieler das Gefühl dieses Zustands konstant zu vermitteln, um ihn an das Spiel zu fesseln, z. B. indem sie ihn als Anfänger durch einen vereinfachten Schwierigkeitsgrad motivieren oder im fortschreitenden Spielverlauf durch einen steigenden Schwierigkeitsgrad fordern.

zung der Story und der Atmosphäre zu vermitteln. Man kann den ganzen Prozess aber auch von der anderen Seite her angehen, und das machen wir bei Crytek gerne: Wir versuchen, das Gameplay ins Zentrum zu setzen und drumherum eine Story zu entwickeln, die dem Ganzen einen Rahmen gibt.

Der Spieler soll durch die Interaktion langsam an das Spiel gewöhnt werden. Er muss verstehen: Wie bewege ich mich, was sind meine Optionen, kann ich schießen, Türen öffnen, Auto fahren? Das muss man dem Spieler erst beibringen. Die Phase, in so ein Spiel reinzukommen, dauert ein bisschen länger als im Film. Wenn ich zu komplexe Aktionen zu früh ansetze, ist der Spieler vielleicht mit der Steuerung oder dem Konzept überfordert.

Die Idee des Flow Channel, die von einem ausbalancierten Spielerlebnis ausgeht, taucht in diesem Bereich immer wieder auf.

Um diesen Flow Channel zu kontrollieren, gibt es häufig die Option, das Tutorial zu überspringen. Der Schwierigkeitsgrad ist eine andere Option, aber durch die Interaktion ist es immer schwerer, den Flow Channel aufrechtzuerhalten, als es in linearen Medien wie etwa Film der Fall ist.

Welche Rolle spielen die unterschiedlichen Spielertypen? Der Hardcorefraktion des Publikums kann es gar nicht schwierig genug sein, während ein anderer Teil der Spieler vielleicht einfach nur das reizvolle Setting, sei es eine Insel oder eine apokalyptische Zukunftsstadt, erkunden will.

Es ist ganz wichtig, am Anfang zu definieren, wen man ansprechen möchte. Wenn man einfach vor sich hin entwickelt und nicht weiß, an wen sich das Spiel richten soll, dann hat man schon einen ziemlich massiven Fehler gemacht. Mit *Ryse* wussten wir von vornherein,

dass es ein Launch-Titel ist. Das Spiel wird mit dem Verkaufsstart der neuen Konsole im Handel sein und muss daher entsprechend einsteigerfreundlich sein. Das Gameplay bei *Ryse* sollte zwar eine gewisse Tiefe bieten, aber zugleich leicht zu erlernen sein nach der Devise: easy to learn, hard to master. Die Leute sollten nicht nach wenigen Minuten frustriert aufgeben, und daher war es uns auch wichtig, die Story und die Zwischensequenzen in den Vordergrund zu stellen. Gerade im Multi-Player-Modus sollten die Spieler die Möglichkeit haben, auch noch in die Tiefe zu gehen. Aber es lässt sich nicht vergleichen mit einem Open-World-Spiel wie *Skyrim*, bei dem man wochenlang in diesem Spiel lebt und über 50 Stunden darin verbringt. Es ist eine andere Spielerfahrung.

Wie unterscheidet sich ein Multi-Player-Titel von der Entwicklung eines Single-Player-Spiels?

Wenn man mit Leuten zusammenspielt, sind die Welt und die Story meist nicht mehr so sehr im Fokus. Es geht viel mehr um die sozialen Aspekte, man redet mit den anderen Mitspielern. Man versucht, gemeinsam Puzzles zu lösen, die Zwischensequenzen kann man meistens überspringen. Es kommt immer auf das Spiel an, aber wenn ich mehr als einen Spieler im Spiel habe, habe ich auch mehr Chaos, denn der Spieler ist das Element des Chaos. Bei einem einzelnen Spieler kann ich durch lineare Strukturen oder Checkpoints dieses Chaos kontrollieren. Wenn ich allerdings mehrere Spieler habe, kann während dieser Sequenzen ein Spieler nach links und ein anderer nach rechts gehen. Ich muss mir Mechaniken ausdenken, damit die Spieler zusammenbleiben.

Es gab ein Experiment mit einem Mehrspieler-Mod für *Doom 3*, bei dem die Designer den Mehrspieler-Code von *Quake* in *Doom 3* eingebaut haben. Eine sehr schöne Mechanik bestand darin, dass ein Spieler die Taschenlampe und der andere die Waffe nehmen musste. Die Leute waren darauf angewiesen, das Spiel gemeinsam zu lösen. Alleine war es frustrierend, gemeinsam hatte man auf einmal eine Synergie. Solche Mechaniken binden Spieler zusammen, und man muss mit ihnen experimentieren.

Das Problem unterschiedlicher Spielerinteressen hat man häufig bei MMOs (Onlinerollenspielen). Man steht irgendwo an einer kleinen Farm im Wald, wo man die Quests bekommt. Und überall stehen Spieler herum, die einen hüpfen, die anderen machen irgendwelche Zaubertricks, es ist wie ein bunter Zir-

⇧ Abb. 8-10 / *Ryse: Son of Rome*

kus, und ein Spieler, der dort hingeht, um die Story zu erleben, denkt sich: Wo bin ich denn hier gelandet? Andere finden aber gerade diese Interaktionen toll und zeigen den anderen, welche neue Ausrüstung sie sich gerade gebastelt haben. Man muss immer darauf achten, dass man den verschiedenen Spielertypen genügend Raum gibt, um sich auszudrücken. Die soziale Komponente macht es sehr viel schwieriger, eine Story zu erzählen.

Wie wichtig ist denn die Idee der Immersion, des Eintauchens in die Spielwelt?

Gerade bei den Spielen, die wir bisher gemacht haben, ist es immer eines der entscheidenden Ziele gewesen, den Spieler in die Spielwelt eintauchen zu lassen, ohne dass er diese noch als solche wahrnimmt. Sobald man mehrere Spieler im Spiel hat, hat man immer auch ein Immersionsproblem. Aber ich glaube auch, dass die Spieler im Multi-Player eher akzeptieren, dass die Immersion nicht mehr so stark ist. Im Multi-Player-Zombie-Spiel *Left 4 Dead* geht es beispielsweise nicht um Horror, sondern darum, wie man es gemeinsam schafft, durchzukommen.

Ihr arbeitet auch mit sehr elaborierten Engines, die international von unterschiedlichsten Designern genutzt werden. Wie funktioniert die Arbeit mit einer Engine? Ist es so eine Art virtuelles Set?

Das ist ein ganz guter Vergleich. Es ist die grundlegende Technik, mit der das Spiel gemacht wird. Auf der einen Seite beinhaltet sie den Renderer, der die 3-D-Welt berechnet, und die Effekte, mit denen sie ausgestattet wird. Zum anderen ist es aber auch das Betriebssystem für das Spiel; was Windows für den PC ist, ist die Engine für das Spiel. Alles, was man im Spiel machen kann, basiert auf der Engine, sie stellt die Sichtweiten bereit. Früher waren Engines durch die Rechenkapazität stark begrenzt. Inzwischen hat man Engines für Weltraumspiele, die ganze Sonnensysteme erfassen müssen, und andere, die die Benutzung von Fahrzeugen und Fluggeräten in einer freien Umgebung bieten, beispielsweise in *Battlefield* oder unserem *Crysis 1*. Eine Engine gibt die Rahmenbedingungen für ein Spiel vor.

Wie schätzt ihr die Annäherung zwischen Filmen und Games ein? Eure Engine wird beispielsweise häufig für die Produktion von Machinima-Filmen genutzt.

Engines bieten die Möglichkeit, sehr einfach Kamerafahrten zu skripten, das heißt: An dieser Stelle muss sich die Kamera drehen oder eine bestimmte Einstellung anpeilen. Das ist natürlich um einiges

> **Renderer, rendern**
> Rendern bezeichnet den Prozess, durch den die Bilder von Filmen oder Videospielen mithilfe von Schattierungen, Farbveränderungen o. ä. realistischer erscheinen. Als Renderer bezeichnet man Computerprogramme, die einen solchen Prozess verarbeiten.

Abb. 11-12 / *Ryse: Son of Rome*

einfacher, als wenn man die echte Hardware nehmen müsste. Wenn man noch eine hochauflösende Engine hat, kann man sehr viel machen und Sachen umbauen. Für einen Film können Engines außerdem für die Pre-Visualisierung genutzt werden, etwa bei THE HOBBIT und KING KONG von Peter Jackson. Die virtuelle Umgebung wird am Computer gebaut, und der Schauspieler vor dem Greenscreen hat eigentlich keinen Bezug zu der Szenerie, die später hinzugefügt wird. Der Regisseur kann jedoch mit einer virtuellen Kamera – das ist nichts anderes als ein Laptop, der an ein 3-D-Ortungsgerät angeschlossen ist – durch das Set laufen und sich am Monitor anschauen, wo er sich gerade in der virtuellen Welt aufhält. So kann in Echtzeit berechnet werden, wo genau sich die Schauspieler positionieren. Das ist zwar nicht die gleiche Grafikqualität, die der fertige Film hat, aber sie ist gut genug, dass der Regisseur und die Schauspieler sie als Referenz nutzen können, um sich in die dargestellte Welt einzufühlen.

Apropos Hollywood: Ihr hattet bei Crysis 2 *den bekannten Soundtrack-Komponisten Hans Zimmer für die Musik gewinnen können. Wie gestaltete sich die Arbeit an einem Game-Soundtrack?*

Man arbeitet sehr stark mit Soundstücken, die offene Anfänge und Enden haben, so dass diese ineinander übergehen können. Man geht beispielsweise eine Straße hinunter, und die Gegner tauchen auf: Die Intensität der Musik muss – je nachdem, wie sich die Spieler bewegen – alle zehn bis zwanzig Sekunden verändert werden. Das ist ein sehr wichtiger Punkt, denn angenommen, ich mache meinen Soundtrack mit drei Minuten ruhiger entspannter Musik und die Action würde abrupt einsetzen, dann würde das natürlich nicht funktionieren, und die Immersion würde gleich wieder verschwinden.

Befindet sich die Dramaturgie eines Spiels näher an einem Film, oder lässt sie sich aufgrund der episodischen Einheiten doch eher mit einer TV-Serie vergleichen?

In einer Quest-Struktur dominiert das Episodische, die Aufgaben sind in sich geschlossen. Der klassische AAA-Titel-Shooter wie *Crysis* ist hingegen weniger episodisch, da es eine übergreifende Struktur gibt. Das Spiel erstreckt sich über einen Zeitraum von zehn bis fünfzehn Stunden, ist aber im Prinzip wie ein langgestreckter Film. Alles, was man dort in Sachen Charakterentwicklung und Pacing unternimmt, gestaltet sich sehr ähnlich zum Film.

Heute gehen die Produktionskosten eines Shooters in den zweistelligen Millionenbereich – das ist schon ein kleiner Film. Das Problem ist, dass jeder Spielinhalt, den man produziert, auch eingeplant werden muss. Ein Charakter, der irgendwo im vierten Akt hinzukommt, muss auch gebaut werden. Daher ist es im Interesse von uns Designern zu versuchen, bestimmte Charaktere, die wir haben wollen, auch öfter vorkommen zu lassen.

In *Crysis 1* hatten wir das Problem, dass wir sehr früh im Spiel einen Begleiter töten mussten, um die Spannung aufzubauen. Von unseren vier Hauptcharakteren haben wir gleich zwei innerhalb des ersten Levels verbraten. Wir haben den Spieler damit zwar auf das lauernde Grauen aufmerksam gemacht, es hat uns aber zugleich davon abgehalten, die zwei Figuren weiter im Spiel einzusetzen.

Quest
Der Begriff Quest bezeichnet die Missionen, die einem Spieler zur Erledigung aufgetragen werden. Diese Aufgaben sind vielfältiger Natur, man muss bspw. sammeln, rätseln oder kämpfen, um einen Quest vollständig abzuschließen. Häufig teilen sich die Spielaufgaben auch in die Haupthandlung des Main Quest und die optionalen Zusatzmissionen der Sub-Quests.

Als mögliche Koppelung zwischen Filmen und Games wird auch immer wieder das Konzept des Transmedia Storytelling diskutiert. Wäre das eine interessante Perspektive für euch?

Das ist noch relatives Neuland. Es ist sehr interessant, aber auch noch sehr unberechenbar. Man muss noch sehen, ob es ankommt oder in einer Nische versinkt. Die Frage ist: Was ist der Aufhänger? Wenn ich für ein Spiel ansprechende Mechaniken finde, habe ich das als meinen Kern. Wenn ich versuche, dieses Element auf einen Film zu übertragen, kann es leicht sein, dass genau das, was im Spiel am meisten Spaß machte, verloren geht. Besser funktioniert Transmedia im Franchise-Bereich wie etwa bei Star Wars. Es geht weniger darum, dass man einen Film machen muss, sondern vielmehr um den Eintritt in ein Universum. Das Universum ist der Kern. Dem ursprünglichen Zuschauer biete ich neue Eintrittspunkte, um in das Universum einzutauchen. Ob es für ein Spiel funktioniert, kommt immer ganz darauf an, wie packend das Universum ist.

Wie schätzt Du das zukünftige Verhältnis von Filmen und Games ein?

Die Produktionsqualität der Spiele hat sich in den letzten Jahren noch einmal sehr stark verbessert. Die Effekte kommen inzwischen sehr nahe an das, was Filme vor einigen Jahren leisten konnten. Zwischensequenzen kann man heute nahezu in Echtzeit berechnen. Das Universum wird weiterhin ein wichtiger Faktor sein. Games sind ein weiterer Kanal, über den man wie ein Buch oder ein Comic das Universum vermitteln kann. Ich weiß nicht, inwiefern man zwischen dem Film und dem Spiel Synergien erwarten kann, die wirklich Hand in Hand gehen im Sinne von: Ich erfahre den einen Teil im Film, den anderen im Spiel. Es ist doch eine ganz andere Art, wie man die Sachen wahrnimmt. Der traditionelle Kinofilm ist etwas, was man konsumiert, auf die breite Masse setzt, während das Spiel ein sehr spezielles Publikum hat. Ich glaube, wir werden eher sehen, dass im Bereich der MMORPGs Themen von Filmen als Welt etabliert werden, beispielsweise mit *Firefly*, das als Serie gefloppt ist und als Onlinewelt ausgebaut wurde.

Interview: Andreas Rauscher

Level 5 /
Reflexion und Repräsentation

NINA KIEL

VON TRAUMFRAUEN UND TRAUMATA
Stereotype im Video- und Computerspiel

■ enkt man an Märchen, so manifestiert sich vor dem geistigen Auge unweigerlich das Bild eines verstaubten, alten Buches. Doch Erzählungen von ängstlichen Prinzessinnen und tapferen Rittern haben mit der Entwicklung des digitalen Spiels eine neue Plattform gefunden, die sich gerade in ihren frühen Tagen einfacher Konflikte und damit zahlreicher Stereotype bediente, weil technische Limitierungen die Schilderung komplexer Sachverhalte nicht zuließen. Narrative Klischees prägen das Medium bis heute, auch wenn die erzählerische Vielfalt in den vergangenen Jahren unbestreitbar gewachsen ist. Immer mehr Spiele nehmen sich Themen an, die sorgfältig behandelt werden, und schrecken nicht davor zurück, weit mehr zu sein als Unterhaltung.

Auffällig ist allerdings, dass sich dieser Fortschritt nicht überall gleichermaßen abzeichnet. Als die kanadisch-amerikanische Medienkritikerin Anita Sarkeesian im Juni 2012 ankündigte,[1] sich in einer Reihe von YouTube-Videos ausschließlich der stereotypen Darstellung von Frauen in Spielen widmen zu wollen, war das Interesse groß, weil dieses Thema bis dahin überwiegend im akademischen Kontext fernab der Öffentlichkeit verhandelt wurde.[2] Auch aufgrund der aggressiven Gegen-

Abb. 1 / *Bioshock Infinite* (Irrational Games; 2013)

/ 01 / Anita Sarkeesian: Tropes vs. Women in Video Games. www.kickstarter.com/projects/566429325/tropes-vs-women-in-video-games [10. 02. 2015].
/ 02 / Siehe unter anderem Tracy L. Dietz: An Examination of Violence and Gender Role Portrayals in Video Games: Implications for Gender Socialization and Aggressive Behavior (University of Central Florida, Sex Roles, Vol. 38, Nr. 5/6, 1998), Karen E. Dill, Kathryn P. Thill: Video Game Characters and the Socialization of Gender Roles: Young People's Perceptions Mirror Sexist Media Depictions (Lenoir-Rhyne College, *Sex Roles*, 2007).

↑ Abb. 2 / *Enslaved: Odyssey to the West* (Ninja Theory; 2010)

reaktionen,³ mit denen sich Sarkeesian unerwartet konfrontiert sah, hielt die Diskussion nun jedoch Einzug in die Massenmedien,⁴ die Politik⁵ und immer mehr Privathaushalte. Warum das so wichtig ist, zeigen die bislang sechs unter dem Titel *Tropes vs. Women in Video Games* veröffentlichten Videos: Frauen treten nach wie vor überwiegend passiv in Erscheinung, als Trophäen und Jungfrauen in Nöten. In diesem Sinne fündig wird man auch, wenn man über den Tellerrand interaktiver Märchen blickt. Zeitgenössische Titel wie *Bioshock Infinite* (Irrational Games; 2013), *Dishonored* (Arkane Studios; 2012) und *God of War* (SCE Studios Santa Monica; 2005) bedienen sich weiblicher Ent-

/ 03 / Ian Steadman: Tropes vs Anita Sarkeesian: on passing off anti-feminist nonsense as critique. www.newstatesman.com/future-proof/2014/08/tropes-vs-anita-sarkeesian-passing-anti-feminist-nonsense-critique [10. 02. 2015].
/ 04 / Nick Wingfield: Feminist Critics of Video Games Facing Threats in ‚GamerGate' Campaign. www.nytimes.com/2014/10/16/technology/gamergate-women-video-game-threats-anita-sarkeesian.html?_r=3 [10. 02. 2015].
/ 05 / Emily Gera: Sweden wants to label games that promote gender equality. www.polygon.com/2014/11/14/7219451/sweden-wants-to-label-games-that-promote-gender-equality [14. 01. 2015].

← Abb. 3 / *Borderlands* (Gearbox Software; 2009)

führungs- und Todesopfer (Abb. 1), um die Heldenreise ihrer jeweiligen Protagonisten einzuleiten beziehungsweise voranzutreiben.

Zwar ist der Anteil weiblicher Haupt- wie Nebenfiguren zuletzt beständig gewachsen, doch bilden diese weiterhin eine Minderheit, oft als Mitglieder männerdominierter Gruppen. Diese „Smurfettes"[6], benannt nach dem einzigen weiblichen Charakter der belgischen *Schlümpfe*-Comics, sind allzu häufig Quotenfrauen, mit denen Vielfalt simuliert und eine männliche Heldenriege ästhetisch ergänzt werden soll (Abb. 2-3). Gemeinhin lässt sich ihre Funktion deshalb darauf herunterbrechen, weiblich zu sein. Dies gilt insbesondere für die sogenannten *distaff counterparts*, feminine Varianten ikonischer, männlicher Figuren, die sich von ihren Vorbildern nur durch Details unterscheiden. Eine der bekannteren Vertreterinnen ebendieser Gattung ist – neben zahlreichen Disney-Figuren wie etwa Minnie Mouse und Daisy Duck – Ms. Pac-Man.

„Honey, don't you know? I'm more than Pac-Man with a bow!"[7]

Als sein weibliches Pendant konzipiert, ergänzte sie Pac-Mans charakteristische Form lediglich um einige Accessoires und widerlegte somit ihren eigenen Anspruch auf Individualität. Ms. Pac-Mans Geschlecht war ihr einziges Distinktionsmerkmal, der paradoxe Name Programm. Es folgten unzählige weitere Figuren, die auf Basis dieses Prinzips konzipiert wurden, darunter Lolo und Lola (*Ice Climber*; Nintendo; 1984), Sonic und Amy Rose (*Sonic*; Sega/Sonic Team; 1991 ff.) sowie Toad und Toadette (*Mario Kart: Double Dash!!*; Nintendo EAD; 2003; Abb. 4)[8]. Es zeigt sich, dass in all diesen Fällen

Männlichkeit als Status quo definiert wird. Der Mann gilt als Blaupause, Weiblichkeit als Summe weniger immer gleicher Stilmittel. Diese sogenannten *gender signifier* umfassen einen „typisch weiblichen" Gestus, feminine Kleidung sowie eine eindeutige Farbkodierung, die von Rot- und Rosatönen dominiert wird (Abb. 7). Problematisch daran ist, dass die intensive Nutzung dieser *gender signifier* vielfach keinen Raum mehr für die Visualisierung von Eigenschaften lässt, die über die jeweilige Geschlechtzugehörigkeit hinausreichen.[9]

In besonderem Maße gilt dies auch für die erotische Inszenierung von Weiblichkeit im Spiel. Betrifft

↑ Abb. 4 / *Mario Kart: Double Dash!!* (Nintendo; 2003)

/ 06 / TV-Tropes.org: The Smurfette Principle. http://tvtropes.org/pmwiki/pmwiki.php/Main/TheSmurfettePrinciple [10. 02. 2015].
/ 07 / Ms. Pac-Man Atari 2600 Commercial. www.retroist.com/2011/01/20/ms-pac-man-atari-2600-commercial/ [10. 02. 2015].
/ 08 / Anita Sarkeesian: Tropes vs. Women in Video Games. Ms. Male Character. www.youtube.com/watch?v=eYqYLfm1rWA [10. 02. 2015].
/ 09 / Anjin Anhut: Significant Other. Gender Signifiers In Video Games. www.howtonotsuckatgamedesign.com/wp-content/uploads/significant-other-gender-signifiers-in-video-games.pdf [10. 02. 2015].

Abb. 6 / *Mass Effect* (BioWare; 2007)

sie, wie es häufig der Fall ist, Nebenfiguren ohne tragende Rollen, so werden diese auf ihre Funktion als Anschauungsmaterial reduziert. Da diese sexuelle Objektifizierung weit verbreitet ist und ausschließlich Frauen betrifft, werden Weiblichkeit und sexuelle Gefälligkeit kausal miteinander verbunden. So verwundert es nicht, dass die zahlreichen im Internet kursierenden Bestenlisten der „heißesten Videospielcharaktere" immer wieder auch Figuren aufführen, die darin auf den ersten Blick deplatziert erscheinen:

> „Yuna doesn't look overtly sexual but you know, it's always the quiet ones you should look out for. The graceful demeanor can only mean one thing, inside is a wild, bad girl just waiting to summon some type of beast of horniness on the poor sap of her choosing."[10]

Auch durch den geschickten Einsatz spezieller Kameratechniken, tragen die zunehmend elaborierten Zwischensequenzen vieler Spiele dazu bei, solche Figuren aufreizend in Szene zu setzen. In fragmentarischen Aufnahmen werden einzelne Körperteile hervorgehoben und sexuelle Reize transportiert, selbst wenn dem erzählerischen Kontext keine Erotik innewohnt (Abb. 5-6). Der von Laura Mulvey bereits 1975 in ihrem Essay *Visual Pleasure and Narrative Cinema*[11] beschriebene *male gaze* ist auch im Spiel präsent, die Perspektive also an den Blick des heterosexuellen Mannes angelehnt, in dessen Rolle das Publikum versetzt wird. So können aufgrund ihrer Präsentation auch per se nicht sexistische Inhalte eine entsprechende Außenwirkung erzielen.

In diesem Sinne hervor tat sich auch die nunmehr zehn[12] Spiele umfassende *Tomb Raider*-Reihe (Core Design [bis 2003] / Crystal Dynamics; 1996-2013). Aufgrund ihres selbstbewussten Auftretens, ihrer Eigenständigkeit und Abenteuerlust vielfach als feministische Ikone bezeichnet, erlangte deren Hauptfigur Lara Croft zugleich als digitales Sexobjekt Berühmtheit und war weithin für ihre überproportional großen Brüste bekannt. Wenngleich die Kamera in den frühen *Tomb Raider*-Spielen eine bewusste erotische Inszenierung nur eingeschränkt zuließ, haftete der Third-Person-Perspektive und dem mit ihr verbundenen, starren Blick auf Laras leicht bekleideten Körper doch stets eine

Abb. 5 / *Borderlands* (Gearbox Software; 2009)

/10/ Larry Hester: The 50 Hottest Video Game Characters. www.complex.com/pop-culture/2012/06/the-50-hottest-video-game-characters/yuna [10. 02. 2015].
/11/ Laura Mulvey: Visual Pleasure and Narrative Cinema. In: *Screen*, 1975, S. 6-18.
/12/ Ausgenommen hiervon sind jene Titel, die nicht der offiziellen Chronologie zugeordnet werden, unter anderem *Lara Croft and the Guardian of Light* und *Lara Croft and the Temple of Osiris*.

sexuelle Konnotation an (Abb. 8). Anders als die von Laura Mulvey beschriebenen Frauen war die abenteuerlustige Archäologin jedoch nicht nur ein ästhetisches Anschauungsobjekt, sondern auch eine Identifikationsfigur, wie Mike Ward in seinem Artikel *Being Lara Croft, or, We Are All Sci Fi* erörtert:

> „If Lara provides a substitute for boys who like looking at strippers, her self-assured and righteous violence simultaneously offers girls a chance to fantasize a response to [...] this same objectifying leer."[13]

Als Handlungsträgerin und gleichzeitiger erotischer Stimulus brach Lara Croft zumindest scheinbar mit der laut Mulvey klaren Trennung zwischen männlicher Aktivität und weiblicher Passivität. Die drastische Überhöhung ihrer Weiblichkeit im eindeutig sexuellen Sinn ließ jedoch vermuten, dass ihre Entmenschlichung und damit eine Eingrenzung dieses Identifikationsprozesses angestrebt wurden.[14] 2013 schließlich wandelte sich das Image der Medienikone. Eine deutlich jüngere Heldin präsentierend, zeigte der neueste Teil der Reihe Lara Croft von einer menschlicheren und damit verletzlicheren Seite – eine zunächst begrüßenswerte Entwicklung, die jedoch gleichsam darauf abzielte, eine Identifikation mit der Heldin zu erschweren. Ron Rosenberg, der ausführende Produzent des Spiels, gab diesbezüglich in einem Interview Folgendes zu Protokoll:

> „There's this sort of dynamic of ‚I'm going to this adventure with her and trying to protect her. [...] She's definitely the hero but – you're kind of like her helper.

Abb. 7 / *Rockman.EXE/Megaman Battle Network* (Capcom; 2001)

> [...] When you see her have to face these challenges, you start to root for her in a way that you might not root for a male character."[15]

Die zahlreichen Kampfszenen, in denen Lara ihren männlichen Widersachern zunehmend selbstsicher entgegentritt, werden im Spielverlauf immer wieder abgelöst von automatisch ablaufenden Sequenzen, die Ängste und Zweifel thematisieren. Kaum tritt der Spieler in den Hinter- und die Frau in den Vordergrund, dominiert ihre Schwäche. Kommt der Beschützer seiner Aufgabe nicht nach, wird er mit drastischen Todesszenen konfrontiert, in denen Lara von Klippen stürzt oder sich rostige Rohre durch ihren Hals bohren: blutige Nahaufnahmen, filmreif inszeniert (Abb. 9). Das Spiel räumt diesen Momenten viel Zeit ein und mit ihnen dem Leid, das der jungen Heldin zugefügt wird. Jedem Aufstieg folgt ein tiefer

/13/ Mike Ward: Being Lara Croft, or, We Are All Sci Fi. www.popmatters.com/features/000114-ward.html [29. 03. 2013].
/14/ Helen W. Kennedy: Lara Croft: Feminist Icon or Cyberbimbo? www.gamestudies.org/0202/kennedy/?216 [10. 02. 2015].
/15/ Jason Schreier: You'll „Want To Protect" the New, Less Curvy Lara Croft. www.kotaku.com/5917400/youll-want-to-protect-the-new-less-curvy-lara-croft [10. 02. 2015].

Abb. 9 / *Tomb Raider* (Crystal Dynamics; 2013)

Abb. 8 / *Tomb Raider: Underworld* (Crystal Dynamics; 2008)

Fall. Ähnliche Geschichten, in denen mentaler und körperlicher Versehrtheit in diesem Sinne eine zentrale Rolle zukommt, gewinnen derzeit an Popularität und entwickeln sich zu einem neuen narrativen Klischee. In ihrem Mittelpunkt steht eine junge Frau, die von ihren eigenen leidvollen Erfahrungen gezeichnet wird. Weshalb gerade diese Erzählform kritisch reflektiert werden sollte, erläutert die Spielejournalistin Leigh Alexander in ihrem Artikel *What did they do to you? Our women heroes problem*:

„Our lead characters have to be hard, and while we accept a male hero with a five o'clock shadow and a bad attitude generally unquestioned, a woman seems to need a reason to be hard. Something had to have been *done to her*. [...] It seems that when you want to make a woman into a hero, you hurt her first. When you want to make a man into a hero, you hurt ... also a woman first."[16]

/ **16** / Leigh Alexander: What did they *do* to you? Our women heroes problem. www.gamasutra.com/view/news/219074/What_did_they_do_to_you_Our_women_heroes_problem.php [10.02.2015].

Abb. 10 /
Metroid: Other M
(Project M; 2010)

Figuren wie Fetch Walker (*Infamous: First Light*; Sucker Punch Productions; 2014), Lara Croft und die in den vergangenen Jahren zusehends femininer auftretende Weltraumheldin Samus Aran (*Metroid: Other M*; Project M; 2010; Abb. 10) werden ungeachtet ihrer Heldenrolle entmachtet und durch traumatisierende Erfahrungen geprägt, Männer hingegen finden sich weitaus seltener in vergleichbaren Positionen wieder. Ausnahmen gibt es, auch diese bestätigen jedoch vielfach die ungeschriebene Regel, dass Frauen im digitalen Raum feminin gekennzeichnet und den ästhetischen Anforderungen der breiten Masse entsprechen müssen. So auch Spiele wie *Mirror's Edge* (DICE; 2008) und *Portal* (Valve Software; 2007), deren Hauptfiguren jung, schlank und makellos in Erscheinung treten.

Solange man Spielen mit weiblichen Protagonisten nur einen Bruchteil des allgemein üblichen Marketingbudgets zugesteht,[17] wird sich der Irrglaube erhalten, dass ihnen weniger Interesse entgegengebracht wird. Denn das Angebot bestimmt die Nachfrage maßgeblich mit. Dabei mangelt es aktuell nicht nur an Rollenvorbildern für den wachsenden weiblichen Anteil der Spielerschaft, sondern vor allem an Kreativität, wie die lange Liste weithin genutzter Stereotype eindrucksvoll zeigt. Diese präsentieren neben einem einseitigen Frauenbild eine ebenso eingeschränkte Vorstellung von Männlichkeit, in der Durchsetzungsfähigkeit, Rachsucht und das Streben nach Macht dominieren. Männer und Frauen in gegenseitiger Abhängigkeit zu zeichnen ist eine einfache und effektive Möglichkeit, um Emotionen und damit das Interesse der Spieler_innen zu wecken – aber bei weitem nicht die einzige. Das narrative Spektrum voll auszuschöpfen ist eine Aufgabe, der sich Spiele erst langsam annehmen. Aber es zeigt sich, dass zunehmend Platz für alternative Erzählstrukturen geschaffen wird. Menschen wie Anita Sarkeesian und dem durch sie angestoßenen Diskurs ist es zu verdanken, dass sich dieser Trend in den kommenden Jahren fortsetzen wird.

/ 17 / Belinda Parmar: Why does the games industry have such a problem with female protagonists? www.theguardian.com/lifeandstyle/the-womens-blog-with-jane-martinson/2013/jun/12/games-industry-problem-female-protagonists [10. 02. 2015].

SVETLANA SVYATSKAYA

TRAPPED IN VIRTUAL REALITY
Fragmente einer Medienreflexion im Film

Was wäre, wenn man feststellte, dass wir unsere Handlungen nicht selbst bestimmen, sondern sie nur vorgegebenen Abläufen folgen? Was, wenn auch der Widerstand nur eine Komponente der Gesellschaft bildet, die zu ihrer Selbsterhaltung notwendig ist? Und was, wenn auch der Demokratie faschistoide Wesenszüge anhaften, nur dass sie diese unter einem Schein aus Freiheit, Gleichheit und Gerechtigkeit gut zu verstecken weiß? Es wäre so, als wenn Menschen aus Platons Höhlengleichnis, die Schatten an der Höhlenwand betrachten und diese für wirklich halten, nach draußen gingen und erführen, dass auch diese Welt nur eine Projektion von etwas ist, was womöglich niemals fassbar ist.

Solche Fragestellungen und Gedankengänge liegen zahlreichen Filmen zugrunde, die virtuelle Realitäten konstruieren, um einen Blick „zurück" auf die Alltagswirklichkeit des Zuschauers zu evozieren. Versuchte schon das Kino, die Grenze zwischen der Fiktion auf der Leinwand und dem Zuschauerraum zu verwischen, so vermischen sich die Sphären aus „Sein und Schein"[1] noch enger in den elektronischen und digitalen Bildmedien. Mit dem jeweiligen Auftreten neuer Technologien bestimmen dabei vergleichbare Beobachtungen und Befürchtungen den kulturpessi-

Abb. 1 / Rainer Werner Fassbinder:
WELT AM DRAHT (1973)

/ **01** / Günther Anders: Die Welt als Phantom und Matrize. Philosophische Betrachtungen über Rundfunk und Fernsehen. In: *Die Antiquiertheit der Menschen. Band 1: Über die Seele im Zeitalter der zweiten industriellen Revolution.* München 1961, S. 111.

mistischen Mediendiskurs. Aus Innovationen neuer Medien werden zusätzlich retrospektive Fragen an die älteren generiert. Das Fernsehen, das in die privaten Räume eindringt und zum Familienmitglied wird, täuscht lediglich Information vor, Computer (und das Internet) erstarren zu Prothesen des Bewusstseins, und Computerspiele schulen ein Denken innerhalb vorgegebener Strukturen oder veranlassen sogar dazu, ein simuliertes Leben anzufangen. Die Reflexion der Medien im Film soll im Folgenden anhand ausgewählter Beispiele diskutiert werden.

Der Eingang in die virtuelle Welt: Science-Fiction im Autorenfilm

Abb. 2-3 / François Truffaut: FAHRENHEIT 451 (1966)

Angesichts der Verheerungen des Faschismus äußern Theodor W. Adorno und Max Horkheimer 1944 im amerikanischen Exil ihre alptraumhaften Phantasien über Film, Radio und Magazine: die Kulturindustrie. Diese hätte „[…] den Menschen als Gattungswesen hämisch verwirklicht. Jeder ist nur noch, wodurch er jeden anderen ersetzen kann: fungibel, ein Exemplar. Er selbst, als Individuum, ist das absolut Ersetzbare, das reine Nichts, und eben das bekommt er zu spüren, wenn er mit der Zeit der Ähnlichkeit verlustig geht."[2]

Dieses radikale Urteil richtet sich gegen die Medien für die Massen und ihre Instrumentalisierung in der kapitalistischen Gesellschaft. Für die Medienindustrie erweist sich die Reproduktion von immer gleichen Inhalten, die auf das Amüsement abzielen, als die erfolgreichste Verkaufsstrategie. In den 1960er Jahren knüpft Günther Anders daran die These an – die auch das Fernsehen miteinbezieht –, dass Medien für die Formung eines Massenmenschen sorgen und letztlich nichts Reales mehr, sondern nur sich selbst reproduzieren.[3]

Der ent-personalisierte Mensch, wie ihn die Kulturkritik beschreibt, findet eine adäquate Verkörperung in François Truffauts FAHRENHEIT 451 (1966). Der Film zeichnet eine dystopische Welt, die Glückseligkeit durch Gleichschaltung herzustellen vorgibt. Weil Weltliteratur menschliches Unglück verursacht, werden Bücher verboten und verbrannt. Die Fernsehmonitore in den modernen und gleich aussehenden Wohnhäusern übernehmen die Aufgabe der Bildung und Unterhaltung (Abb. 2). Die Hauptfiguren, Feuerwehrmann Montag und seine Frau Linda, repräsentieren das stereotype Paar: Er verbrennt tagsüber die Bücher und informiert sich abends in schriftlosen Comics über das Tagesgeschehen; sie konsumiert diverse Beruhigungsmittel und das Fernsehprogramm – ihre andere Droge, die ihr Partizipation vortäuscht.

/ 02 / Max Horkheimer, Theodor W. Adorno: *Dialektik der Aufklärung. Philosophische Fragmente*. Frankfurt am Main 2006, S. 154.
/ 03 / Anders 1961, a. a. O., S. 179. Seit den 1950er Jahren schreibt auch Theodor W. Adorno über das Fernsehen. Vgl. Theodor W. Adorno: *Neun kritische Modelle*. Frankfurt am Main 2003.

Linda verkörpert dabei einen Frauenprototyp/ein Exemplar: Julie Christie spielt nicht nur Linda, sondern auch eine nicht weiter bestimmte Passantin sowie die aufgeweckte Clarisse, die heimlich Bücher liest, Fragen stellt und deshalb in ihrer Welt auf Ablehnung stößt. Sie weckt in Montag die Lust am Lesen, so dass er ihr schließlich zu den Büchermenschen, die in den Wäldern außerhalb der Stadt leben, folgt.

Hier eröffnet sich eine weitere Dystopie, die in ihrer Konsequenz grausamer scheint als die Welt, die zuvor skizziert wurde. Die Menschen besitzen keine Namen, jeder von ihnen personifiziert das einzige verbliebene Exemplar eines Buches, das sie auswendig gelernt haben und dessen Titel sie als Namen tragen. Die Schlusssequenz veranschaulicht, wie die Fiktion des Romans mit der Realität verschmilzt: Ein kleiner Junge lernt den Roman auswendig, den sein kranker Onkel rezitiert. Der Herbst wechselt zum Winter, der Junge hat den Roman in sich aufgenommen und sagt dessen letzte Zeilen auf: „... and he died, as he thought he would, as the first snow of the winter fell." Der Schnee fällt, und der Onkel stirbt. Die Kamera zeigt nun den tristen Alltag der Büchermenschen: Ihre Tage verbringen sie damit, den immergleichen Text ihres Buches wie ein Gebet aufzusagen, gemeinsam und doch aneinander vorbei im Wald umherirrend (Abb. 3).

Die Bindung der Hoch- und Populärkultur an ein bestimmtes Medium wird unterlaufen und die vom Träger – ob Fernseher oder das nostalgisch behaftete Buch – unabhängige Zirkulation der immergleichen Inhalte angeprangert. Truffaut zeigt wie das cartesianische „Ich denke, also bin ich" in beiden Fällen ad absurdum geführt wird.

Rainer Werner Fassbinder verhandelt bereits in dem Fernsehzweiteiler WELT AM DRAHT (1973), einer Verfilmung von Daniel F. Galouyes Roman *Simulacron 3*, die Rolle des Fernsehens innerhalb virtueller Computerwelten (Abb. 1). Im Institut für Kybernetik und Zukunftsforschung wird eine computersimulierte Welt entwickelt, um einerseits ökologische und soziale Probleme vorauszusehen und zu vermeiden sowie andererseits marktwirtschaftliche Ziele zu verfolgen. Der neue Direktor des Instituts, Fred Stiller, stellt im Laufe des Films fest, dass auch er nur eine intelligente Identitätseinheit inmitten einer weiteren simulierten Welt ist, und sucht nach einem Ausweg in die dritte, obere und vermeintlich reale Welt.

Abb. 4 / Rainer Werner Fassbinder: WELT AM DRAHT (1973)

Abb. 6 / Rainer Werner Fassbinder: DIE DRITTE GENERATION (1978)

Abb. 5 / Rainer Werner Fassbinder: WELT AM DRAHT (1973)

Abb. 7 / Jean-Luc Godard: ALPHAVILLE: UNE ÉTRANGE AVENTURE DE LEMMY CAUTION (1965)

Stillers Realität wird wie ein hochmodernes Wunderland aus spiegelnden Flächen, Videotelefonen, Fernseh- und Computermonitoren dargestellt. Die Kadrierung ist stets so gestaltet, dass die Figuren sich in ihrer Umgebung doppeln oder von Objekten gerahmt werden (Abb. 4), so dass sie dem Zuschauer nicht nur als Fiktionen deutlich gemacht werden, sondern die Zuschauerposition reflektieren: Auch dieser schaut auf den gerahmten und spiegelnden Bildschirm des Fernsehers.[4] Wie Thomas Elsaesser ausführt, verweisen solche sich „unendlich" spiegelnden Flächen „auf eine untergründige Paranoia, die einen dazu nötigt, diese perfekt gestalteten und doppelt gerahmten Momente als Vorboten einer unbestimmten Gefahr zu sehen, in der sich die Figuren, vielleicht sogar die Zuschauer, befinden".[5]

In diesem Sinne ließe sich auch der Schluss des Films, der gelungene Ausstieg Stillers aus der simulierten Welt in die Wirklichkeit, interpretieren. Seine neue Geliebte Eva stellt sich als Kontaktperson aus der „Realität" vor, ihr Ehemann ist Stillers reales Vorbild und zugleich der Programmierer von dessen Simulation. Eva schafft es, dass er während einer Schaltung in Stillers Identität ermordet wird und Stiller in dessen Körper in der „wahren" Welt erwacht. Brad Prager interpretiert dieses Ende als eine Allegorie auf die Emanzipation im televisuellen Zeitalter: Fassbinder stelle hier dar, wie das Fernsehbild – durch den Affekt/die Liebe – den Rahmen durchdringt.[6] Doch viel eher ist das Gegenteil der Fall: Stiller erwacht zwar nicht mehr in einer verspiegelten, künstlichen Welt, sondern in einer, die in Innenräume eingeschlossen und zudem noch stärker als ihre Simulation der Realität der 1970er Jahre entlehnt ist (Abb. 5). Vor allem ist Stiller hier kein Jedermann, dem ein Ausweg gelingt, sondern wird direkt in die Position des Programmierchefs katapultiert, was die Handlung gewissermaßen von vorne beginnen lässt.

/ 04 / Fassbinders exzessives Rahmen ist bekannt als eine Anlehnung an Hollywood-Melodramen von Douglas Sirk. Diese Rahmen dienen bereits bei diesem nicht nur als eine Metapher für suburbane Hausfrauenkäfige, sondern enthalten mediale Verweise. In ALL THAT HEAVEN ALLOWS (Was der Himmel erlaubt; 1955), den Fassbinder als ANGST ESSEN SEELE AUF (1974) neu verfilmte, kommentiert Sirk den Fernsehapparat: Als die Kinder der wohlhabenden, verwitweten Hauptfigur ihr verbieten, den jüngeren Gärtner zu heiraten, wird sie für ihr persönliches Opfer mit einem Fernsehgerät belohnt. In einer Großaufnahme zeigt Sirk ihr Spiegelbild im Fernseher, eingeschlossen im elektrischen Kasten, dem neuen Käfig, der aus Menschen Ab-Bilder macht.
/ 05 / Thomas Elsaesser: Rainer Werner Fassbinder. Berlin 2012, S. 87.
/ 06 / Brad Prager: Through the Looking Glass. Fassbinder's World on a Wire. In: Brigitte Peucker: A companion to Rainer Werner Fassbinder. Oxford 2012, S. 245-266.

Der Raum des Erwachens ähnelt der Computerzentrale in ALPHAVILLE – UNE ÉTRANGE AVENTURE DE LEMMY CAUTION (Lemmy Caution gegen Alpha 60; 1965; R: Jean-Luc Godard), von der aus die titelgebende Stadt regiert wird (Abb. 7). Ein ähnlicher Raum ist auch die Zentrale einer Computerfirma (Abb. 6) in Fassbinders DIE DRITTE GENERATION (1978). Die Firma befördert insgeheim den Terrorismus, um die Legitimation der staatlichen Kontrolle zu bestärken und den Verkauf von Computern an die Polizei zu sichern.[7] Fassbinder bildet eine Medienwelt ab, in der „die Lüge sich wahrlügt, kurz: [...] das Wirkliche [...] zum Abbild seiner Bilder"[8] wird: Eine Differenzierung zwischen den beiden Sphären bleibt unmöglich und lässt Meinungsbildung, Ideologie und politische Haltung zu einer durch Medien vorbestimmten, undurchsichtigen Masse von Verhaltensmustern gerinnen. In WELT AM DRAHT gibt es zwar einen Ausweg, dieser führt aber nicht in eine andere Welt, sondern lässt nur die eigene Welt und ihre Strukturen erkennen.

Mittendrin im Boom der virtuellen Welten

In Fassbinders letztem Film QUERELLE (Querelle – Ein Pakt mit dem Teufel; 1982)[9] lässt ein Arbeiter an einem Super-Road-Champions-Arcade-Automaten Personenwagen sinnlos aufeinander knallen (Abb. 8-9). Auf einer stets leeren Straße, die zu einer gemalten Sonne führt, steht eine verwaiste Telefonzelle (Abb. 10) und wirkt wie ein müdes Zitat der Spielereien in WELT AM DRAHT, als die Protagonisten noch aus einer simulierten Welt in eine andere wechseln konnten. Der Matrose Querelle befinde sich in Gefahr, sich selbst zu finden, heißt es, als zu Anfang des Films die Karten gelegt werden. Am Ende ist alles nur ein Irrtum: Die

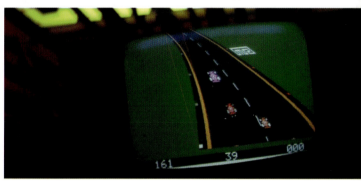

Abb. 8-10 / Rainer Werner Fassbinder: QUERELLE (1982)

Karten zeigen, dass es ihn niemals gab. Doppelgänger, Spiegelungen und Reflexionen innerhalb dieser Kulissenwelt reichen so weit, dass auch der Film sich

---

/ **07** / Eddie Constantine, der Hauptdarsteller aus ALPHAVILLE, spielt auch die Hauptrolle in DIE DRITTE GENERATION und taucht in einer Nebenrolle in WELT AM DRAHT auf.
/ **08** / Anders 1961, a. a. O., S. 179.
/ **09** / QUERELLE ist eine Verfilmung des gleichnamigen Romans von Jean Genet aus dem Jahr 1947.

Abb. 11-12 / Lana und Andy Wachowski: THE MATRIX (1999)

selbst spiegelt, indem er mit den gleichen Bildern beginnt und endet.

„There is no outside reality left to be imitated and reflected. [...]. There is no truth behind these images; they are neither primarily phenomenological intuitions nor signs of some hidden, deeper level of meaning",[10] schreibt Steven Shaviro unter Bezugnahme auf Jean Baudrillard, der seit Mitte der 1970er Jahre proklamiert, dass es kein Außerhalb der Medien mehr gäbe und das Reale zu einer „totalen Halluzination"[11] mutiert sei.

Kurz vor der Jahrtausendwende – in Zeiten von Heimcomputer, Spielkonsolen und Internet – entstehen drei Filme, die virtuelle Realitäten behandeln. Neben der recht naiven Neuverfilmung THE THIRTEENTH FLOOR (The 13th Floor – Bist du was du denkst?; 1999; R: Josef Rusnak) nach dem Roman von Daniel F. Galouye macht vor allem der Blockbuster THE MATRIX (1999; R: Lana und Andy Wachowski) Baudrillards Theorie populär.[12] Der Hacker Neo wird von einer Gruppe Widerstandskämpfer aus der Matrix befreit, bei der es sich um ein Computerprogramm handelt, das das Bewusstsein der Menschen berieselt, während ihre realen Körper in Kokons liegen und dem Computer als Energiequelle dienen (Abb. 11). Neo ist „the one", der einzige, der den Sturz der Matrix bewirken kann. Anders als Baudrillards Theorie hält THE MATRIX noch am Erlösungsgedanken fest. Neo kann am Ende sein Bewusstsein erweitern, die Matrix als eine Reihe von Codes durchschauen und das ihn verfolgende Programm besiegen (Abb. 12). Erst im zweiten Teil, MATRIX RELOADED (2003; R: Lana und Andy Wachowski), verwischen die klaren Grenzen. Neo findet heraus, dass sein Widerstand von den Maschinen geplant wurde und er bereits der sechste Erlöser ist (Abb. 13). Damit stellt sich auch die real geglaubte Welt von Zion als eine Fiktion heraus.

Die Matrix ist die amerikanische Großstadt der 1990er Jahre mit ihrem modernen Luxus. Sie steht in klarem Kontrast zu der tristen, geschmacklosen Welt Zions. Die MATRIX-Trilogie[13] visualisiert den Zwiespalt der eigenen Zeit zwischen der noch vorherrschenden Angst vor der Maschine, die die Steuerung des Menschen übernehmen könnte, und einer Faszination für die neuen Medien, die – so beweisen es die enorm populär gewordenen Spezialeffekte der Filme – mit einer Begeisterung

/ 10 / Steven Shaviro: *The Cinematic Body*. Minneapolis 1993, S. 167.
/ 11 / Jean Baudrillard: *Agonie des Realen*. Berlin 1978, S. 38. Vgl. auch Jean Baudrillard: *Der symbolische Tausch und der Tod*. München 1991.
/ 12 / Auch wenn Baudrillard selbst sich in einem Interview explizit gegen eine Nähe von THE MATRIX zu seiner Theorie ausspricht. Vgl. Jean Baudrillard: *The Matrix Decoded. Le Nouvel Observateur*-Interview with Jean Baudrillard (2003). In: *International Journal of Baudrillard Studies*. Bd. 1, Nr. 2, Juli 2004.
/ 13 / Die Trilogie schließt 2003 mit THE MATRIX REVOLUTIONS.

für deren Möglichkeiten einhergeht. So wirft die Trilogie – wenn auch nicht vordergründig – die Frage auf, ob es nicht besser wäre, in der Fiktion zu verbleiben.

Auch in eXistenZ (1999; R: David Cronenberg) wird eine solche doppelte Perspektive behandelt. Der Film zeigt die virtuellen Welten zukünftiger Videospiele, in die man mit Hilfe organischer Prothesen-Pods eintaucht (Abb. 14-15). Bis zum Schluss lässt er offen, ob der letzte Ausstieg aus mehreren gezeigten virtuellen Ebenen tatsächlich in die Realität führt, und differenziert zwei Arten von Figuren: Die einen sind von Virtualität abhängige Junkies, denen diese im Kontrast zu den begrenzten Möglichkeiten der Wirklichkeit die Chance gibt, ein „idealeres Selbst" zu verkörpern; die anderen sind Revolutionäre und gewaltsame Beschützer der Realität, von der man nie erfährt, wie sie eigentlich aussieht. Diese beiden Pole gibt es bis zuletzt auf jeder Ebene des Films, sie sind im Spiel wie im Leben vorprogrammiert.

Die Alternative zur Matrix ist die hierarchischen Strukturen unterworfene Welt Zions, die auch eXistenZ entwerfen würde, gäbe es einen Ausstieg aus

Abb. 13 ∕ Lana und Andy Wachowski: MATRIX RELOADED (2003)

Abb. 14-15 / David Cronenberg: eXistenZ (1999)

dem Spiel. Bei Baudrillard bietet lediglich der Tod den Ausweg aus der Simulation; Theodor W. Adorno und Max Horkheimer beklagten, dass der Sturz der Kulturindustrie mit dem der Kultur einhergeht. 2013 parodierte Terry Gilliam in THE ZERO THEOREM die Gedanken einer möglichen Erlösung aus der Welt der Medien und Maschinen. Seine fatalistische Zukunftsvision ist ein fantastischer Mix aus alten und neuen Technologien: Heimtelefone hängen noch am Draht, die Arbeitsplätze sehen aus wie alte Arcade-Spielhöllen (Abb. 16), das Stadtbild wird jedoch bereits bestimmt von riesigen sprechenden Bewegtbild-Werbetafeln, und die Menschen tanzen auf einer Party mit ihren smarten Tablets (Abb. 17). Die Hauptfigur Qohen wartet den gesamten Film über auf einen Anruf, der ihm den Sinn des Lebens erklären soll – so wie Stiller und Neo auf einen Anruf gewartet haben, der sie in die „Realität" zurückbrachte. In seiner täglichen Arbeit beweist Qohen, dass alles doch keinen Sinn macht, und schiebt auf seinem Bildschirm wie in einem Computerspiel Kuben mit mathematischen Formeln sinnlos hin und her (Abb. 18). In einer Szene zieht der Sohn des „Managements" ihn – und auch den Zuschauer – mit einem Zitat aus THE MATRIX auf: Er sei „the chosen one". Das ist er aber nicht, sondern lediglich ein verblendeter Workaholic, der auf die Erlösung wartet und vor dem Leben flüchtet. Mit der Frage nach dem Sinn verweist Terry Gilliam gewissermaßen auf das Paradox, das allen hier besprochenen Filmen und auch den skizzierten theoretischen Positionen eigen ist: eine Kritik der Medienherrschaft, aus der es ebenso wenig einen Ausweg zu geben scheint. Im letzten Filmbild schaut den Zuschauer eine Überwachungskamera an, die an Stelle des Kopfes einer Christus-Figur angebracht ist (Abb. 19). Und noch einmal wird die trübe Hoffnung geweckt, die im Glauben an die kri-

Abb. 16-19 / Terry Gilliam: THE ZERO THEOREM (2013)

tische Dystopie ankert: „Dystopias [...] create untenable societies from which escape is extremely difficult or even impossible and offers the strongest warnings against allowing the real-world institutions or values that underlie those worlds to persist."[14] Vermag der von der Leinwand oder aus dem Fernseher in den Zuschauerraum gerichtete Blick uns vielleicht doch noch einmal in die Realität zurückzuholen? Das bleibt hier die offene Frage.

/ 14 / Marcus Schultzke: The critical power of virtual dystopias. In: *Games and Culture*, Nr. 9 (5), 2015, S. 315-334.

Level 6 /
Creative Gaming – Spielerische Vermittlung

> **Point & Click Adventure**
> In diesen Spielen schreitet der Benutzer fort, indem er durch das Anklicken festgelegter Bereiche vorbestimmte Aktionen wie das Untersuchen von Objekten oder einzelne Dialoge auslöst. Häufig müssen dabei auch Rätsel- und Puzzleaufgaben gelöst werden.

JUDITH ACKERMANN

CREATIVE GAMING

Der Begriff *Creative Gaming* verlagert die kreative Komponente im Bereich des Computerspielens von der Produktionsseite in den Bereich der Spielhandlung, also auf die Rezeptionsseite. Nicht selten spricht man Kreativität im Kontext von Computerspielen zwar den Game-Designer_innen zu, die digitale Welten für verschiedene Formen der spielerischen Erkundung erschaffen. Mit Blick auf die Nutzer_innen dieser Produkte fällt das Attribut „kreativ" jedoch nur selten. Zwar wird ihnen im Rahmen der Interaktivität des Mediums eine zentrale Rolle zugeschrieben, jedoch reduziert man diese in vielen Beschreibungen auf das Ausfüllen von Lücken in einer vordefinierten Narration, wie es etwa im Genre des Point-&-Click-Adventures auftaucht. Open-World- oder Sandbox-Games (wie *FEZ*; Polytron; 2012, und *Grand Theft Auto*; DMA Design/Rockstar North; 1997–2013) integrieren die Kreativität der Spieler_innen bereits stärker, da sie Raum zur Realisierung eigener Ideen lassen – wenngleich diese weiter-

↑ Abb. 2 ⁄ *Mobile Location Based Games* orchestrieren über die digitale Ebene Handlungen der Teilnehmer_innen im physischen Raum.

← Abb. 1 ⁄ Beim *Urban Gaming* wird die Stadt zur Spielfläche und der physische Raum auf kreative Weise neu eingenommen

> **Open-World-Game ⁄ Sandbox-Game**
> In Open-World-Games hat der Spieler von Anfang an (scheinbar) ungehinderte Bewegungsfreiheit und ist nicht an Level oder einen linearen Handlungsfortschritt gebunden. In Sandbox-Games hat der Spieler zusätzlich die Möglichkeit, auf die virtuelle Welt Einfluss zu nehmen, z. B. indem er sich eigenständig Gegenstände anfertigt.

Cheating
Ein Videospiel wird selbst oder durch externe Programme in seinem eigentlichen Spielverlauf beeinflusst, bspw. um den Schwierigkeitsgrad zu vereinfachen. Ursprünglich wurden Cheats zu Testzwecken als versteckter Modus in der Entwicklungsphase einprogrammiert. In One-Player-Games wird Cheating mehr oder weniger selbstverständlich eingesetzt, während es bei Multi-Player-Games als unsportlich angesehen wird, darauf zurückzugreifen.

hin in einem vordefinierten Spieleuniversum lokalisiert sind. Einen Schritt weiter gehen Eingriffe in den Spielcode durch die Nutzer_innen mit dem Ziel der Veränderung von Spielelementen (etwa durch cheating und modding) und die Integration von Aufzeichnungsmöglichkeiten, die die Verwendung von Spielen zur Erfindung eigener Narrationen erlauben (beispielsweise im Fall von Machinimas). Die Kreativität entwickelt sich dabei insbesondere in dem Zusammenspiel und dem Konflikt mit den bestehenden Spielregeln. Nachdem diese erlernt und in Bezug auf ihre Funktion für das Erreichen des Spielziels klar sind, können die Spieler_innen diese austesten, bewerten und abwandeln beziehungsweise umgehen. Dadurch treten im Zusammenspiel der beteiligten Personen individuelle Ziele und kreative Praktiken in den Vordergrund, die nicht mit den Intentionen der Spielproduzent_innen übereinstimmen müssen.

Modding (Mod, modden)
Ein bereits bestehendes Spiel wird durch Umprogrammierung modifiziert.

Mit Blick auf die Kreativität des Spielens ist es wichtig, den Kontext einer jeden Spielhandlung im Blick zu halten, da er ebensolchen Einfluss auf die Handlungen hat wie die Konstellation der beteiligten Personen. Die Bewertung von Aktionen im Spiel und um dieses herum erfolgt nicht nur entsprechend der Spiellogik, sondern immer auch im Spiegel der Beteiligten. Diese Fokussierung auf die Spielenden lässt es zu, Computerspiele mit Jochen Koubek als performative Medien zu begreifen, in denen den Akteur_innen eine zentrale Rolle bei der Bedeutungsproduktion zukommt.[1] Die Aufführung computerspielerischen Handelns konstituiert sich in unmittelbarer Abhängigkeit von den Teilnehmer_innen. Sie verbindet digitale und physische Räume, wobei die Gewichtung je nach Genre, Interface und verwendetem Device mal auf der einen, mal auf der anderen Seite liegen kann.

Digitale Spiele finden bei weitem nicht mehr (nur) an Computern und Spielkonsolen vor dem Fernseher oder Bildschirm statt. Mit den ersten mobilen Spielkonsolen verlagerte sich das Spiel vom stationären Ort in den (öffentlichen) Raum. Während der durchschrittene Raum zunächst keinerlei Bezug zu den Spielhandlungen auf den verwendeten Endgeräten hatte, ermöglicht es die zunehmende Verwendung von Smartphones und Tablet-PCs, die mit mobilem Internet und Standortbestimmungsdiensten ausgestattet sind, die eigene physische Umgebung als essenzielles Merkmal in die Spielhandlungen einzubauen. Dadurch werden die Spieler_innen zu alternativen und kreativen Bewegungsstrategien im städtischen Raum motiviert, die mitunter auch die Aufmerksamkeit nicht beteiligter Personen erregen können (Abb. 1–2 und 4).

Spiel nimmt auf diese Weise einen Platz im alltäglichen Handeln der Menschen ein, der sich in dem von Ingrid Richardson für die gegenwärtige Medienkultur proklamierten *playful turn*[2] niederschlägt. Steffen P. Walz bringt die zunehmende Verschränkung von Spiel (play) und Ort (space) mit dem Neologismus *playce* zum Ausdruck.[3]

Ein interessantes Phänomen stellt in diesem Zusammenhang das *Urban Gaming* dar, bei dem eine gesamte Stadt zum Spielfeld werden kann. Entsprechend der Handlungslogik der verwendeten Spiele werden Elemente des öffentlichen Raums in Spiel-Items transformiert. Auch nicht beteiligte Personen können Teil der Spielhandlung werden. Auf diese Weise lässt sich das eigene Umfeld vollkommen neu erleben und die alltägliche Nutzung des Raums auf

/ 01 / Jochen Koubek: Zur Medialität des Computerspiels. In: Jochen Koubek, Michael Mosel, Stefan Werning (Hg.): *Spielkulturen. Computerspiele in der Gegenwartskultur und im Alltagsdiskurs*. Glückstadt 2013, S. 17–32.
/ 02 / Der Begriff playful turn bezeichnet die Tendenz, dass Spiel in Zeiten mobiler Medien zunehmend aus seinem Dasein als separierte Tätigkeit enthoben wird und in eine Vielzahl von Lebensbereichen Einzug hält, vgl. Ingrid Richardson: Ludic Mobilities. The Corporealities of Mobile Gaming. In: *Mobilities*, 5(4), November 2010, S. 431–447.
/ 03 / Steffen P. Walz: *Toward a ludic Architecture. The Space of Play and Games*. Pittsburgh 2010.

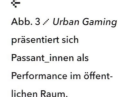

Abb. 3 ∕ *Urban Gaming* präsentiert sich Passant_innen als Performance im öffentlichen Raum.

neue Weise erfahren. Die Umgebung wird zur Kulisse in einem Spielsetting (Abb. 3), das den einzelnen Beteiligten zum Teil nicht gleichermaßen bewusst ist.

Das *Urban Gaming* gibt sich vollständig in die Hand der Nutzer_innen, die zu seinen Gestalter_innen werden. Es ist möglich, gemeinsam eigene Spiele zu entwickeln und diese auf Orte zuzuschneiden, an denen man sich befindet. Die Spielenden agieren gleichzeitig auch als Produzent_innen. Auf diese Weise kann selbst ein Filmmuseum zum Spielfeld werden. Im Workshop *Learning by playing*, der im Rahmenprogramm der Ausstellung *Film und Games. Ein Wechselspiel* veranstaltet wurde, entwarfen die Teilnehmer_innen in nur einer Stunde einen Spielprototypen für die Filminstallation im zweiten Stock der Dauerstellung des Deutschen Filmmuseums Frankfurt.

Das Museum wurde zur Kulisse für eine alternative spielerische Nutzungsweise. Die vorhandenen Artefakte wurden temporär mit neuen Bedeutungen versehen und von den Spielenden entsprechend der angedachten Narrationen arrangiert und bespielt. Die stattfindenden Handlungs- und Bewegungsmuster hoben sich deutlich von dem ab, was als „typisch" für den Aufenthalt in einem Museum generell und den Umgang mit der Filminstallation im Speziellen eingestuft werden könnte. Im *Urban Gaming* steht die physische Aktion meist im Vordergrund und resultiert auf diese Weise in einer Sichtbarkeit von Spiel an Orten, an denen man es nicht vermutet. Der Kreativität der Teilnehmer_innen sind dabei kaum Grenzen gesetzt.

Das Street Games Assembly Kit, das die britische *Urban Games*-Initiative *Fire Hazard* entwickelte, ermöglicht die kreative Arbeit mit Spielen in zwei Rich-

Abb. 4 ∕ Ortsbasiertes Gaming ermutigt Spieler_innen neue Wege in altbekannten Umgebungen einzuschlagen.

tungen. Auf der einen Seite hilft es, wiederkehrende Muster der Spielmechanik und Narration anhand existenter Spiele herauszuarbeiten; auf der anderen Seite können nach einem Baukastenprinzip eigene Spiele erstellt werden.

Nicht selten dienen digitale Spiele und filmische Konventionen als Ausgangspunkt für die Entwicklung von *Urban Games*. In diesem Sinne überrascht es kaum, dass das Spiel im öffentlichen Raum in zweiter Instanz häufig Niederschlag in filmischen Umsetzungen findet, die via soziale Medien verbreitet werden. Auf diese Weise wird die im Kontext digitaler Spiele weit verbreitete Praxis des Capturing von Spielsequenzen aufgegriffen und auf die physischen Aktionen im städtischen Raum übertragen. Dies fügt nicht nur dem kreativen Umgang der Nutzer_innen mit digitalen Spielen eine weitere Komponente hinzu, sondern nähert die Bereiche Film und Games auf eine ganz andere Weise einander an.

Device
Ein Device ist ein Gegenstand oder Werkzeug, das vom Protagonisten eines Videospiels eingesetzt wird beziehungsweise unter Umständen eingesetzt werden muss, um im Spielverlauf fortzuschreiten.

VERA MARIE RODEWALD

MACHINIMA
Das Computerspiel als Filmkulisse

Zum kreativen Einsatz von Computerspielen in Bildungskontexten

Im Alltag begegnen wir zahllosen Geschichten – in Filmen, in der Werbung, auf Wahlplakaten, in Büchern und im Radio. Die Formen von Erzählmedien und Rezeptionsweisen sind so vielfältig wie nie zuvor. Auch Computerspiele halten einen Facettenreichtum an Abenteuern, Romanzen und geschichtsträchtigen Eroberungen bereit, die nur darauf warten, erlebt zu werden. Denn das ist das herausstechende Merkmal des interaktiven Mediums: Die Geschichten brauchen eine Erzählerin oder einen Erzähler, die oder der sie voranbringt. Ohne Spieler_in verharrt die Handlung auf den digitalen Datenträgern. Diese Eigenschaft des Mediums Computerspiel machen sich kreative Computerspieler_innen zu Eigen, um mit den spielinhärenten Figuren und Umgebungen ihre eigenen Geschichten zu erzählen. Machinimas heißen die Filme, die mit beziehungsweise in digitalen Spielen in Echtzeit aufgezeichnet und im Anschluss mit einem Schnittprogramm bearbeitet werden. Der Begriff ist ein Kunstwort aus den englischen Wörtern *machine*, *animation* und *cinema* und hat sich seit den Anfängen der Machinima-Bewegung in den 2000er Jahren für diese Form der Filmproduktion etabliert.[1] Während das Phänomen zu Beginn noch darauf zurückzuführen war, dass die Spielenden sich selbst und ihre Fähigkeiten im Computerspiel darstellen wollten,

Abb. 1 ⁄ *Over*, Machinima-Film aus *Die Sims* (Maxis), 2014

/ **01** / Siehe hierzu den Beitrag von Michael Nitsche: Das Potenzial von Machinima, S. 106–113.

↦ Abb. 3 / *Over*, Machinima-Film aus *Die Sims*

↑ Abb. 2 und 4 / Workshops zur Machinima-Produktion

› sind viele Produktionen heute auf die Rezeption eines Publikums ausgerichtet und werden auf international wahrgenommenen Onlineplattformen, zum Beispiel *machinima.com*, und Festivals wie beispielsweise *The Machinima Expo* oder dem *Machinima Interactive Film Festival* gezeigt.

Bemerkenswert an dieser Art des Filmemachens ist vor allem die Tatsache, dass die Entwicklung nicht von Filmemacher_innen initiiert wurde, die nach neuen Formaten und Technologien suchten. Es waren die Spieler_innen selbst, die aus den Computerspielen mehr als die vom Spieleentwickler beabsichtigte Nutzungsweise herausholen wollten. Damit brachten sie vor allem eines zum Ausdruck: das künstlerisch-kreative Potenzial, das digitale Spiele bergen. Dieses zu nutzen und zu fördern ist das Ziel der bundesweiten Initiative *Creative Gaming*[2], die sich seit 2007 für einen kreativen Umgang mit Computerspielen einsetzt.

Dabei versucht sie, die Perspektive auf digitale Spiele immer wieder zu wechseln und gerade dort Schnittstellen mit fernliegenden Themen und Bereichen der Gesellschaft aufzuzeigen, wo sie nicht erwartet werden. Dies gilt insbesondere für den kreativen Einsatz von Computerspielen in Bildungskontexten. Denn was sich als Subkultur des Spielens ohne weiteres entfalten kann, zeigt sich auf den ersten Blick wenig geeignet für den Einsatz im Unterricht; und während sich Filmbildung in schulischen und außerschulischen Kontexten schon lange etabliert hat, ist die medienpädagogische Arbeit mit digitalen Spielen noch immer ein randständiges Thema. Dabei sind Computerspiele ein wichtiger Bestandteil der Alltagskultur von Heranwachsenden. So spielen drei Viertel aller Kinder und Jugendlichen täglich beziehungsweise mehrmals wöchentlich auf dem Computer, der Konsole, im Internet oder auf ihrem Handy.[3] Sie verfügen über Wissen und Kompetenz im Bedienen der Steuerung, im Navigieren der Spielfiguren und Lösen von spielimmanenten Aufgaben.

Dass sich an diese Spielerfahrungen der Jugendlichen hervorragend anknüpfen lässt, zeigt ein Beispiel aus der medienpädagogischen Praxis der Initiative *Creative Gaming*. Im Rahmen einer unterrichtsbegleitenden Lehrerfortbildung am Hamburger Helene-Lange-Gymnasium wurden für die Erarbeitung von Erich Maria Remarques Roman *Im Westen nichts Neues* Computerspiele im Deutschunterricht als Methode zur Medienkompetenzförderung eingesetzt. Die Schüler_innen nutzten für die filmische Umsetzung einzelner Auszüge aus dem Roman digitale Spiele ihrer Wahl und erzählten die Handlung mithilfe der Computerspielfiguren nach. So entstanden

/ 02 / Mehr Informationen zu Aktivitäten und Methoden der Initiative *Creative Gaming* unter www.creative-gaming.eu. [15. 02. 2015].
/ 03 / Vgl. Medienpädagogischer Forschungsverbund Südwest: *JIM 2014. Jugend, Information, (Multi-)Media. Basisstudie zum Medienumgang 12- bis 19-Jähriger in Deutschland*. Stuttgart 2014, S. 41.

Fraps
Fraps (Frames per second) ist ein Aufnahmeprogramm, das häufig verwendet wird, um Spielsequenzen aufzuzeichnen.

mehrere animierte Kurzfilme, unter anderem mit der Lebenssimulation *Die Sims* (Maxis; seit 2000, Abb. 1 und 3)[4] und dem beliebten Open-World-Spiel *Minecraft* (Mojang; 2009), in denen bis auf die spezifische Spielgrafik wenig an die eigentliche Idee der Computerspiele erinnert.[5]

In solchen Projekten zeigt sich, dass sich Computerspiele in besonderer Weise für die Integration in den Fachunterricht eignen. Diese als Werkzeug und Spielzeug zu nutzen entspricht den Ansprüchen einer aktiven, handlungsorientierten Medienpädagogik, bei der durch die kreative Herstellung eigener Medienprodukte ein Perspektivwechsel auf die digitalen Spiele angeregt wird (Abb. 2 und 4). Im Falle der Machinima-Produktion wird somit nicht nur verständlich gemacht, dass Computerspiele eine bestimmte Programmierung aufweisen, die es als Spieler_in zu umgehen oder gar zu modifizieren gilt. Gleichzeitig können mithilfe von einfachen und oftmals kostengünstigen Mitteln filmästhetische Grundlagen vermittelt werden, so dass auf den Einsatz teurer Filmtechnik verzichtet werden kann. Die Anfertigung von Storyboards hingegen erweist sich auch für Machinimas als gewinnbringend. Denn *Die Sims* verfügt neben wenigen anderen Computerspielen über eine integrierte Kamerafunktion, die es den Nutzer_innen ermöglicht, Einstellungsgrößen manuell einzurichten und für den nachfolgenden Dreh zu speichern. Während die Spielfiguren im Aufnahmemodus den vorher im Spiel definierten Handlungen nachgehen, lässt sich die Kameraposition den Voreinstellungen gemäß ändern und das Geschehen je nach Vorliebe in einer Totalen oder Nahaufnahme darstellen. Aber auch Computerspiele ohne Kamerafunktion lassen sich durch den Einsatz von Screen-Recordern (zum Beispiel Fraps) aufzeichnen. In einem Bearbeitungsprogramm (hierbei genügt beispielsweise schon eine Einsteigersoftware wie *Movie Maker* oder *iMovie*) werden die einzelnen Sequenzen dann zu einer eigenen Geschichte zusammengefügt.

Die medienpraktische Arbeit mit Computerspielen bietet demnach zahlreiche Anknüpfungspunkte für schulische Themen. Dass hierbei technische Grenzen überschritten, Spielgewohnheiten gebrochen und unvereinbar scheinende Themen miteinander konfrontiert werden können, sei dabei auch für die Jugendlichen eine neue Erfahrung gewesen, resümiert Eva Nagel, Lehrerin am Helene-Lange-Gymnasium. Über das Projekt an ihrer Schule sagt sie: „Es war interessant zu merken, dass die Schülerinnen und Schüler festgestellt haben, dass Computerspiele zwar etwas Spaßiges sind, aber nicht unbedingt einen spaßigen Inhalt haben müssen. Wenn ich kreativ damit umgehe, kann ich auch durchaus ernsthafte Stoffe darin verarbeiten."

Letztlich geht es bei Machinimas genau darum: die künstlerisch-kreative Aneignung des Computerspiels nach eigenen Regeln. Sie machen es möglich, dass wir aus dem Zuschauerraum an die virtuelle Kamera treten und spielend die Geschichten erzählen, die wir unter allen anderen vermissen.

/04/ Vgl. Helene-Lange-Gymnasium: Over. 2014. https://www.youtube.com/watch?v=EcX4TNLhL3Q [29.01.2015].
/05/ Weitere Workshop-Ergebnisse der Initiative Creative Gaming lassen sich auf dem YouTube-Kanal *InsideCreativeGaming* online anschauen: www.youtube.com/user/InsideCreativeGaming.

THOMAS KLEIN

LET'S-PLAY-VIDEOS
und Gaming Culture

Es gibt mehrere Formen der transmedialen Erweiterung von Computer- und Videospielen, die miteinander gemein haben, dass User auf eine medial anders gestaltete Form als die des Spiels Informationen, Anleitungen oder auf Unterhaltung abzielende Darstellungen zu und von Spielen kommuniziert bekommen. Als erste Form gilt das Walkthrough oder der Strategy Guide, bei denen es sich um Komplettlösungen oder Tipps zum Lösen von Videospielen handelt. Diese gab es bereits zu Zeiten der Heimcomputer, abgedruckt in Fachmagazinen. Durch das Web 2.0 und Plattformen wie YouTube haben sich Varianten der audiovisuellen Darstellung eines Gameplays herausgebildet. Alle diese Formen, die mit Bewegtbildern arbeiten, sind durch spezielle Software, sogenannte Screencasting-Programme (zum Beispiel Fraps), ermöglicht worden, mit denen man das Bildschirmgeschehen aufzeichnen kann. Sie sind außerdem in der Regel seriell strukturiert, das heißt, das Gameplay verteilt sich auf mehrere Episoden. Ein Video hat meist eine Länge von 10 bis 30 Minuten. Am weitesten verbreitet sind das Playthrough[1], der Speedrun[2] und das Let's Play.

Beim Let's Play geht es in erster Linie nicht darum, den oder einen Lösungsweg eines Spiels vorzufüh-

Abb. 1 ⁄ *Minecraft* (Mojang; ab 2011)

⁄ **01** ⁄ Im Unterschied zur gedruckten Form einer Komplettlösung spielt hier ein Spieler einen kompletten oder partiellen Lösungsweg für eine knifflige Spielsituation, eine schwierige Mission oder Ähnliches vor.
⁄ **02** ⁄ Hier wird ein Spiel möglichst schnell durchgezockt.

Abb. 2 / Let's Play zu *Minecraft*

ren. Sinn eines Let's Play ist vielmehr, dem Zuschauer ein Erleben des Spiels zu ermöglichen. Durch das Voice-over, den Einsatz einer Kommentarstimme (Abb. 2), geht es aber auch darüber hinaus. Das Voice-over kommentiert nicht nur das ludische Handeln und dessen narrativen, sich aus dem Spiel ergebenden Kontext. Es bildet vielmehr einen eigenen Unterhaltungsfaktor. Oft wird dabei eine Form des Sprechens realisiert, die man gut mit der Wendung „über Gott und die Welt reden" beschreiben kann.

Geschichte

Die Bezeichnung Let's Play soll zum ersten Mal 2007 auf der Comedy-Website *Something Awful* aufgetaucht sein, in Zusammenhang mit einem kommentierten Playthrough des Spiels *The Immortal* (Sandcastle / Electronic Arts; 1991) von Michael Sawyer unter dem Pseudonym „slowbeef"[3]. Die Verwendung von Pseudonymen wurde typisch für die Szene. Zu den größten Stars der letzten Jahre zählen

/03/ Vgl. www.slowbeef.tumblr.com/post/41879526522/did-i-start-lets-play [24. 01. 2015].

↤
Abb. 3-6 ∕
Minecraft

der Schwede Felix Kjellberg alias „PewDiePie", die Briten Lewis Brindley und Simon Lane mit dem YouTube-Kanal „Yogscast Lewis & Simon", die Deutschen Erik Range alias „Gronkh" und Valentin Rahmel alias „Sarazar". Erik Range begann 2010 mit Let's-Play-Videos, nachdem Kai Rienow 2009 für die deutsche Let's-Player-Szene die Internetseite Letsplayforum.de gegründet hatte. Viele Let's Player haben aus ihrem anfänglichen Hobby Medienproduktionsfirmen gegründet: Lewis Brindley und Simon Lane gründeten 2008 The Yogscast[4], Range gründete die PlayMassive GmbH, die er gemeinsam mit Valentin Rahmel geschäftsführend leitet.

Erik Range und viele andere haben ihre größten Erfolge mit dem Open-World-Spiel *Minecraft* (Mojang; 2011) erzielt. Die Idee zu *Minecraft* stammt von dem schwedischen Programmierer Markus Persson, der in Stockholm das Entwicklerstudio *Mojang AB* gründete.[5] Die Welt in *Minecraft* ist unendlich groß und besteht überwiegend aus würfelförmigen Blöcken, die sich in unterschiedliche Rohstoffe wie Stein, Erde und Sand ausdifferenzieren. Diese Rohstoffe können abgebaut, weiterverarbeitet (*crafting*) und wieder in die Welt eingefügt werden. Hierzu stehen unterschiedliche Werkzeuge zur Verfügung, die aber erst durch den Abbau und die Kombination von Rohstofen in einer Matrix generiert werden können. Dieses Prinzip der Exploration und der umfassenden Gestaltung des Raums (Abb. 1 und 3-6) macht *Minecraft* zu einem besonderen Vertreter des sogenannten *Sandbox Storytelling*: „In sandbox storytelling, the idea is to give the player a big open world populated with opportunities for interesting interactions."[6] Es stellt sich die Frage, warum gerade ein solches Spielprinzip kongenial für Let's-Play-Videos adaptiert werden konnte. Dem wollen wir uns im Folgenden widmen, indem wir einen genaueren Blick auf die filmischen und performativen Attraktionswerte von Let's Play-Videos am Beispiel von *Minecraft* werfen.

Let's-Play-Videos als Adaption des Spielerlebnisses

Zum Bild des Anfangsmenüs des Spiels eröffnete Gronkh am 19. Oktober 2010 seine *Let's Play Minecraft*-Videos auf YouTube mit folgenden Worten:

„Hallöchen Popöchen, und da sind wir auch wieder. Schon wieder geht's los mit *Minecraft*, aber diesmal machen wir kein Let's Show mehr, sondern ein gemeinsames Let's Play, wie ich ja schon angekündigt habe, und ich werde das in Zukunft folgender machen, äh, folgendermaßen machen, äh, auf der einen Seite gibt's das Let's Show, da werde ich, äh, in der Welt 1 diese Gronkh-Bude da weiter ausbauen oder anbauen oder mal Sachen ausprobieren und haste nicht gesehen und sobald ich da irgendwas hinkleister, werd ich da eine kleine Folge drüber machen und ein bisschen was erzählen und bisschen was erklären, so quasi als Show-off, und ansonsten machen wir hier das Let's Play, das wird dann hoffentlich täglich über die Bühne gehen, so gut wie wir es eben schaffen, manchmal werd ich es eben auch nicht schaffen, weil wir das gemeinsam zocken, das heißt, ihr könnt vorschlagen, was ich machen soll, ja, und ich muss das dann halt tun."[7]

In der Transkription der gesprochenen Sprache habe ich gezielt kaum Punkte gesetzt, um den Redefluss deutlich zu machen, und auch Versprecher wie

---

∕04∕ Mit einem Umlaufvermögen von 1 356 110 Pfund im Jahre 2014. www.companycheck.co.uk/company/07620479/YOGSCAST-LTD/financial-accounts [01. 03. 2015].
∕05∕ 2011 erschien die Vollversion. Ab diesem Zeitpunkt wurde das Spiel kostenpflichtig. Das Unternehmen machte mit *Minecraft* in kürzester Zeit Gewinne im mehrstelligen Millionenbereich und wurde im September 2014 für 1,9 Milliarden Euro von Microsoft übernommen. Anfangs für PC entwickelt, war *Minecraft* schnell auf mehreren medialen Plattformen erhältlich, so etwa auch für Spielkonsolen (Xbox), Smartphones (Android) und Einplatinen-Computer (Raspberry Pi).
∕06∕ Ernest Adams: The Designer's Notebook: Sandbox Storytelling: www.gamasutra.com/view/feature/134411/the_designers_notebook_sandbox_.php [05. 02. 2015].
∕07∕ www.youtube.com/watch?v=DM52HxaLK-Y&list=PL972376D5D39348DA [06. 02. 2015].

› ‚folgender' sowie Verzögerungslaute wie ‚äh' wurden absichtlich übernommen, weil sie auf ein wesentliches Merkmal der Let's-Play-Videos verweisen: den Live-Charakter. Deshalb bietet sich bei Let's Plays auch der Vergleich mit dem Live-Kommentar bei Sportveranstaltungen an. Let's Plays zeigen häufig Spiele auch im Sinne des Agon, also des Wettstreits. Das gilt jedoch nicht für die diversen Let's-Play-Spiele *Minecraft*. Der Erfolg dieser Let's Plays hat viel mit der offenen Form des Spiels selbst zu tun. Es bestehen nahezu unbegrenzte Möglichkeiten, in der *Minecraft*-Welt tätig zu werden: Gebäude, Städte, Landschaften können gestaltet, Kämpfe geführt, Wettbewerbe veranstaltet und Gegenden erkundet werden.

Im Unterschied zu den meisten Sportübertragungen wird mit dem gesprochenen Kommentar beim Let's Play oft vom unmittelbaren Spielbezug abgewichen. Alle möglichen anderen Kontexte können einbezogen werden, wie folgender Auszug aus demselben Video von Gronkh zeigt, in dem er auf Störungen aus dem Alltag eingeht:

> „Ach, hier ruft schon wieder so ein Meinungsinstitut an, das ist ganz toll, die rufen mich gerade täglich an, da möchte ich am liebsten den Hörer nehmen und einfach durch die Leitung scheißen, so dass am anderen Ende so Spaghettikacke aus dem Hörer kommt."

Kommentare dieser Art spielen für das Erlebnis von Let's-Play-Videos eine wichtige Rolle. Dies hat damit zu tun, dass die mündliche Kommunikation bei interaktivem Gaming ohnehin wichtig ist. Man muss nur einem Jugendlichen eine halbe Stunde zuhören, während er über Headset *Minecraft* im Multi-Player-Modus mit anderen online spielt. Auch hier findet ein permanenter Redefluss statt, im Übrigen eine Form von Spezialsprache, die sich einem Außenstehenden nicht auf Anhieb erschließt. Wichtig ist es für Let's Player daher auch, die Sprache der jugendlichen Zielgruppe zu sprechen.

Als weiteres spezifisches Merkmal des Let's Play wird von Gronkh die Möglichkeit der Partizipation durch die Fans aufgeführt. Die Zuschauer können Vorschläge in die Kommentare auf YouTube oder auf einer anderen Webseite schreiben, die Gronkh in sein Let's Play einbezieht. Damit kann die Narration, die sich auf dem Monitor entfaltet, wie ein Film wahrgenommen werden, den man selbst zum Teil mitgeschrieben hat. Publikumsfeedback ist allerdings nicht erst durch Plattformen wie YouTube entstanden, sondern wurde auch im Fernsehen immer wieder erprobt. Wirklich durchgesetzt hat es sich im TV nie. Es ist aber auch bei Let's Plays nicht die Regel. Der Unterschied der Partizipation bei Let's-Play-Videos zum Fernsehen besteht darin, dass sie aus der Fankultur heraus entstanden und nicht als Formatkonzept von Sendern entwickelt wurden. Let's Play ist somit schon per se partizipativ, weil im Prinzip jeder, der über die entsprechende Software verfügen kann, in der Lage ist, seine Spielperformance zu dokumentieren und an der Let's-Play-Szene teilzunehmen.[8]

/ **08** / Es gibt im Übrigen ein Let's-Play-Archiv, das Let's-Play-Videos dokumentiert: lparchive.org [06. 02. 2015].

Wenn man von Linda Hutcheons „three modes of engagement" ausgeht, die sie als Grundlage für Formen der Adaption sieht[9], so ließe sich auf den ersten Blick sagen, dass beim Let's Play der Modus *interaction* in die Modi *showing* und *telling* transformiert wird. Let's Player präsentieren ihre Performance und betätigen sich dabei als Geschichtenerzähler. Die interaktive Ebene verschwindet dabei nicht, sondern verändert sich eher. Das Spielen wird mit anderen geteilt. Die Interaktion mit dem Computer wird durch die Interaktion mit Fans erweitert. Let's Play begann als Phänomen der Fankultur, entwickelte sich aber schnell zu einem neuen Geschäftsmodell. Insbesondere auf den Plattformen YouTube und Twitch.tv tummeln sich unzählige junge Menschen (überwiegend männlich), die mit Let's Play zu Stars geworden sind, teilweise sehr gut davon leben können oder sich ein bisschen Geld dazu verdienen. Nachdem für Spielefirmen anfangs die Frage nach der Copyright-Verletzung im Zentrum stand, haben sie mittlerweile darauf reagiert und nutzen die Let's Plays als Werbung, akzeptieren sie als Aneignung der Fans oder nutzen sie als Feedback zur zielgruppenspezifischen Verbesserung ihrer Produkte.[10] Im Zuge einer zunehmenden Professionalisierung von YouTube-Content und der Entstehung von Multi-Channel-Networks (MCN), die YouTuber unter Vertrag nehmen und ihnen Dienstleistungen wie Reichweitenvergrößerung, Produktion, Vermarktung und technische Unterstützung anbieten, hat sich auch Let's Play ausdifferenziert. Es ist ein audiovisuelles Format geworden, mit dem sich über

Werbeeinnahmen Geld verdienen lässt. Dadurch ist auch der Wettbewerb gestiegen, was wiederum zur Folge hat, dass nicht mehr nur im eigenen Zimmer zu Hause aufgezeichnet wird. Das MCN Mediakraft Networks[11] hat Studios in Köln, in denen mit Greenbox produziert werden kann. Die Webseite von Mediakraft gibt einen treffenden Hinweis, in welchem Kontext audiovisueller Darstellungsweisen Let's Play verortet werden kann. Let's Play ist zu einem wesentlichen Bestandteil von YouTube geworden. Multi-Channel-Networks sind das Internetäquivalent der Fernsehanstalten, und Let's-Play-Videos spielen hier eine wesentliche Rolle. Längst befinden sich auch hybride Showformate darunter, in denen Comedy, Talk und Musik miteinander kombiniert werden.

[09] Linda Hutcheon: *A Theory of Adaptation*. New York u. a. 2006, S. 27.
[10] Vgl. hierzu unter anderem Markus Böhm: ‚Let's Play'-Videos: Zocken für Zehntausende. In: *Spiegel-Online*, 30. 01. 2012.
[11] Bekannte bei Mediakraft unter Vertrag stehende Let's Player sind Felix von der Laden (Dner) und Thaddeus Tjarks (Taddl). 2014 trennten sich die bekannten Let's Player Florian Mundt (LeFloid) und Simon Wiefels (Simon Unge) von Mediakraft.

ANDREAS LANGE

DIE ENTSTEHUNG EINES KULTURELLEN GEDÄCHTNISSES
unter den Bedingungen des Internets

Die Thematisierung von Parallelen und Berührungspunkten von Filmen und Computerspielen ist schon früh Teil der Games-Kultur[1]. So steht die Ausstellung *Film und Games. Ein Wechselspiel* in direkter Tradition mit einer ersten musealen Retrospektive von Videospielen im Jahr 1989, die als Sonderausstellung unter dem Titel *Hot Circuits* im Filmmuseum in New York stattfand. Dessen Name *Museum of the Moving Image* mag geholfen haben, das Wagnis einzugehen, so früh Games auf eine Stufe mit Filmen zu stellen.

Die Verbundenheit beider Medien basiert im Wesentlichen auf zwei Tatsachen. So lehnen sich einerseits einige Genres von Computerspielen explizit an filmische Vorläufer an. Sie beziehen ihren Spielreiz vor allem daraus, dass sie filmische Settings spielbar machen. Andererseits sind die Produktionsbedingungen ähnlich. Kommt es doch in beiden Bereichen darauf an, Teams von Spezialisten zu bilden, deren Fähigkeiten und Wissen möglichst gut ineinandergreifen, um ein nachgefragtes und interessantes Werk zu schaffen.

In diesem Aufsatz möchte ich mit dem Thema Bewahrung eine weitere Ebene beschreiben, bei der man auf Parallelen, allerdings auch auf Spezifika stößt. In beiden Bereichen waren es die Fans, die sich als Ers-

Abb. 1 / Computerspace-Automat (Nutting; 1971), Computerspielemuseum Berlin

/ 01 / Mit „Games" sind hier Video- und Computerspiele sowie jede andere Form digitaler interaktiver Unterhaltungsmedien gemeint.

te um den Erhalt und die Erschließung historischer Werke kümmerten. Erst später folgten Institutionen und Wirtschaft. Auch haben Filme wie Games gleichermaßen audiovisuelle Anteile. Aus konservatorischer Sicht geht es hierbei um den authentischen Erhalt von Eigenschaften wie Geschwindigkeit der Bildabfolge, Farben, Klänge und Synchronizität.

Die Bewahrung von Games beinhaltet jedoch einige Besonderheiten, auf die ich mich im Folgenden konzentriere. Man muss sich vor Augen führen, dass die Gamer-Community als erste Fan-Community ihre Kultur unter den Bedingungen des Internets bewahrte. Mehr noch: Sie gehörte zu den ersten Internet-Communitys überhaupt, die das World Wide Web Mitte der 1990er Jahre mit ihrem Hobby besetzten und damit begannen, die Geschichte ihres Kulturguts kollaborativ aufzuschreiben. Als Anfangspunkt dieser Bewegung lässt sich der 7. Dezember 1992 festhalten: An diesem Tag wurde mit *alt.games.video.classic* die erste Newsgroup gegründet, die sich ausschließlich dem Austausch von Nachrichten und Diskussionen über klassische Videospiele widmete. Das war 20 Jahre, nachdem mit der *Odyssey*-Heimvideospielkonsole und dem *Pong*-Automaten die ersten beiden kommerziell erfolgreichen Videospiele in den USA veröffentlicht worden waren.

Vergleichen lässt sich diese frühe Phase mit einer mündlichen Geschichtsüberlieferung. Vieles wurde eher dem Vernehmen nach und auf der Basis eigener Erfahrungen festgehalten: Informationen, die man auf anderen Seiten gelesen hatte, wurden kopiert, zusammengestellt oder verlinkt. Genauigkeit wurde zwar angestrebt, systematisch und wissenschaftlich fundiert waren die Aktivitäten aber nicht. Dennoch: Parallel zu dieser ersten „Geschichtsschreibung" entstanden bereits umfangreiche Archive und Metadatensammlungen, die ebenfalls von Fans angelegt wurden.[2]

Doch verwendete die Gamer-Community das Internet nicht nur als Informationsmedium, sondern erkannte auch die Möglichkeit, es als kollaborative Produktions- und Distributionsplattform zu nutzen. Dies trifft insbesondere für die Produktion von Emulatoren zu, die üblicherweise nichtkommerziell und auf Open-Source-Basis als Bewahrungswerkzeuge für den Erhalt von Computerspielen ab der zweiten Hälfte der 1990er Jahre entwickelt wurden.[3] Emulatoren sind ein Mittel, ein digitales Werk aus der Abhängigkeitsfalle zu befreien, in die es dadurch gerät, dass es auf eine bestimmte Hardware in Verbindung mit einem Betriebssystem angewiesen ist. Ohne die ursprüngliche Hardware sind wir nämlich nicht in der Lage, dem bewahrten Datenstrom einen Sinn zu geben. Doch Computer sind nicht unbegrenzt einsatzfähig.[4] Emulatoren virtualisieren historische Hardware, indem sie sie als Software nachempfinden. Sie laufen auf heutigen Betriebssystemen und stellen dem originalen Code der bewahrten Werke alles zur Verfügung, was er von der originalen Hardware erwartet. Gleichzeitig übersetzt der Emulator die Befehle des Originalcodes für das aktuelle Betriebssystem, so dass wir etwas sehen, hören und damit interagieren können.

Diese in der Gamer-Community entwickelte und umgesetzte Bewahrungsstrategie wird zunehmend auch von traditionellen Gedächtnisorganisationen mit Interesse zur Kenntnis genommen oder sogar zum Beispiel im Falle des an der Deutschen Nationalbibliothek aktuell betriebenen DFG[5]-Projekts *Bereitstellung von Multimedia-Objekten durch Emulation* weiter erforscht. Bietet Emulation doch allen ursprünglich für historische Plattformen programmierten Werken die Möglichkeit, auch ohne die funk-

/02/ Siehe etwa das Projekt *Home of the Underdogs* (online 1998-2009) oder mobygames.com (ab 1999).
/03/ Siehe hierzu den Beitrag von Jens-Martin Loebel: *Interaktion mit Games mittels Emulation im musealen Kontext*, S. 230-233.
/04/ Die vorherrschende Meinung ist, dass Computer eine durchschnittliche Lebensdauer von ungefähr 40 Jahren haben.
/05/ Deutsche Forschungsgemeinschaft.

Abb. 2 / *Pong* Heimkonsole (Atari; 1976), Computerspielemuseum Berlin

tionstüchtige Originalhardware unverändert ausgeführt zu werden.

Ein weiterer beachtenswerter Aspekt dieser Entwicklung betrifft die Größe der Community. Handelt es sich doch bei den Fan-Communitys rund um die Games von Anfang an um globale Communitys und dies nicht nur im Hinblick auf den globalen Charakter der Games selbst, sondern auch hinsichtlich des Internets, das die Akteure weltweit vernetzt. So reichten vergleichsweise wenige Experten aus, eine kritische Masse zu bilden und praktikable Lösungsansätze zu einem relativ frühen Zeitpunkt zu entwickeln.

Seit den Anfängen bis heute ist enorm viel hochspezialisiertes Wissen in die Entwicklung der Emulatoren eingeflossen, die unter institutionellen Rahmenbedingungen Hunderte Millionen Euro gekostet hätten. Eines der ältesten und bis heute wichtigsten Emulatorenprojekte ist MAME: der Multiple Arcade Machine Emulator. Seinen Ursprung hat er in der Emulation historischer Spieleautomaten. Seit der Gründung 1996 sind bis heute rund 10 000 verschiedene Automatenspiele für den Emulator adaptiert worden. MAME war von Anfang an ein offenes, nichtkommerzielles Projekt, das ausschließlich von der Community getragen wurde. Auf MAME basieren weitere Entwicklungen wie MESS (Multi Emulator Super System), das seit 1998 entwickelt wird und bis heute 980 unterschiedliche Systeme emuliert, von denen das älteste aus dem Jahr 1948 stammt. Seit kurzem ist MESS auch in einer webfähigen Javascript-Version erhältlich. Sie ermög-

Abb. 3 / *Pong*-Automat (Atari; 1972); Computerspielemuseum Berlin

licht die Ausführung der historischen Programme und die Interaktion mit ihnen im Browser, also online. Dieser durchaus visionäre Ansatz wird gerade als Betatest vom US-amerikanischen Internet Archive mit einer großen Zahl von Spielen betrieben.[6]

Probleme und Grenzen der Emulatorenstrategie

Jedes Werk, auch das digitale, benötigt Schnittstellen, über die es von Menschen wahrgenommen und im Fall von interaktiven Werken gesteuert werden kann. Diese Ein- und Ausgabeschnittstellen sind

/06/ archive.org/details/software [13. 02. 2015].

Abb. 5 ∕ Vectrex mit 3-D-Brille (Milton Bradley; 1982), Computerspielemuseum Berlin

Abb. 4 ∕ Meilensteine der Heimcomputer und Spielkonsolen („Wall of Hardware"), Computerspielemuseum Berlin

> keine Bestandteile des Codes an sich, sondern seiner Peripherie, die wechseln kann, aber als Instanz immer vorhanden ist. Ein klassischer Videospieleautomat wie etwa Tempest (Atari; 1980) besitzt einen Spinball als Eingabe- und einen Vektormonitor als Ausgabeschnittstelle. Führt man den originalen Programmcode über einen Emulator auf einem aktuellen PC aus, fehlen beide historischen Schnittstellen. Da diese jedoch wesentlich zum *originalen* Spielerlebnis beitragen, muss diese „historische Aufführungspraxis" bedacht werden. Eine vom Berliner Computerspielemuseum praktizierte Lösung für historische Videospieleautomaten besteht darin, einen aktuellen Computer mitsamt Emulator in die alten Gehäuse mit den originalen Schnittstellen einzubauen, so dass *look and feel* des ursprünglichen Werks weitgehend beibehalten wird. Ein weiteres Problem besteht in der Notwendigkeit, die Emulatoren selbst immer wieder an die aktuellen Plattformen anzupassen, was aufwändige Neuprogrammierungen notwendig machen kann. Bisher haben die Programmierer von Emulatoren freiwillig und ohne Budget solche Portierungen – etwa von DOS auf Windows 95, von Windows 95 auf Windows XP – vorgenommen. Sie haben eine mehr oder weniger persönliche Beziehung zu den Spielen und Originalplattformen. Allerdings müssen wir davon ausgehen, dass die immer wieder notwendig werdenden Anpassungen auch mittel- bis langfristig auf diese Weise nicht geleistet werden können. Die Motivation der bisherigen Emulatorenprogrammierer und ihr emotionaler Bezug zu den Spielen und Plattformen werden zukünftigen Generationen fehlen.

Einzelne und lose vernetzte Personen können nicht die Nachhaltigkeit bieten, die Institutionen herstellen können. So hat bereits ein Prozess begonnen, die erworbenen Erfahrungen und das Wissen der Community an den institutionellen Sektor zu übergeben. Auch wenn damit ein höherer materieller Ressourceneinsatz einhergeht, ist es ein notwendiger und folgerichtiger Weg, der darüber hinaus auch große Chancen für die notwendigen Veränderungen darstellt, die der institu-

tionelle Sektor im digitalen Wandel bewältigen muss. So werden nicht nur Werkzeuge und Wissen weitergeführt, sondern auch Organisations- und Kommunikationsformen, die sich so nur im Internet herausbilden konnten. Bereits einige Jahre bevor 2001 Wikipedia gegründet wurde, entstanden im Games-Bereich große Datensammlungen, deren Inhalte ausschließlich von den Nutzern eingetragen und diskutiert wurden. Ein gutes Beispiel ist *mobygames.com*, das im Januar 2015 über detaillierte Beschreibungen von 92 311 Spielen auf über 159 verschiedenen Plattformen verfügte. Der Computerspiele-Leihservice Gamefly erkannte den Wert solcher Sammlungen und kaufte die Plattform 2010 auf.

Ohne Frage ist die integrale Einbeziehung dieser crowd-generierten Ressourcen in zukünftige Bewahrungs- und Erinnerungsstrategien eine der wesentlichen Herausforderungen für alle Gedächtnisinstitutionen.

In Bezug auf die Weiterentwicklung der technischen Basis digitaler Bewahrung mit Verwendung von Emulation können ermutigende Entwicklungen wie das von 2009 bis 2012 gemeinsam mit drei Nationalbibliotheken betriebene EU-Forschungsprojekt KEEP[7] (Keeping Emulation Environments Portable) genannt werden, ebenso wie das EU-Projekt PLANETS und die Open Planets Foundation. Auf nationaler Ebene hat neben dem bereits erwähnten DFG-Projekt an der Deutschen Nationalbibliothek auch das an der Universität Freiburg angesiedelte Langzeitarchivierungsprojekt bwFLA[8] interessante Ergebnisse gezeigt. Im organisatorischen Bereich ist die 2014 erfolgte Gründung des Europäischen Verbandes von Computerspielarchiven und -museen EFGAMP[9] (European Federation of Game Archives, Museums and Preservation Projects) beachtenswert. Neben Lobbyarbeit und der Verbreitung von Wissen soll er auch Bewahrungs- und Beschreibungsstandards etablieren. Im Initiatorenkreis sind Organisationen aus der Gamer-Community und traditionellen Gedächtniseinrichtungen wie zum Beispiel die Dänische Nationalbibliothek vertreten.

Ich hoffe, deutlich gemacht zu haben, welche Herausforderungen und welche Chancen in der Kooperation und dem Zusammenwachsen der Retro-Gamer-Community mit den traditionellen Gedächtnisorganisationen liegen, nicht nur für Spiele, sondern auch für alle anderen digitalen Artefakte. Die neuen Möglichkeiten, den Zugang niedrigschwellig und prinzipiell global anzubieten sowie nachhaltig zu organisieren, übertreffen die Schwierigkeiten, denen wir gegenüberstehen – auch wenn diese mannigfaltig sind, haben wir es doch mit Herausforderungen technischer, organisatorischer, finanzieller und juristischer Natur zu tun. Vor diesem Hintergrund erhält der Umstand, dass die Digitalisierung Kulturbereiche spartenübergreifend zusammenbringt, eine weitere Bedeutung. In Zukunft wird es wesentlich auch darauf ankommen, dass alle Kräfte gebündelt werden, um praktikable Rahmenbedingungen und Techniken für die Bewahrung von digitalen Kulturgütern zu schaffen. Mögen die Ausstellung *Film und Games. Ein Wechselspiel* und dieser Katalog ein weiterer Baustein dazu sein.

/ **07** / www.keep-project.eu [13. 02. 2015].
/ **08** / bw-fla.uni-freiburg.de [13. 02. 2015].
/ **09** / www.efgamp.eu [13. 02. 2015].

Level 7 /
Game Art

Abb. 1 / Bill Viola:
The Night Journey (ab 2010)

STEPHAN SCHWINGELER

Das Computerspiel im KUNSTDISKURS

ie Frage nach dem Kunststatus des Computerspiels wird immer wieder gestellt. Einige Beispiele werfen im Folgenden Schlaglichter auf die Debatte, um – darauf aufbauend – diese Frage kritisch zu reflektieren.[1] Anschließend soll, daran anknüpfend, beleuchtet werden, inwieweit sich die Kunstwissenschaft digitalen Spielen zuwendet, welches Verhältnis Computerspiele zur interaktiven Medienkunst einnehmen und in welchen Diskursen über Kunst digitale Spiele Relevanz besitzen.

Neben einigen anderen Autoren beantwortet etwa der Kommunikationswissenschaftler Henry Jenkins die Frage, ob es sich bei Computerspielen um Kunst handelt, im Jahr 2000 grundsätzlich positiv.[2] Dabei argumentiert er nicht aus kunstwissenschaftlicher oder kunsttheoretischer, sondern aus populärkultureller Perspektive für das Computerspiel als einer Form von Kunst, die sich an Gilbert Seldes' *The seven lively arts* von 1925 ankoppeln ließe, der hierzu folgende zählt: Comic Strips, Movies, Musical Comedy, Vaudeville, Radio, Popular Music, Dance.[3]

Im Gegensatz zu dieser Position verneint Roger Ebert explizit die Frage, ob Computerspiele Kunst seien. Der bekannte amerikanische Filmkritiker vertrat 2005 die Meinung, dass diese gegenüber Filmen grundsätzlich minderwertig sind und sich niemals zu

---

/ 01 / Vgl. Henry Jenkins: Art Form for the Digital Age. In: *Technology Review*, 2000, www.technologyreview.com/computing/12189/?a=f [09. 03. 2015]; Henry Jenkins: Games, The New Lively Art. In: Joost Raessens, Jeffrey H. Goldstein (Hg.): *Handbook of computer game studies*. Cambridge, Mass., u. a. 2005, S. 175-193; Brett Martin: Should videogames be viewed as art? In: Andy Clarke, Grethe Mitchell (Hg.): *Videogames and art*. Bristol u. a. 2007, S. 201-211; Ernest W. Adams: Will computer games ever be a legitimate art form? In: Clarke, Mitchell (Hg.) 2007, a. a. O., S. 255-265; Roger Ebert: Video games can never be art. In: *Chicago Sun-Times*, 16. 04. 2010; Ian Bogost: Art. In: Ian Bogost (Hg.): *How to do things with videogames*. Minneapolis, Minn., u. a. 2011, S. 9-18.
/ 02 / Jenkins: Art Form for the Digital Age, a. a. O.
/ 03 / Gilbert Seldes: *The seven lively arts: with a new introduction by Michael Kammen*. Mineola, N. Y, 2001.

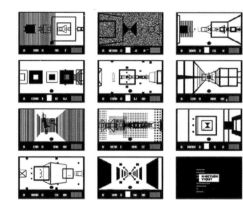

Abb. 3-4 / Jodi: *SOD* (1999)

Abb. 2 / Jodi: *Arena* und *Ctrl-Space* aus der Serie *Untitled Game* (1998–2001), Ausstellungsansicht ZKM_Gameplay, ZKM | Museum für Neue Kunst

einer eigenständigen Kunstform entwickeln könnten. Durch diese Aussage kippte die Debatte um den Kunststatus von Computerspielen ins Polemische und provozierte neben vielen tausend Kommentaren im Internet auch eine Diskussion mit der prominenten Game-Designerin Kellee Santiago.[4]

Die Frage nach dem Kunststatus des Mediums wird 2007 auch in dem von Andy Clarke und Grethe Mitchell herausgegebenen Sammelband *Videogames and Art* angesprochen. Brett Martin argumentiert in seinem Beitrag für das Buch, dass Computerspiele zu einer Kunstform avancieren könnten, wenn sie sich vom alten Medium Film emanzipierten.[5] Ernest Adams vertritt eine ähnliche These, nämlich dass Computerspiele ästhetisch heranreifen und über den intendierten Zweck der Unterhaltung hinausgehen müssten, um die Nobilitierung der Kunst zu erfahren.[6] Computerspiele scheinen demnach zu trivial zu sein, um als Kunst zu gelten.

Doch die Frage, ob Computerspiele intrinsisch – *per se* – eine Kunstform darstellen oder nicht, ist für manche Autoren nicht zielführend.[7] Sie plädieren für einen Perspektivwechsel: „Während in den Anfangszeiten der Debatte um das damals noch junge Medium diskutiert wurde, ob Computerspiele Kunst sind oder nicht, gehen die Game Studies heute von

/ 04 / „But I believe the nature of the medium prevents it from moving beyond craftsmanship to the stature of art. To my knowledge, no one in or out of the field has ever been able to cite a game worthy of comparison with the great dramatists, poets, filmmakers, novelists and composers." (http://rogerebert.suntimes.com/apps/pbcs.dll/section?category=answerman&date=20051127 [13. 03. 2014]). Eine Wiederholung dieser Aussage im April 2010 auf Eberts Website provozierte viele tausend Kommentare (Ebert: Video games can never be art, a. a. O.). In seinem Beitrag geht Ebert auf einen TED-Talk von Kellee Santiago ein (Kellee Santiago: An Argument for Game Artistry, 2009: http://youtube/K9y6MYDSAww [28. 01. 2015]). Game-Designer Brian Moriarty fasst die gesamte Debatte anlässlich der Game Developers Conference in einem Vortrag zusammen: Brian Moriarty: An Apology for Roger Ebert. Vortrag auf der 25. Game Developers Conference, San Francisco, 04. 03. 2011. www.ludix.com/moriarty/apology.html [28. 01. 2015].
/ 05 / Vgl. Brett Martin: Should videogames be viewed as art? In: Clarke, Mitchell (Hg.) 2007, a. a. O.

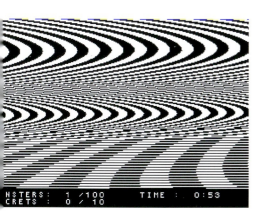

einer erweiterten Blickrichtung aus. Sie fragen nicht, ob Computerspiele zur Kunst gehören, sondern danach, wie eine Kunsttheorie des Computerspiels zu entwickeln sei."[8]

Computerspiele verfügen oft über eine üppige audiovisuelle Ausstattung, sie entfalten ihre eigene Ästhetik und Schönheit, sie bieten ausufernde Narrationen an, und sie sind in der Lage, andere Medien und Kunstformen zu remediatisieren und zu synthetisieren, was Vergleiche zum Konzept des romantischen Gesamtkunstwerks nahelegt. All dies gehört zum Repertoire der digitalen Spiele. Computerspiele aber pauschal als Kunstwerke nobilitieren zu wollen beziehungsweise ihnen den Kunststatus abzusprechen, deutet auf einen nicht-konventionellen Kunstbegriff[9], der einer Technik, einem Medium oder Material pauschal und per se den Kunststatus bescheinigt oder nicht. Meist werden hier notwendige und hinreichende Bedingungen nicht sauber getrennt und Kontexte ausgeblendet: Computerspiele selbst sind selbstverständlich keine Kunst, genauso wenig wie ein Gemälde oder eine Skulptur zwangsläufig ein Kunstwerk sein müssen, nur weil in Öl auf Leinwand gemalt oder ein Marmorblock behauen wird. Und natürlich gibt es sie, die Computerspiele der

↑ Abb. 5 ∕ Feng Mengbo: *Long March: Restart* (2008), Ausstellungsansicht ZKM_Gameplay, ZKM | Museum für Neue Kunst

/ 06 / Vgl. Ernest Adams: Will computer games ever be a legitimate art form? In: Clarke, Mitchell (Hg.) 2007, a. a. O.
/ 07 / In eine ähnliche Richtung argumentiert auch der Game-Designer Eric Zimmerman. Vgl. Eric Zimmerman: Games, stay away from art. Please. www.polygon.com/2014/9/10/6101639/games-art [28. 01. 2015].
/ 08 / Benjamin Beil, Gundolf S. Freyermuth, Lisa Gotto (Hg.): *New Game Plus – Perspektiven der Game Studies. Genres – Künste – Diskurse*. Bielefeld 2014, S. 12.
/ 09 / Vgl. in Abgrenzung dazu die Überlegungen zu einem konventionellen, institutionellen Kunstbegriff bei Arthur C. Danto und George Dickie. Vgl. Arthur C. Danto: The Artworld. In: *The Journal of Philosophy*, Band 61, Nr. 19, New York 1964, S. 571–584; George Dickie: Aesthetics: An Introduction. Winnipeg 1971; Arthur C. Danto: *Die Verklärung des Gewöhnlichen: Eine Philosophie der Kunst*. Frankfurt am Main 1984.

Kunstgeschichte, also Games, die im Sinne eines kunsthistorischen Konsens als Kunstwerke gelten wie zum Beispiel künstlerische Computerspielmodifikationen des Kollektivs Jodi (beispielsweise die Serie *Untitled Game*, 1998-2001; *SOD*, 1999; Abb. 2 und 3-4), Feng Mengbos *Long March: Restart* (2008, Abb. 5); Bill Violas *The Night Journey* (ab 2010, Abb. 1 und 6-8); oder die interaktive Skulptur *Painstation* der Kölner Gruppe /////////fur//// (2001, Abb. 9).

Die Kunstgeschichte hat immer wieder unter Beweis gestellt, dass nicht das Material oder die Medialität den Kunststatus bestimmen, und es wurden beständig neue Materialien, Medien und Gattungen in den Kunstkontext eingeführt. Künstler der *Brücke* beispielsweise haben sich Anfang des 20. Jahrhunderts dem Holzschnitt zugewendet, was zunächst als minderwertig und volkstümlich galt. Hier zeigt sich in aller Deutlichkeit: Die Kunstgeschichte des 20. und 21. Jahrhunderts kennt schon lange keine Medien-, Gattungs- und Materialgrenzen mehr und spricht dementsprechend auch einzelnen Computerspielwerken die Kunstwürdigkeit zu.

In diesem Zusammenhang lässt sich der Blick auf den Gegenstand des (künstlerischen) Computerspiels schärfen und in präzisere Perspektiven auffächern:

⊹ Abb. 6-8 ⁄ Bill Viola: *The Night Journey* (ab 2010), Ausstellungsansicht ZKM_Gameplay, ZKM | Museum für Neue Kunst

Aus einer kunsthistorischen Betrachtungsweise lässt sich fragen, welche Computerspiele die Kunstgeschichte bis dato hervorgebracht hat und welche Qualitäten diese haben. Mit welchen Strategien sind Künstler_innen mit Computerspielen umgegangen, und wie gehen sie aktuell mit ihnen um? Aus Sicht der Medienwissenschaft lassen sich die medialen und

⁄**10**⁄ Vgl. Stephan Schwingeler: *Kunstwerk Computerspiel – Digitale Spiele als künstlerisches Material. Eine bildwissenschaftliche und medientheoretische Analyse*. Bielefeld 2014.
⁄**11**⁄ Vgl. Stephan Schwingeler: *Die Raummaschine – Raum und Perspektive im Computerspiel*. Boizenburg 2008; Thomas Hensel: Für eine Ikonologie des Computerspiels oder: Schießen Sie auf das Bild. Vortrag am Zentrum für Informations- und Medientechnologie Siegen (ZIMT) 2008. www.uni-siegen.de/zimt/dienste/mediathek/digital/archiv.xml?streamit=92&lang=de [09. 03. 2015]; Stephan Schwingeler, Ulrike Gehring (Hg.): *The Ludic Society – Zur Relevanz des Computerspiels. Kritische Berichte*, Nr. 2/ 2009. Marburg 2009; Markus Lohoff, Stephan Schwingeler: Interferenzen. Eine kunsthistorische Betrachtung von Computerspielen zwischen Wissenschaft, Kommerz und Kunst. In: Schwingeler/Gehring (Hg.) 2009, a. a. O., S. 16-39; Thomas Hensel: Das Spielen des Bildes. Für einen Iconic Turn der Game Studies. In: *Medienwissenschaft: Rezensionen*: 3, 2011, S. 282-293; Thomas Hensel: *Nature Morte im Fadenkreuz – Bilderspiele mit dem Computerspiel*. Trier 2011; Schwingeler 2014, a. a. O.

materialästhetischen Eigenschaften der Games identifizieren und analysieren, so dass aus einer Game-Design-Perspektive gefragt werden kann, wie sich diese Eigenschaften nach künstlerischen Intentionen und in Kontexten der Kunst gestalten und einrichten lassen.[10]

Computerspiele im Allgemeinen sind in der Kunstwissenschaft – trotz ihrer bildwissenschaftlichen Relevanz – ein Gegenstand, der bis dato außerhalb des klassischen Kanons steht und nur in Ausnahmen eine dezidiert kunst- beziehungsweise bildwissenschaftliche Betrachtung erfahren hat.[11] Zwei frühe Beispiele – die Standpunkte von Söke Dinkla und Heinrich Klotz im Hinblick auf interaktive Medienkunst – können das Verhältnis der Kunstgeschichte beziehungsweise Kunstwissenschaft zu Computerspielen als ambivalent charakterisieren.[12]

Am Beispiel von Söke Dinklas einschlägiger Dissertation *Pioniere Interaktiver Kunst* von 1997 wird die ursprünglich untergeordnete Rolle der Computerspiele im kunstwissenschaftlichen Diskurs deutlich, obwohl digitalen Spielen grundsätzlich zugebilligt wird, eine mit der interaktiven Kunst verwandte Form zu sein.[13] Dinkla beschreibt etwa Myron Kruegers Kunstwerke (*Metaplay*, 1970; *Psychic Space*, 1971) als spielerisch; die Verbindung zum Computerspiel äußert sie aber nur indirekt: Sie stellt die Vermutung auf, dass Myron Krueger von frühen Computerspielen inspiriert worden sei, und fasst die Geschichte des Mediums von *Spacewar!* (1962) bis zur Gründung von Atari (1972) in einer Fußnote zusammen.[14] Dass die Rezeptionssituation mit derjenigen von Computerspielen vergleichbar ist, bemerkt Söke Dinkla an Jeffrey Shaws *Points of View* (1983–84).[15]

Heinrich Klotz, Gründungsdirektor des ZKM | Zentrum für Kunst und Medientechnologie und der Staatlichen Hochschule für Gestaltung in Karlsruhe, bescheinigt 1997 der gesamten Gattung der interaktiven Medienkunst spielerischen Charakter. Klotz betrachtet das spielerische Moment der interaktiven Medienkunstwerke als Besonderheit im positiven Sinne und verweist indirekt auf die strukturellen Gemeinsamkeiten von Kunst und Spiel, die sich durch Freiheit bei gleichzeitiger Regelgerichtetheit auszeichnen. So schreibt er – Bezug nehmend auf Johan Huizingas *Homo ludens*[16] – über Jeffrey Shaws *The Legible City* (1988–91, Abb. 10): „Und das Ganze hat etwas Spielerisches. Das Kunstwerk ist wieder Spiel geworden, der Mensch ein Homo ludens."[17] Er unterscheidet deutlich zwei Modi des Kunstwerks, die eine jeweils spezifische Form der Rezeption erfordern: *Sehen* statischer Bilder und *Handeln* mit bewegten Bildern – den medialen Kernaspekt des Computerspiels: „Das bewundernde Verstummen angesichts reinen Sehens tritt zurück gegenüber der Entdecker- und Handlungsfreude interaktiver Aufforderung: Die Grenze zum Spiel wird überschritten. Die Freiheit des intellektuell sinnlichen Spiels kann genossen werden. Interaktion ist niemals Ruhe der Anschauung, sondern immer bewegtes Bild, Handeln, spielendes Verändern der Vorgaben innerhalb begrenzter Möglichkeiten."[18]

Einzelne Computerspiele können in die Sphäre interaktiver Medienkunst hinüberwandern, wodurch das Computerspiel zu einer Gattung wird, die die Fähigkeit zum künstlerischen Ausdruck besitzt. Eine konstruierte Trennung zwischen interaktiver Medienkunst und Computerspielen verwischt während dieser Prozesse. Computerspiele und interaktive Medienkunst stehen in eindeutiger Verbindung zueinander, finden aber in der Regel in unterschiedlichen Kontexten statt. Söke Dinkla hat sie 2009 als „(un)gleiches Geschwis-

/12/ Vgl. zum Verhältnis von Medienkunst zu (Computer-)Spielen auch die frühe Publikation von Georg Hartwagner, Stefan Iglhaut, Florian Rötzer (Hg.): *Künstliche Spiele*. München 1993.
/13/ Söke Dinkla: *Pioniere Interaktiver Kunst von 1970 bis heute*. Ostfildern 1997.
/14/ Ebd. S. 74.
/15/ Ebd. S. 104.
/16/ Johan Huizinga: *Homo ludens: Vom Ursprung der Kultur im Spiel*. Reinbek bei Hamburg 1987.
/17/ Heinrich Klotz (Hg.): *Kunst der Gegenwart*. München, New York 1997. S. 27.
/18/ Ebd., S. 23.

Abb. 10 ⁄ Jeffrey Shaw: *The Legible City* (1988-1991), Installation

✣ Abb. 9 ⁄ //////////fur////: *Painstation* (2001), Ausstellungsansicht ZKM_Gameplay, ZKM | Museum für Neue Kunst

terpaar" bezeichnet.[19] Interaktive Medienkunst ist deutlich dem Kunstkontext – der Artworld – zuzuordnen,[20] während Computerspiele vorwiegend im Kontext der Unterhaltungsindustrie stattfinden und darüber hinaus auch stark mit dem (umstrittenen) Konzept von Spaß assoziiert werden. Künstler_innen überführen aber Computerspiele in den Kontext des Kunstsystems und machen sich dazu verschiedene Strategien zunutze.[21] Heute gibt es künstlerische Computerspiele, die sowohl dem Kontext der interaktiven Medienkunst als auch dem Kontext des Computerspiels zuzuordnen sind. Damit ist eine konstruierte Trennung zwischen interaktiver Medienkunst und Computerspielen prinzipiell obsolet. Ein Computerspiel kann demnach zu einem Werk interaktiver Medienkunst werden, und interaktive Medienkunst kann sich in der Form eines Computerspiels manifestieren. Inge Hinterwaldner bemerkt dazu: „Diese Trennung in Computerspiele einerseits und interaktive Kunst andererseits lässt sich heute nicht mehr aufrechterhalten, da es künstlerische Computerspiele gibt."[22] Umgekehrt erscheinen die Berührungspunkte von klassischer interaktiver Medienkunst wie beispielsweise Jeffrey Shaws *The Legible City* und Computerspielen offensichtlich. Shaws immersive Installation weist formal zum Beispiel deutliche dispositive Parallelen zu Arcade-Rennspielen auf (Abb. 10-11). Der in der Installation aufgeworfene dreidimensionale Bildraum und seine kartographische

/ 19 / Vgl. Söke Dinkla: Meta Games. Interaktive Medienkunst und digitale Spiele – ein (un)gleiches Geschwisterpaar. In: Schwingeler/Gehring (Hg.) 2009, a. a. O., S. 88-94.
/ 20 / Vgl. Danto: The Artworld, a. a. O.
/ 21 / Vgl. Schwingeler 2014, a. a. O.
/ 22 / Inge Hinterwaldner: *Das systemische Bild: Ikonizität im Rahmen computerbasierter Echtzeitsimulationen*. München u. a. 2010, S. 380.

Abb. 11 /
Out Run (Sega; 1986)

Abbildung sind mit den Maps von Open-World- beziehungsweise Sandbox-Games vergleichbar. Die Installation *Bubbles* (2001) von Wolfgang Muench und Kiyoshi Furukawa lässt ihre Benutzer_innen mit virtuellen Seifenblasen spielen (Abb. 12). Das poetische Kunstwerk antizipiert gestenbasierte Steuerung und setzt den Schatten der User direkt als ästhetisches Element mit ins Bild. Man kann diese Kunstwerke durchaus als digitale Spiele bezeichnen.

Diese Verwandtschaft zwischen Medienkunst und Computerspielen ist auch historisch belegt: Jason Wilson verfolgt eine gemeinsame medienarchäologische Linie von Nam June Paiks TV-Arbeiten zu frühen Computerspielen wie *Pong* (Atari; 1972), die sich nicht nur eine gemeinsame Entstehungszeit teilen, sondern auch vor einem Zeitgeist des „technological utopianism" im Kontext der 1960er und 70er Jahre gelesen werden können.[23]

Es ist festzuhalten, dass digitale Spiele im Kontext der Diskurse um net.art, Internet Art, Software Art, Digital Art, Medienkunst und New Media Art vorkommen.[24] Ein Diskurs um den Begriff der Game Art ist ebenfalls auszumachen.[25] Auch haben sich vielfältige Ausstellungsprojekte mit Computerspielen auseinandergesetzt wie beispielsweise die Ausstellung ZKM_Gameplay im ZKM | Zentrum für Kunst und Medientechnologie.[26] Oftmals wird eine grundsätzliche strukturelle Verwandtschaft zwischen Kunst und Spiel identifiziert, die sich insbesondere auf das paradoxe Schillern zwischen Freiheit und Regelgerichtetheit bezieht. Für die bildende Kunst des 20. Jahrhunderts ist das Spielerische ein entscheidender Aspekt – ausgehend von Marcel Duchamp bei den Dadaisten und Surrealisten, der Situationistischen Internationale und der Fluxus-Bewegung.[27] So kann die Kunst selbst als spielerischer Handlungsraum verstanden werden.[28]

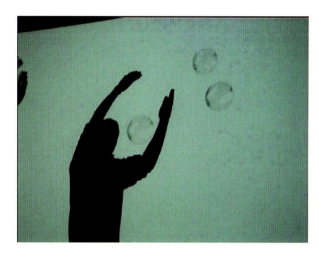

Abb. 12 / Wolfgang Muench und Kiyoshi Furukawa:
Bubbles (2001), Installation

/ 23 / Vgl. Jason Wilson: *Gameplay and the Aesthetics of Intimacy*. Brisbane 2007, S. 123-185.

/ 24 / Vgl. Verena Kuni (Hg.): *netz.kunst*. Nürnberg 1999; Tilman Baumgärtel (Hg.): *net.art: Materialien zur Netzkunst*. Nürnberg 1999; Tilman Baumgärtel (Hg.): *net.art 2.0: neue Materialien zur Netzkunst*. Nürnberg 2001; Rachel Greene: *Internet art*. London u. a. 2004; Gerrit Gohlke (Hg.): *SoftwareArt: Eine Reportage über den Code*. Berlin 2003; Christiane Paul: *Digital art*. London 2003; Tilman Baumgärtel: http://www.medien kunstnetz.de/themen/generative_tools/game_art/1/ [31. 03. 2015]; Bruce Wands: *Art of the digital age*. London 2006; Michael Rush: *New media in Art*. London 2005; Mark Tribe, Reena Jana, Uta Grosenick (Hg.): *New media art*. Köln u. a. 2006.

/ 25 / „Game Art is any art in which digital games played a significant role in the creation, production, and/or display of the artwork. The resulting artwork can exist as a game, painting, photograph, sound, animation, video, performance or gallery installation." Matteo Bittanti: Game Art - (This is not) A Manifesto, (this is) A Disclaimer. In: Matteo Bittanti, Domenico Quaranta (Hg.): *Gamescenes. Art in the age of videogames*. Mailand 2006, S. 7-15, hier S. 9. „Its ambivalent nature lies in the fact that it both celebrates and condemns its source material." (Ebd., S. 11). Vgl. auch Corrado Morgana: Introduction. In: Ruth Catlow, Marc Garrett, Corrado Morgana (Hg.): *Artists Re:thinking Games*. Liverpool 2010, S. 7-14, hier S. 12.

/ 26 / Vgl. zum Beispiel: Tilman Baumgärtel (Hg.): *Games - Computerspiele von KünstlerInnen*. Frankfurt am Main 2003; Harald Kunde (Hg.): *Artgames: Analogien zwischen Kunst und Spiel*. Aachen 2005. Seit 2013 ist im ZKM | Zentrum für Kunst und Medientechnologie Karlsruhe die vom Verfasser kuratierte Ausstellung ZKM_Gameplay zu sehen, die besonders auf künstlerische Computerspiele und Game Art ausgerichtet ist. Es werden über 60 Computerspiele und interaktive Kunstwerke gezeigt.

/ 27 / Vgl. u. a. Nike Bätzner: *Kunst und Spiel seit Dada - Faites vos jeux!* Ostfildern 2005; Dieter Buchhart, Mathias Fuchs (Hg.): *Kunst und Spiel I*. *Kunstforum International*, Band 176, Köln 2005; Dieter Buchhart, Mathias Fuchs (Hg.): *Kunst und Spiel II*. *Kunstforum International*, Band 178, Köln 2005; Mathias Fuchs, Ernst Strouhal (Hg.): *Das Spiel und seine Grenzen. Passagen des Spiels II*. Wien 2010; David J. Getsy: *From Diversion to Subversion: Games, Play, and Twentieth-Century Art*. University Park, Pennsylvania 2011.

/ 28 / Vgl. Nike Bätzner: Kunst als spielerischer Handlungsraum: In: Bätzner 2005, a. a. O., S. 20.

THOMAS HENSEL

WENN DER FILM SEIN BILD VERLÄSST
Metaleptische Reflexionen im Computerspiel

Es ist ein Gemeinplatz der Medientheorie, dass die Bestimmung des ‚Eigenen' eines Mediums der differenziellen Abgrenzung von anderen Medien bedarf. Unter dem Schlagwort „ontologische Intermedialität"[1] versteht dieses Konzept Intermedialität als eine „epistemische[ ] Bedingung der Medienerkenntnis"[2]; intermediale Bezugnahmen erzeugen demnach ein Wissen über das repräsentierte und ein reflexives Wissen über das repräsentierende Medium. Von einem intermedialen Bezug lässt sich sprechen, wenn eine „Repräsentation vorlieg[t], die in irgendeiner expliziten Weise auf das repräsentierte Medium Bezug nimmt – auch wenn dies eher am Rande geschieht wie zum Beispiel in einer vereinzelten, aber nichtsdestotrotz signifikanten Szene"[3]. Nicht selten gewährt auch das Computerspiel wie alle anderen Medien Rückschlüsse auf sein ‚Selbstverständnis', indem es andere Medien zitiert, sei es beispielsweise fernöstliche Tuschmalerei wie in Ōkami (Clover Studio; seit 2006) oder (Geister-)Foto-

Abb. 1 ╱ *Cryostasis:*
Sleep of Reason
(Action Forms; 2009)

╱ **01** ╱ Jens Schröter: Intermedialität. Facetten und Probleme eines aktuellen medienwissenschaftlichen Begriffs. In: *montage AV. Zeitschrift für Theorie und Geschichte audiovisueller Kommunikation* 7/2, 1998, S. 129-154, hier: S. 129.
╱ **02** ╱ Sybille Krämer: Erfüllen Medien eine Konstitutionsleistung? Thesen über die Rolle medientheoretischer Erwägungen beim Philosophieren. In: Stefan Münker, Alexander Roesler, Mike Sandbothe (Hg.): *Medienphilosophie*. Frankfurt am Main 2003, S. 78-90, hier: S. 82.
╱ **03** ╱ Jens Schröter: Zur Intermedialität von Fotografie und Film in Orson Welles' Citizen Kane. In: *nach dem film 8* („FotoKino"), 2005, www.nachdemfilm.de/content/zur-intermedialit%C3%A4t-von-fotografie-und-film-orson-welles [20. 02. 2015]. Siehe auch Kay Kirchmann, Jens Ruchatz: Einleitung: Wie Filme Medien beobachten. Zur kinematografischen Konstruktion von Medialität. In: dies. (Hg.): *Medienreflexion im Film. Ein Handbuch*. Bielefeld 2014, S. 9-42.

grafie wie in *Spirit Camera: The Cursed Memoir* (Tecmo Koei; 2012). Ein besonderer Stellenwert kommt in diesem Zusammenhang dem Spiel mit Film und Kino zu, sind Film und Games doch in einer noch näher zu bestimmenden Weise relativ eng miteinander verwandt. Die Bezugnahmen von Game auf Film fallen mannigfaltig aus: Während sie sich unterschiedlich klassifizieren lassen, etwa in solche auf Figuren, Motive oder Genres, sind diese Klassen wiederum jeweils danach bestimmbar, ob ihre Bezugnahmen peripher sind, sprich lediglich vereinzelt und randständig aufscheinen, oder zentral, das heißt durchgängig auftreten und im Mittelpunkt stehen. Die hier als „peripher" und „zentral" bezeichneten Modi sind jeweils in quantitativer wie in qualitativer Hinsicht zu denken – was in der Regel zu Mischformen führt – und des Weiteren nicht als kategorial geschiedene Alternativen, sondern als zwei Pole eines Kontinuums.

Ein besonders raffiniertes Spiel mit dem Medium Film findet sich in *Cryostasis: Sleep of Reason* (Action Forms; 2009), das quantitativ, mit Blick auf die gesamte Spielhandlung, zwar lediglich an seiner Peripherie Bezüge zu Film und Kino herstellt, qualitativ aber zentrale Aussagen über deren ästhetische Essenz, vor allem aber über diejenige des Games macht und damit zu einem Musterbeispiel für den hier verhandelten Zusammenhang gerät. Zunächst kursorisch zum Plot des Spiels, seines Zeichens ein First-Person-Shooter-Action-Adventure: Als russischer Meteorologe erkundet der Spieler in der Arktis einen verschollenen Eisbrecher, dessen Besatzung unter mysteriösen Umständen ums Leben gekommen ist. In 18 Kapiteln dringt er immer tiefer in das atomar betriebene Schiff vor, lüftet dessen Geheimnis und muss sich dabei gegen tödliche Kälte und in bizarre Kreaturen verwandelte untote Crewmitglieder behaupten. Von besonderem Interesse für den hier diskutierten Kontext ist eine Spielpassage, die diegetisch nicht zwingend motiviert und durch ihre ostentative Inszenierung des Dispositivs Kino auffällig ist. Im Zuge seiner Erkundungen des Schiffsinneren dringt der Spieler in das Bordkino vor. Nachdem er an einem Schalter gedreht hat, verdunkelt sich der Kinosaal, eine Leinwand fährt herunter, und ein Film wird projiziert. Das Filmbild

✝ Abb. 2-3 ∕ *Cryostasis: Sleep of Reason*

zeigt einen Lagerraum mit gestapelten Holzkisten, Fässern und Gasflaschen; von links und von rechts sowie aus einem mittigen dunklen Korridor heraus treten bewaffnete Männer ins Bild, die das Feuer in Richtung Zuschauerraum eröffnen (Abb. 1–2). Schnell stellt sich heraus, dass die Schützen tatsächlich den Spieler ins Visier genommen haben, die Projektile ihrer Gewehre tatsächlich den Körper des Avatars treffen. Nachdem auch des Spielers Schüsse in das Filmbild Wirkung zeigen und die Gegner jenseits der ästhetischen Grenze[4] niedergestreckt sind, stapft dem Spieler aus dem Dunkel des Filmbildes ein Boss-Gegner entgegen, zwei Taschenlampen

an seine Schläfen haltend und im Anschlag zwei Maschinengewehre. Selbiger zeichnet sich dadurch aus, dass er aus dem Filmbild in die Realität des Filmbetrachters übertritt, mithin die ästhetische Grenze der Leinwand zu transgredieren vermag (Abb. 3). Ist der Boss-Gegner besiegt, fällt die Leinwand, und hinter ihr wird ein Loch in der Wand sichtbar, durch das dem Spieler ein Fortkommen ermöglicht wird. Es ist nur eine Pointe dieser Passage, dass der Wanddurchbruch nicht etwa die ganze Zeit schon existiert hätte – und die Schützen dann als leibhaftige sowie die Leinwand lediglich als dünner Gazeschleier vor einer realen Raumöffnung begriffen werden könnten –, sondern dass die Wand erst dann explodiert, wenn das kinematografische Dispositiv förmlich kollabiert.

Erst die Wandöffnung macht deutlich, dass an ihrer Stelle hinter der Leinwand zuvor nur massives Mauerwerk war.

Es liegt hier offenkundig eine Metalepse vor, Strukturmerkmal der Transgression, die immer mit der ästhetischen Grenze oder einem Rahmen, dem „Grenzhüter des Bildes"[5] – hier der Kinoleinwand –, spielt. Die Metalepse ist eine Erzählweise, welche den Unterschied zwischen der Ebene des Erzählens und derjenigen der erzählten Handlungen und Ereignisse verwischt – die erzählte Welt transgrediert in die Welt des Erzählens und vice versa. Es handelt sich also um eine „Überschreitung der Diegesegrenzen"[6] seitens einer Figur oder des Autors, was einerseits bedeuten kann, dass der Autor in die von ihm

/ 04 / Historisch grundlegend für eine Reflexion der ästhetischen Grenze ist Ernst Michalski: *Die Bedeutung der ästhetischen Grenze für die Methode der Kunstgeschichte* [1932]. Berlin 1996.
/ 05 / Georg Simmel: Der Bildrahmen. Ein ästhetischer Versuch [1902]. In: ders.: *Aufsätze und Abhandlungen 1901–1908*, Bd. 1 (Gesamtausgabe Bd. 7), hg. von Rüdiger Kramme, Angela Rammstedt, Otthein Rammstedt. Frankfurt am Main 1995, S. 101–108, hier: S. 106.
/ 06 / Jörg Türschmann: Die Metalepse. In: *montage AV. Zeitschrift für Theorie und Geschichte audiovisueller Kommunikation* 16/2, 2007, S. 105–112, hier: S. 107.

Abb. 5 / Animationsfilm anlässlich der Präsentation des Nintendo 3DS im Rahmen der Electronic Entertainment Expo 2010

geschaffene Welt eintritt, oder umgekehrt, dass eine Figur die ihr zugewiesene Erzählwelt verlassen kann und in die Welt ihres Autors eintritt.[7] Die Metalepse lässt sich somit als ein „Spiel mit der Eindringlichkeit des Wirklichkeitseindrucks"[8] verstehen, wobei es sich bei Cryostasis um eine Metalepse in extremis handelt: nach Marie-Laure Ryan eine ontologische Metalepse, die eine Passage zwischen den Ebenen öffnet, was in deren Interpenetration oder wechselseitiger Kontamination resultiert.[9]

Die metaleptische Figur eines aus einer Kinoleinwand tretenden und leibhaftig werdenden Filmbildes steht bekanntlich in einer langen transmedialen Tradition. Hinsichtlich der Ausprägungen, die der hier verhandelten spezifischen Figur von Transgression zugrunde liegen, lassen sich drei Bildtraditionen unterscheiden: erstens die scheinbare Transgression, zweitens die scheinbare Transgression eines Projektils und drittens die tatsächliche Transgression, letztere von Relevanz nur bei einem eingebetteten Medium, hier dem Film im Film, konkret der sogenannten Screen Passage[10]. Alle drei Aspekte treten sämtlich in verschiedenen historischen Epochen auf, sind also nicht als chronologisch oder teleologisch aufeinanderfolgend zu denken. Im Rahmen des vorliegenden Textes können diese Stränge nicht nachgezeichnet werden, zumindest aber seien einige wenige Anhaltspunkte gegeben.[11]

Schon in kunsttheoretischen Äußerungen von Plinius d. Ä. lässt sich das Moment einer scheinbaren Transgression fassen. In seiner Naturalis Historia preist dieser einen der berühmtesten Maler der Antike, den im vierten vorchristlichen Jahrhundert wirkenden Apelles, für einen transgressiven Illusionismus: „Er malte auch Alexander den Großen mit dem Blitz in der Hand im Tempel der Artemis zu Ephesos [...]. Es scheint, als würden die Finger deutlich hervorragen und der Blitz außerhalb des Gemäldes sein (extra tabulam esse)."[12] Dieses Faszinosum durchzieht in den folgenden Jahrhunderten die Kunsttheorie und wird zu einem Topos der bildenden wie der angewandten Künste. In der Frühen Neuzeit wird aus dem Blitzbündel ein Pfeil, den ein bogenbewehrter Tod triumphierend auf den Betrachter zu schießen scheint (Abb. 6) – ein Projektil, das im 21. Jahrhundert in Form eines Bolzens aus der Armbrust einer Protagonistin in der Serie The Walking Dead (USA 2010 ff.; hier Staffel 4, Folge 13: Alone) zu schnellen droht (Abb. 4) und mit dessen Hilfe noch bei gegenwärtigen Inszenierungen von Computerspielkonsolen, etwa anlässlich der Präsentation des Nintendo 3DS im Rahmen der Electronic Entertainment Expo 2010, das Phantasma einer Auflösung der Grenze zwischen Spielwelt und Spielerwelt, zwischen ‚Bild' und ‚Realität' augenzwinkernd ins Werk zu setzen versucht wird (Abb. 5).

Abb. 4 / The Walking Dead (USA 2010 ff.; Staffel 4, Folge 13: Alone)

/ 07 / Siehe ebd., S. 105.
/ 08 / Ebd., S. 111.
/ 09 / Siehe Marie-Laure Ryan: Metaleptic machines. In: Semiotica. Journal of the International Association for Semiotic Studies 150, 2004, S. 439-469, hier: S. 442.
/ 10 / Siehe Christopher Ames: Movies about the Movies. Hollywood reflected. Lexington (Kentucky) 1997, S. 108-136.

⁜ Abb. 6 ⁄ Hermann tom Ring: *Triptychon mit Triumph des Todes und Jüngstem Gericht* (Mitteltafel), um 1550 bis 1555, Museum Catharijneconvent, Utrecht

⁄ 11 ⁄ Die Geschichte des transgressiven Bildes ist noch nicht geschrieben – wichtige Hinweise geben Frank Kämpfer: *Propaganda. Politische Bilder im 20. Jahrhundert. Bildkundliche Essays*. Hamburg 1997; Carlo Ginzburg: „Your Country Needs You." Eine Fallstudie zur politischen Ikonographie. In: Hans Belting, Dietmar Kamper, Martin Schulz (Hg.): *Quel Corps? Eine Frage der Repräsentation*. Paderborn 2002, S. 271–294; Lynda Nead: *The Haunted Gallery. Painting, Photography, Film c. 1900*. New Haven/London 2007; sowie Victor I. Stoichita: *Figures de la Transgression*. Genf 2013.

⁄ 12 ⁄ C. Plinius Secundus d. Ä.: *Naturalis historiae/Naturkunde. Lateinisch – deutsch. Buch XXXV* („Farben, Malerei, Plastik"), hg. und übers. von Roderich König in Zusammenarbeit mit Gerhard Winkler. Düsseldorf/Zürich 2007 (3. Aufl.), S. 74 f.

> Um 1900, zeitgleich mit seiner Etablierung als kommerziell genutztes Massenmedium, wies auch der Film nicht nur im Medium des bewegten Bildes, sondern auch in seinen Paratexten auf seine Potenz zur Verführung mittels transgressiver Phantasien hin. So kam schon im Jahr 1896 eine Karikatur in Umlauf, die den Film als ein Medium charakterisiert, das übergriffig wird (Abb. 7) – eine *Screen Passage*, die ebenfalls in zahlreichen späteren Filmproduktionen Raum greift, so etwa in dem parodistischen US-amerikanischen Actionfilm LAST ACTION HERO von John McTiernan aus dem Jahr 1993, in dem die Personifikation des Todes in Ingmar Bergmans DAS SIEBENTE SIEGEL aus dem Jahr 1957 mit ihrer Sense die Filmleinwand durchschneidet und leibhaftig in einen modernen Kinosaal hinabsteigt (Abb. 8) – womit der Bogen zurück zum frühneuzeitlichen *Triumph des Todes* geschlagen wäre.

Mit Blick auf die erwähnte Passage in *Cryostasis* bleibt die Frage nach den *Funktionen* intermedialer Bezugnahmen von Game auf Film. Als eine Funktion solcher Bezugnahmen sei das Prinzip der überbietenden Nachahmung ausgemacht und als „aemulative Intermedialität" benannt. Der Terminus „aemulatio" stammt aus der antiken Rhetorik und Dichtungstheorie und bedeutet das „Wetteifern mit einem [...] Vorbild, in der Absicht, es zu erreichen oder zu übertreffen".[13] Tatsächlich ist es der italienische Humanist Lorenzo Valla, der Mitte des 15. Jahrhunderts den Wettstreit zum Movens allen kulturellen Fortschritts erklärt und vielleicht am treffendsten den hier in Rede stehenden Gedanken fasst: „Denn es ist von Natur aus so angelegt, dass nichts richtig fortschreiten und wachsen kann, was nicht von mehreren betrieben, bearbeitet und verbessert wird – insbesondere wenn diese miteinander wetteifern und um das

Abb. 7 / René Bull: Practical Science. How the gilded bounder saw the cinématograph, in: *Pick-Me-Up*, GB, 25.4.1896

/13/ Barbara Bauer: Aemulatio. In: Gert Ueding (Hg.): *Historisches Wörterbuch der Rhetorik*. Bd. 1: A-Bib. Darmstadt 1992, Sp. 141–187, hier: Sp. 141.

Abb. 8 / John McTiernan: LAST ACTION HERO (1993)

Lob kämpfen. Wer hätte denn als Bildhauer, als Maler etc. in seiner Kunst als vollkommen und groß herausgeragt, wenn er der einzige Künstler seiner Disziplin gewesen wäre? Jeder erfindet etwas anderes, und was jemand bei einem anderen als herausragend erkannt hat, das versucht er selbst nachzuahmen, dem gleichzukommen und es zu übertreffen. So werden die Studien befeuert, vollzieht sich Fortschritt, wachsen die Künste und gelangen zur Vollendung, und dies umso besser und schneller, je mehr Menschen an ein und derselben Sache arbeiten."[14]

Was heißt das bezogen auf das hier verhandelte Beispiel? Cryostasis thematisiert in besagter Spielpassage das Medium Film und dessen transgressive Kraft, die das Computerspiel sogar ins Metaphysische oder Magische überhöht, nur um selbige zu überwinden, indem es seinen Spieler eingreifen und dem Transgressionszauber ein Ende bereiten lässt. Nicht von ungefähr lässt sich die eigentümliche Gestalt des Boss-Gegners – mit ihren starken Lichtquellen und mit ihren Maschinenpistolen, deren Magazinbestückung mit zwei untereinanderliegenden Trommeln historisch ihresgleichen nicht hat und eher an Filmrollen erinnert – als eine Personifikation des Mediums Film oder, wenn man so will, als kinematografischer Körper betrachten. Wenn das Computerspiel sich also anheischig macht, Film – hier phänomenologisch als ein Körper reflektiert[15] – niederzustrecken,

/ 14 / Lorenzo Valla, zitiert nach Jan-Dirk Müller, Ulrich Pfisterer: Der allgegenwärtige Wettstreit in den Künsten der Frühen Neuzeit. In: Jan-Dirk Müller, Ulrich Pfisterer, Anna Kathrin Bleuler, Fabian Jonietz (Hg.): Aemulatio. Kulturen des Wettstreits in Text und Bild (1450-1620). Berlin/Boston 2011, S. 1-32, hier: S. 20. – Vielleicht am ehesten verwandt mit dem hier vorgestellten Konzept ist der Begriff der „paragonalen Intermedialität". Siehe Winfried Nöth: Werbung und die Künste. Parasitäre, symbolische und paragonale Intermedialität. In: Uta Degner, Norbert Christian Wolf (Hg.): Der neue Wettstreit der Künste. Legitimation und Dominanz im Zeichen der Intermedialität. Bielefeld 2010, S. 145-165. Allerdings bleibt dieser Begriff eigentümlich unscharf, Nöth postuliert lediglich einen „Wettstreit [...] um das kulturelle Ansehen". Ebd., S. 145.
/ 15 / Einen Überblick über die Reflexion des Mediums Film aus der Perspektive des Körperlichen gibt Thomas Morsch: Medienästhetik des Films. Verkörperte Wahrnehmung und ästhetische Erfahrung im Kino. Paderborn 2011.

vollzieht es implizit einen Überbietungsgestus mit Blick auf seine Medialität. Das Computerspielbild knüpfte demnach nahtlos an die Potenzen des Films an, Zeit- und Bewegungsbild, aber auch ein multimodal erfahrbarer Filmkörper zu sein, und integrierte selbige, steigerte diese Potenzen aber noch vermittels einer Performanz, die das Computerspiel qua in Echtzeit errechnetes und rechnendes Medium interaktiv sein lässt.

Die Bedingung der interaktiven Echtzeitmanipulation weist auf ein mit der Metalepse verwandtes weiteres Strukturmerkmal des Computerspiels hin, das sich am treffendsten als Bildakt identifizieren lässt, mit John Langshaw Austin gedacht. Austin unterscheidet zwischen konstativen und performativen Äußerungen, die er „Sprechakte" nennt.[16] Eine konstative Äußerung ist eine deskriptive Aussage, mit der eine Feststellung getroffen wird; eine performative Äußerung hingegen stellt nichts fest, sondern ist der faktische Vollzug eben jener Objekte und Handlungen, die sie bezeichnet – sie „konstituiert, was sie konstatiert".[17] In der performativen Äußerung – einem Versprechen, einer Wette oder einer Schiffstaufe beispielsweise – wird somit die vertraute Unterscheidung zwischen Darstellungsmittel und Dargestelltem, zwischen Wort - oder Bild - und Sache außer Kraft gesetzt. Bekanntlich ist ein Spezifikum auch der Bildlichkeit im Rechner, dass selbige weniger als repräsentativ, sondern vielmehr als pragmatisch und performativ zu verstehen ist[18]: „In hypertexts all kinds of signs become programmable as icons, i. e. as signifiers, which at the pragmatic level produce, with a mouse-click, a connection to what they designate that is no longer merely symbolic, but real."[19] Das Computerbild ist demgemäß sichtbare Manifestation eines digitalen, operativen Codes, der die Trennung von Ausführung (Aktion) und Darstellung (Repräsentation) unterläuft. Das auf einem Computerbildschirm erscheinende Bild erweist sich qua gerechnetes Bild als unmittelbar mit pragmatischen Bezügen verknüpft, und das Computerspiel ist damit ein Bildakt in einem starken Sinne, sozusagen ein momenthaft erspieltes Bild, das nur im Augenblick seines interaktiven Vollzugs existiert.[20] Man vollzieht also etwas im Gebrauch dieser Bilder, die sich damit in der Tat im Sinne von Austin als Bildakte erweisen. Bei der vorgestellten Passage von *Cryostasis* handelt es sich somit um einen doppelten Bildakt – einen, wie oben ausgeführt, auf der Codeebene und einen auf der Oberfläche des Bildes: mit einem Filmbild, das greifbare und angreifbare Realität wird.[21]

Tatsächlich treten Bildakte auf der Oberfläche des Computerspiels immer dann auf, wenn dieses selbstreflexiv oder opak wird,[22] sprich seine Bildlichkeit als eine seiner Bedingungen bildlich thematisiert. Dementsprechend lässt sich *Cryostasis* – zumindest die thematisierte Passage – exemplarisch als ein Spiel zwischen Darstellung und Selbstbewusstsein der bildlichen Darstellung verstehen, in dem die Problematisierung der Repräsentation selbst zu einem produktiven Moment der Darstellung erhoben wird. Diese Selbstthematisierung ist ein Merkmal, das insbesondere künstlerischen Bildern zugesprochen wird. Selbige kennzeichnet laut Arthur C. Danto, dass sie sich „auf ‚etwas' [beziehen], aber […] zugleich die Mittel, mit denen sie sich darauf beziehen [thematisieren]".[23] Auf die Anerkennung dieser „ikonischen Differenz"[24] kann sich die Kunstgeschichte spätestens seit Victor I. Stoichitas Studie *Das selbstbewußte Bild* einigen,[25] und sie ist auch Ausgangspunkt neuerer Untersuchungen der Game Studies.[26] Ein bild- und medienreflexives

Computerspiel wie *Cryostasis* wird damit zu einem Beleg für das, was das historiografische Modell von Lorenz Engell die Phase der „verstärkten Selbstbeobachtung und Selbstreflexivität" nennt. In dieser greife das Medium auf sich selbst zu, auf seine Grundlagen und Grammatiken und setze sich mit diesen auseinander. In vielen Fällen komme es dabei zu einer spielerischen Erprobung und Erweiterung der eigenen technischen und ästhetischen Möglichkeiten, die als eine „Avantgardebildung"[27] zu verstehen seien. Im Fall von *Cryostasis* darf „Avantgarde" nicht nur im übertragenen, herkömmlichen Sinne als ein Fortschreiten gedacht werden, sondern ganz buchstäblich als eine Vorhut, die als Erste vorrückt und zuerst ‚Feindberührung' hat – in Gestalt jenes Boss-Gegners, der die Kinematografie verkörpert.

/ 16 / Die performativen Sätze charakterisiert Austin wie folgt: „[D]as Äußern des Satzes ist, jedenfalls teilweise, das Vollziehen einer Handlung." John Langshaw Austin: *Zur Theorie der Sprechakte (How to do things with Words)* [1962]. Stuttgart 2002, S. 28. Austin sollte im Fortgang seiner Überlegungen die Theorie der Sprechakte modifizieren, wie dies nach ihm auch John Searle und andere taten. Im hier diskutierten Zusammenhang interessiert indessen nur der im vorstehenden Zitat angesprochene Aspekt. Die Diskussion um den Sprechakt zeichnet beispielsweise Silvia Seja: *Handlungstheorien des Bildes*. Köln 2009, nach. – In Erweiterung unter anderem dieser Überlegungen Austins versteht Horst Bredekamp in seiner Theorie des Bildakts Bilder als „autonom aktive Entitäten". Horst Bredekamp: *Theorie des Bildakts. Frankfurter Adorno-Vorlesungen*. Berlin 2010, S. 323. Zur Übertragung auf das Computerspiel siehe Thomas Hensel: *Nature morte im Fadenkreuz. Zur Bildlichkeit des Computerspiels*. Trier 2011.
/ 17 / Sybille Krämer, Marco Stahlhut: Das ‚Performative' als Thema der Sprach- und Kulturphilosophie. In: Erika Fischer-Lichte, Christoph Wulf (Hg.): *Paragrana. Internationale Zeitschrift für Historische Anthropologie* 10/1 („Theorien des Performativen"), 2001, S. 35-64, hier: S. 37.
/ 18 / Vgl. Constanze Bausch, Benjamin Jörissen: Das Spiel mit dem Bild. Zur Ikonologie von Action-Computerspielen. In: Christoph Wulf, Jörg Zirfas (Hg.): *Ikonologie des Performativen*. München 2005, S. 345-364, hier: S. 346.
/ 19 / Mike Sandbothe: *Pragmatic Media Philosophy. Foundations of a New Discipline in the Internet Age*. sandbothe.net 2005, www.sandbothe.net/pmp.pdf [20. 02. 2015], S. 162.
/ 20 / Siehe Constanze Bausch, Benjamin Jörissen: Das Spiel mit dem Bild. In: Wulf, Zirfas (Hg.) 2005, a. a. O., S. 347 und 362.
/ 21 / In ähnlich komplexer und mitunter vertrackter Weise rekurrieren auch Spiele wie *The Suffering* (Surreal Software; 2004), *Alan Wake's American Nightmare* (Remedy Entertainment; 2012) und *Contrast* (Compulsion Games; 2013) auf das Dispositiv Kino. Bei erstgenanntem Spiel beispielsweise haben wir es mit einem Mad Scientist zu tun, der über magische Filmprojektoren verfügt, deren Bilder greifbare Realität sind – etwa Gitter, die auf Türöffnungen projiziert werden und diese realiter versperren.
/ 22 / Siehe zum Konzept der Opazität Louis Marin: *Das Opake der Malerei. Zur Repräsentation im Quattrocento*. Berlin 2004; Emmanuel Alloa: *Das durchscheinende Bild. Konturen einer medialen Phänomenologie*. Zürich/Berlin 2011; sowie zu dessen Übertragung auf das Computerspiel Hensel 2011, a. a. O.; Stephan Schwingeler: *Kunstwerk Computerspiel – Digitale Spiele als künstlerisches Material. Eine bildwissenschaftliche und medientheoretische Analyse*. Bielefeld 2014.
/ 23 / Arthur C. Danto: Das Ende der Kunstgeschichte ist nicht das Ende der Kunst. Karlheinz Lüdeking sprach mit Arthur C. Danto. In: *Kunstforum International* 123, 1993, S. 200-208, hier: S. 204.
/ 24 / Gottfried Boehm: Die Wiederkehr der Bilder. In: ders. (Hg.): *Was ist ein Bild?* München 1994, S. 11-38, hier: S. 29. Gottfried Boehm gewinnt die Denkfigur der „ikonischen Differenz" an starken Bildern, sprich an Kunstbildern: „Ein starkes Bild lebt aus eben dieser doppelten Wahrheit: etwas zu zeigen, auch etwas vorzutäuschen und zugleich die Kriterien und Prämissen dieser Erfahrung zu demonstrieren." Ebd., S. 35.
/ 25 / Victor I. Stoichita: *Das selbstbewußte Bild. Vom Ursprung der Metamalerei*. München 1998.
/ 26 / Siehe Britta Neitzel: Selbstreferenz im Computerspiel. In: Winfried Nöth, Nina Bishara, Britta Neitzel: *Mediale Selbstreferenz: Grundlagen und Fallstudien zu Werbung, Computerspiel und Comics*. Köln 2008, S. 119-196; sowie Bernhard Rapp: *Selbstreflexivität im Computerspiel. Theoretische, analytische und funktionale Zugänge zum Phänomen autothematischer Strategien in Games*. Boizenburg 2008. Vgl. auch Jay David Bolters und Richard Grusins Konzept von Remediation, das zwei dialektisch ineinander verschränkte Komponenten kennt: *immediacy*, die Selbstneutralisierung eines Mediums, und *hypermediacy*, die Repräsentation eines Mediums in einem anderen, die im Unterschied zu dessen Unsichtbarmachung das bewusste Ausstellen, die Reflexion der eigenen Vermitteltheit, der eigenen Mediatisierungsleistung inszeniert. Siehe Jay David Bolter, Richard Grusin: *Remediation. Understanding New Media*. Cambridge (Mass.)/London 1999.
/ 27 / Lorenz Engell: Die genetische Funktion des Historischen in der Geschichte der Bildmedien. In: *Archiv für Mediengeschichte* 1 („Mediale Historiographien"), 2001, S. 33-56, hier: S. 52 und 54.

JENS-MARTIN LOEBEL

INTERAKTION MIT GAMES
mittels Emulation im musealen Kontext

Digitale Objekte sind die Güter des Informationszeitalters und bilden wertvolle kulturelle und wissenschaftliche Ressourcen. Sie sind damit Teil unseres digitalen Kulturerbes, dessen Bewahrung und Zugänglichkeit eine der großen Herausforderungen an unsere Gesellschaft darstellt. Wie können digitale Objekte angemessen präsentiert und zugänglich gemacht werden? Wie lässt sich unser digitales Kulturerbe dauerhaft und adäquat bewahren? Von der Gesellschaft für Informatik jüngst zu einer Grand Challenge[1] erklärt, ist diese stark interdisziplinäre Aufgabe Gegenstand zahlreicher Forschungs- und Bewahrungsprojekte.

Die Erhaltung digitaler Daten ist dabei kein einmaliger Vorgang, sondern ein dauerhafter Prozess. So ist beispielsweise die Haltbarkeit digitaler Datenträger deutlich kürzer als die analoger Medien. Datenbestände müssen in regelmäßigen Abständen kopiert und auf die jeweils neueste Generation von Speichermedien überführt werden. Zusätzlich sind die zugrunde liegende Hard- und Software – Betriebssysteme, Treiber, Abspielprogramme sowie Datenformate – einem ständigen Wandel unterworfen. Hinzu kommt eine stetig wachsende Menge von zumeist proprietären Datei- und Datenformaten, die das weitaus größere Problem darstellt. Digitale Daten müssen interpre-

Abb. 1 / *WipEout HD 3D* (Sony Computer Entertainment; 2010), Computerspielemuseum Berlin

/ 01 / Vgl. www.gi.de/themen/grand-challenges-der-informatik/digitale-kultur.html [01. 02. 2015].

tiert werden, damit sie für Menschen in einer sinnlich wahrnehmbaren Form rezipiert werden können: Daten- und Dateiformate, die als gespeicherter Bitstrom vorliegen, werden mittels eines Softwareprogramms und gegebenfalls weiterer Komponenten dargestellt. Es müssen Wege gefunden werden, sämtliche Softwarekomponenten – Objekt, Abspielprogramm, Zusatzprogramme, Treiber und Betriebssystem – über Generationen von Rechner- und Softwaresystemen hinweg dauerhaft benutzbar zu halten.

Die Bewahrung komplexer und interaktiver digitaler Artefakte wie Computer- und Videospiele birgt dabei zusätzliche Anforderungen aufgrund ihres hohen Grads an Interaktivität und der Vereinigung vieler medialer Elemente, beispielsweise Bild, Ton, Video, 3-D. Zeitgleich rückt die Erhaltung des *Look-and-feel* des Spiels und des Dispositivs aus Soft- und Hardware inklusive der Ein- und Ausgabegeräte, der Rezeptionsumgebung sowie der historischen Aufführpraxis in den Vordergrund.

Emulation als Bewahrungsstrategie

Die Methode der Emulation hat sich als einzig gangbare Möglichkeit bewährt, um die Eigenschaften dieser Klasse von komplexen digitalen Objekten obsoleter Computersysteme zu erhalten.

Emulation als Softwaretechnik findet in der Informatik breite Anwendung und ist eine gut untersuchte Technik. Ursprünglich in den 1960er Jahren von IBM entwickelt, um alte Programme auf der neu eingeführten und nicht abwärtskompatiblen 360-Rechner-Architektur auszuführen, ermöglichen es Emulatoren, die temporale und technologische Kluft zwischen zwei Rechnersystemen zu überbrücken.[2] Ein Emulator ist dabei ein spezielles Softwareprogramm, welches

Abb. 2 / Historische Spielcontroller im Computerspielemuseum Berlin

Teileigenschaften eines Rechnersystems nachahmt und zur Laufzeit Maschinenbefehle eines Systems in entsprechende semantisch äquivalente Softwarebefehle eines anderen Systems übersetzt. Ein solcher Emulator ist in der Lage, die Software eines Systems A, beispielsweise eines obsoleten Heimcomputers oder Videospielgeräts, auf einem System B, zum Beispiel einem aktuellen PC, auszuführen, und erzeugt im Idealfall die gleiche Ausgabe.

Im Spielebereich wird die Entwicklung solcher Emulatorprogramme vornehmlich von einer Community von Enthusiasten angetrieben, die sich über das Internet vernetzt und austauscht mit dem Ziel, Spiele ihrer Kindheit und Jugend und die dazugehörigen Systeme dauerhaft spielbar zu erhalten. Quasi als Kollateralnutzen existieren heutzutage für fast jedes obsolete System ein oder mehrere von Hobbyentwicklern erstellte quelloffene Emulatoren. Die Erhal-

/ 02 / Vgl. Stuart G. Tucker: Emulation of large systems. In: *Communications of the ACM*, Band 8, Nr. 12, 1965, S. 753-761.

Abb. 3 / Polyplay (VEB Polytechnik; 1986), der einzige Videospieleautomat der DDR, Computerspielemuseum Berlin

tung mittels Emulation ist essenziell, um den Charakter komplexer digitaler Objekte zu bewahren und eine authentische Wiedergabe zu ermöglichen.[3]

Herausforderungen im Ausstellungskontext: Ein Prototyp für das Filmmuseum

Für die Ausstellung *Film und Games. Ein Wechselspiel* wurden Ausstellungsstationen entwickelt, an denen Besucher Spielszenen interaktiv spielen können. Neben der Betrachtung einer vergleichenden Filmsequenz ist die direkte Ansteuerung bestimmter Szenen von Spielen verschiedenen Alters und unterschiedlichster Systeme notwendig. Konzept und technische Herausforderungen wurden in einem ersten Prototyp aus Hard- und Software von der Firma bitGilde IT Solutions UG eruiert.[4]

Das System stützt sich auf eben jene quelloffenen Emulatoren als hochspezialisierte Software zur Aufführung digitaler Spiele. Der Code der Emulatorprogramme wurde dazu um Funktionen erweitert, um den Zustand des emulierten „virtuellen" Systems automatisiert zu speichern und beim Start wiederherstellen zu können (sogenannte *Save States*). Zur Erzeugung eines *Save State* wird innerhalb des emulierten Systems der aktuelle Zustand des Prozessors und aller Systemkomponenten sowie der Inhalt des System- und Grafikspeichers erfasst und anschließend serialisiert in einer Datei abgespeichert.

Dabei lag das Augenmerk auf der Entwicklung eines automatisierbaren Ladesystems für diese *Save States*, eingebettet in ein Auswahlmenü mit Webservice und Skriptsteuerung. Grundgedanke des Prototyps war die Entwicklung eines Frameworks, das die Machbarkeit des Konzepts zeigt und eine ausbaufähige Architektur bereitstellt.

Die Ausführung im musealen Bereich stellt darüber hinaus weitere Anforderungen. So musste darauf geachtet werden, dass eine einfache Wartung und Austauschbarkeit einzelner Komponenten sowie eine Robustheit der Hardware unter Dauerbenutzung möglich sind. Dies wurde durch die Verwendung von Standard-PC-Komponenten und Spielcontrollern erreicht, die für Besucher nicht sichtbar verbaut werden. Daneben konnten durch den Einsatz und die Erweiterung freier Software gleichzeitig die Gesamtkosten weiter minimiert werden. Emulatoren benötigen, um ausgeführt zu werden, prinzipbedingt ein System, das deutlich leistungsfähiger ist als das emulierte Originalsystem. Hier musste abgewogen werden zwischen Leistung und geringer Wärme- und Geräuschentwicklung (durch Systemlüfter) der PCs. Um einen konstanten Besucherstrom zu gewährleisten, wird das Spiel durch Magnetsensoren beendet, wenn Besucher den Controller zurück ans Exponat legen. Zudem wird die Spieldauer zeitlich begrenzt.

Das Auswahlmenü und die Skriptsteuerung werden als dynamische Webseiten mit Anbindung an einen lokalen Webservice realisiert. Dadurch werden das Design und die Nutzerinteraktion vom Rest des Systems getrennt. Menü und Design können bei Bedarf ohne besondere technische Kenntnisse angepasst werden.

Ausgeführt wird die Webanwendung auf dem Browser Firefox, der in einen speziellen Kioskmodus für Ausstellungen und öffentliche Plätze versetzt wurde. Dadurch ist es möglich, die Interaktion mit den Besuchern genau festzulegen und das darunter liegende System in der Ausstellung zu verbergen. Es ist geplant, die Ergebnisse und den Prototypen unter einer freien Lizenz zu veröffentlichen, um eine vielfältige Nachnutzung zu ermöglichen.

/ **03** / Vgl. Jens-Martin Loebel: *Lost in Translation – Leistungsfähigkeit, Einsatz und Grenzen von Emulatoren bei der Langzeitbewahrung digitaler multimedialer Objekte am Beispiel von Computerspielen*. Glückstadt 2014, abrufbar unter: www.translation-gap.de [18. 02. 2015].
/ **04** / www.bitgilde.de [18. 02. 2015].

ANDY KELLY

OTHER PLACES

↑ Abb. 2 ╱ *Other Places: The Island (Dear Esther)*, 2013

Der künstlerische Aspekt von Videospielen hat mich schon immer interessiert. Als Journalist schreibe ich nun bereits seit mehr als zehn Jahren über dieses Medium, und von Anfang an haben mich dabei die visuelle Gestaltung, die Atmosphäre und der Aufbau der jeweiligen Spielwelt am meisten interessiert – mehr als beispielsweise die Spielsysteme oder die Story. Wenn ich ein Game spiele, mache ich immer Screenshots. Diese Art „virtueller Fotografie" ist für mich extrem befriedigend. Im Laufe der Zeit habe ich auf diese Weise ein großes Bilderarchiv geschaffen, und eines Tages kam mir die Idee, diese imaginären Umgebungen in Videoform zu präsentieren.

Im August 2013 habe ich *Other Places* entwickelt. Ich kann mich nicht mehr daran erinnern, was genau mich zu diesem Projekt inspiriert hat, aber ich habe schon immer die Arbeiten von Godfrey Reggio und Ron Fricke bewundert. Ihre Filme, beispielsweise KOYAANISQATSI (1982) und BARAKA (1992), sind hypnotische Tondichtungen, die durch eine harmonische Verbindung von Bild und Ton eine visuelle Geschichte erzählen, ganz ohne Worte und Dialoge. Ich fand, dass dies eine interessante Darstellungsform wäre, um Spielwelten zu präsentieren, und erstellte das erste Video der Reihe, das Elemente aus Bethesdas Rollenvideospiel *The Elder Scrolls V: Skyrim* (2013) enthält.

⇐

Abb. 1 ╱ Andy Kelly:
Other Places: Hitman: Absolution, 2014

Abb. 4 / *Other Places: Capital Wasteland (Fallout 3)*, 2014

Damals war das ein reines Hobby. Ich hatte gerade erst damit angefangen, mich autodidaktisch mit dem Thema Videobearbeitung zu beschäftigen, und dies war das erste „richtige" Projekt, das ich veröffentlichte. Die Reaktionen waren sehr positiv, und das Video fand schon bald seinen Weg auf zahlreiche Internet- und Social-Media-Seiten. Dank der Unterstützung einiger weniger großer Games-Websites erlangte es durch Mundpropaganda einen immer größeren Bekanntheitsgrad. Während ich diesen Artikel hier schreibe, ist es das zweitbeliebteste Video, das ich bisher gemacht habe, es wurde bereits 110 000-mal angesehen. Das beliebteste Video meiner Serie ist das zu *Grand Theft Auto V* (2013) mit 130 000 Aufrufen. Diese Zahl ist der Tatsache zu verdanken, dass es von Rockstar, dem Entwickler des Spiels, verlinkt wurde.

Also entschloss ich mich dazu, im Rahmen dieser Serie weitere Videos zu erstellen, und führe das Projekt bis heute weiter. Seit ihrem Start wurde die Serie in *BBC News*, *Der Spiegel*, *Vice*, *The Independent* und vielen anderen Medien erwähnt. Die Reaktionen waren sehr inspirierend, und ich bin hocherfreut darüber, dass sich die Menschen für mein Projekt interessieren. Die meisten Gaming-Videos auf YouTube sind laut und hyperaktiv. In *Other Places* hingegen lege ich den Schwerpunkt auf langsames Gehen, die Atmosphäre, die Musik und darauf, ein bestimmtes Gefühl zu erzeugen.

Ein neues Video für diese Serie zu erstellen kann ganz einfach sein oder aber sehr schwierig. Das hängt ganz vom jeweiligen Spiel ab, zu dem ich einen Film erstellen möchte. Am wichtigsten ist, dass ich Zugriff auf eine Kamera habe, die ich für die Aufnahmen frei steuern kann. In einige wenige Games ist diese Funktion bereits integriert, doch in den meisten Fällen muss ich externe Software verwenden, um auf sie zugreifen zu können. Glücklicherweise gibt es eine große Online-Community von Videospielfotografen, die versiert darin sind, sich in Spielcodes einzuhacken, und mithilfe ihrer Tools erstelle ich meine Videos.

Ich brauche Zugriff auf diese „freie" Kamera, weil ich alle in den *Other Places*-Videos enthaltenen Aufnahmen selbst mache. Ich verwende ausschließlich Winkel und Bewegungen, die nicht im Spiel auftauchen und die ein normaler Spieler nicht sieht. Sobald ich Zu-

Abb. 3 / *Other Places: Rage*, 2014

⬆ Abb. 5 ⁄ *Other Places: Camp Omega (Metal Gear Solid V: Ground Zeroes)*, 2014

griff auf eine freie Kamera habe, kann ich damit beginnen, die Umgebung zu erkunden und Aufnahmen zu machen. Zum Aufnehmen der Videos verwende ich ein Programm namens Fraps, und am Ende jeder Sitzung muss ich immer Hunderte Dateien durchsehen.
Das Zusammensetzen der Aufnahmen ist der zeitintensivste Arbeitsschritt. Ich verbringe viele Stunden mit der Suche nach interessanten Details, auf die ich den Fokus legen könnte. Weil es sich um Videos und nicht um unbewegte Bilder handelt, versuche ich immer, in der jeweiligen Welt Bewegungen zu finden, die ich festhalten kann: Elemente wie Wasserfälle, sich wiegende Blätter, Tiere und Wolken. Einige Spielwelten sind sehr statisch, gerade sie lassen sich am schwersten in ansprechen-

Abb. 6 ⁄ *Other Places: Bright Falls 2 (Alan Wake)*, 2014

den Aufnahmen festhalten. Ältere Games haben tendenziell statischere Umgebungen, während moderne bewegungs- und detailreich sind.

Ich versuche allerdings, die wahrgenommene Bewegung so gering wie möglich zu halten, damit die Betrachter die von den Videospielkünstlern mit großer Sorgfalt kreierten feinen Details der Welten genießen können. In meiner Freizeit schaue ich mir viele Filme an und mache mir Notizen dazu, wie man eine Kamera auf interessante Weise durch einen Raum bewegen kann. Der Film zu *Alien: Isolation* (2014) wurde von Ridley Scotts wegweisendem Science-Fiction-Klassiker ALIEN (1979) inspiriert, und der Film zu *Red Dead Redemption* (2010) ist ebenso eine Hommage an NO COUNTRY FOR OLD MEN (2007) von Joel und Ethan Coen wie auch an die klassischen Spaghettiwestern.

Im nächsten Schritt geht es darum, die passende Musik zu finden. Zumeist wähle ich aus dem Soundtrack des betreffenden Games ein Stück aus, das meiner Meinung nach die Stimmung und die Atmosphäre des Games am besten widerspiegelt. Ich entscheide mich immer für langsamere, eher zurückhaltendere Musik, weil sie das beruhigende, entspannende Tempo der Videos betont. Es kommt aber auch vor, dass der Soundtrack kein passendes Stück enthält, dann suche ich nach Alternativen. Beim Video zu *Elite: Dangerous* (2014), einer Hommage an 2001: A SPACE ODYSSEY (1968), habe ich beispielsweise zwei klassische Stücke verwendet: *Also sprach Zarathustra* von Richard Strauss und *An der schönen blauen Donau* von Johann Strauss.

Nach der Musikauswahl folgt der letzte Schritt: die Bearbeitung. Zum Zusammenschneiden des Filmmaterials verwende ich Adobe Premiere. Zunächst durchsuche ich systematisch die mehreren hundert Einzelaufnahmen und wähle die besten aus. Danach importiere ich die von mir ausgewählte Musik und bearbeite die Clips so, dass Darstellung und Klang sich gut ergänzen. Ich versuche, sicherzustellen, dass visuelle und Audioelemente bestmöglich synchronisiert sind. Manchmal verwende ich auch Hintergrundgeräusche aus der jeweiligen Spielwelt wie zum Beispiel heulenden Wind, um die Atmosphäre zu verdichten.

Die Bearbeitung ist tatsächlich der kürzeste Arbeitsschritt, und nach einigen Stunden habe ich dann ein fertiges Video mit einer Länge von drei bis fünf Minuten. Das muss dann nur noch auf YouTube hochgeladen und auf Social-Media-Websites promotet werden. Twitter und Facebook haben einen großen Anteil am Erfolg der Serie. Durch meinen Beruf als Journalist verfüge ich über eine beachtliche Zahl an Followern bei Twitter, die mich dabei unterstützen, meine neuen Videos bekannt zu machen.

Im Großen und Ganzen ist die Erstellung der *Other Places*-Videos eine entspannende Sache. Es ist eine großartige Möglichkeit, um nach einem harten Arbeitstag abzuschalten. Es gibt allerdings auch einige Herausforderungen. Bei Open-World-Spielen beispielsweise kann das unvorhersehbare Verhalten von AI-gesteuerten Elementen Aufnahmen ruinieren. Da ich das jeweilige Spiel stets im besten Licht darstellen möchte, machen Autos, Fußgänger oder Tiere, die sich seltsam verhalten, beispielsweise indem sie unerwartet in der Szenerie auftauchen, Aufnahmen unbrauchbar. Auch die Aufrechterhaltung einer gleichbleibenden Frame-Rate kann bei grafikintensiven Spielen schwierig sein. Um mit den sich schnell entwickelnden Grafiktechnologien Schritt halten zu können, musste ich in einen neuen Grafikprozessor investieren.

Insgesamt betrachtet, ist aber die traditionelle Filmproduktion meine größte Inspiration, obwohl ich zur Erstellung meiner Filme Videospiele als Medium verwende. Schon als Kind war ich von Filmen regelrecht besessen, und große Regisseure wie Stanley Kubrick, Ridley Scott, die Coen-Brüder, Sidney Lumet und viele andere – wie auch Kameraleute, beispielsweise der unglaubliche Roger Deakins – lenken wohl unbewusst meine Hand, wenn ich die *Other Places*-Videos mache.

Einen Film in einer virtuellen Welt zu erstellen hat viele Vorteile. Dazu gehört unter anderem die Möglichkeit, „vor Ort" drehen zu können, ohne sein Zuhause verlassen zu müssen, sowie Kamerawinkel und -bewegungen realisieren zu können, die im wahren Leben ohne High-End-Geräte oder kostenintensive CG nicht durchführbar wären. Für aufstrebende Filmemacher ist das eine großartige Chance, die Bearbeitung, Anfertigung und Zusammensetzung von Filmaufnahmen in der Praxis zu üben, ohne die tatsächlichen Schauplätze auskundschaften und aufsuchen zu müssen. Die imaginären Orte haben vielleicht nicht dieselbe Wiedergabetreue und Reichhaltigkeit wie die reale Welt, aber sie sind fähig, eine gleichermaßen starke Atmosphäre zu erzeugen.

CG
CG ist die Abkürzung für Computergrafik und bezeichnet Bilder in Filmen, die mittels 3-D-Computergrafiken erzeugt werden.

AI-gesteuertes Element
Dies sind Elemente, die von einer künstlichen Intelligenz gesteuert werden. In Videospielen zählen dazu bspw. Figuren, die vom Programm kontrolliert werden.

STEVEN POOLE

Der „Citizen Kane" der
VIDEOSPIELE

Abb. 2 / *BioShock Infinite* (Irrational Games; 2013)

Wer ist der „Citizen Kane" der Videospiele? Diese Frage könnte man als „Zombiefrage" bezeichnen: eine Frage, von der man eigentlich annahm, dass sie schon vor langer Zeit zu Recht definitiv abgehakt sei, die aber tatsächlich immer wieder neu hochkommt, herumtorkelt und dabei Brocken faulenden Fleischs verliert. Dort, wo sich einst ihre höheren intellektuellen Funktionen befanden, klafft nun eine beängstigende, gähnende Leere. Immer wieder wird mit bemerkenswerter Regelmäßigkeit ein neues Videospiel, dessen nicht-interaktive Erzählpassagen – bekannt als Cutscenes – vom Computer erzeugten filmischen Zwischenspielen ähneln, von der Fachwelt als lang ersehnter „Citizen-Kane-Moment" der Videospiele gepriesen.

Längst nicht alle, die begierig darauf warten, den neuesten „Citizen Kane" der Videospiele vorzustellen, sind auch glühende Fans des gleichnamigen Films. Wir dürfen nicht davon ausgehen, dass ihre Wände mit CITIZEN KANE-Postern tapeziert sind oder sie die Stimme eines sterbenden Mannes, der mit letzter Kraft „Rosebud" haucht, als Klingelton für ihre Smartphones nutzen. Die Erwähnung des Filmtitels CITIZEN KANE ist vielmehr eine Art Codewort geworden, das so viel bedeutet wie „ein neuer Meilenstein der Videogames". Es ist seltsam, dass hierfür gerade Orson Welles' Film

Abb. 1 / *The Last of Us*
(Naughty Dog; 2013)

Abb. 4-5 ⟋ *The Last of Us*

als Referenz dient, denn er wurde bereits 1941 veröffentlicht, und außerdem gingen ihm Filme wie Sergej Eisensteins PANZERKREUZER POTEMKIN (1925), Fritz Langs METROPOLIS (1927), Alfred Hitchcocks 39 STUFEN (1935), Charlie Chaplins MODERNE ZEITEN (1936) und Jean Renoirs DIE SPIELREGEL (1939) voraus.

Das größte Problem bei dieser Frage besteht jedoch darin, dass Videospiele und Filme verschiedene Medien mit unterschiedlichen Stärken und Möglichkeiten sind. Manchmal wird der Vergleich mit „Citizen Kane" gezogen, um zu bekräftigen, dass es den Videospielen nun endlich gelungen ist zu beweisen, dass auch sie ebenso wie Filme ernstzunehmende gefühlvolle Dramatik darstellen können. Weshalb aber sollten Videospiele, die ja eine interaktive Kunstform darstellen, sich ausschließlich oder vor allem auf das Erzählen von Geschichten beschränken? Sie haben doch Möglichkeiten, die keinem Film zur Verfügung stehen: Im Spiel können wir wundersame Orte ganz nach unserem Geschmack mit einem Gefühl von ästhetischer Verwunderung erkunden oder uns von unterhaltsamen ki-

netischen oder räumlichen Geduldsspielen geistig herausfordern lassen. In dieser Hinsicht sind Videogames und Filme schlichtweg nicht miteinander vergleichbar. Es wäre ganz eindeutig völlig absurd, weitere medienübergreifende Fragen dieser Art zu stellen: Was ist das „Mad Men" unter den Popsongs? Was ist das „Paradise Lost" des Fernsehens? Was ist das „Smells Like Teen Spirit" des klassischen Balletts? Was ist das „Verlorene Liebesmüh" des Töpferhandwerks?

Tatsache ist, dass die Mehrheit der Tonkrüge nicht danach strebt, romantische Komödien darzustellen, und die meisten klassischen Ballerinen nicht alles daran setzen, ohrenbetäubenden Grunge zu kreieren. Viele Videogames hingegen versuchen, wie Filme zu sein, und genau da liegt der Ursprung des Bilds vom Citizen-Kane-der-Videospiele. Es ist durch einen nachhaltigen Fehler entstanden: einen Fehler der Videospieldesigner, der mehrfach wiederholt wurde, sowohl von ihren unkritischen Fans als auch von ihren Kritikern.

Dies war in den vergangenen Jahren das Schicksal von Videospielen wie beispielsweise *The Last of Us* (2013) und *BioShock Infinite* (2013) – Games mit einem extrem repetitiven und begrenzten Spektrum naturalistisch dargestellter Gewalthandlungen, ausgedehnt über Dutzende Stunden, die in einem Film nur ein paar Minuten toleriert würden, die aber hier (vor allem mithilfe nicht-interaktiver Cutscenes) in eine Art „Erzählung" verpackt werden und den Betrachter so dazu verleiten, sie als „filmisch" wahrzunehmen (Abb. 2-3). *The Last of Us* (2013) beispielsweise ist ein typischer Videospiel-„Mordsimulator". Schon gleich nach Beginn des Spiels muss man an heruntergekommenen städtischen Orten Menschen töten – doch der Avatar des Spielers, ein Mann mittleren Alters, hat eine einfühlsame Beziehung zu einem jungen Mädchen, weshalb das Spiel im Vergleich zu seinen

Abb. 3 ⟋ *BioShock Infinite*

Konkurrenzprodukten als künstlerisch ausgereifter gilt (Abb. 1 und 4-5). Es gibt sogar Kritiker, die davon sprechen, dass „die Erzählung dem Kino Konkurrenz macht": Dies wurde beispielsweise *Red Dead Redemption* (2010) nachgesagt, einem auf Bildmotiven aus Westernfilmen basierenden Game, jedoch mit einem besonderen Schwerpunkt auf dem Abschlachten wilder Tiere und überhaupt aller Lebewesen, denen man begegnet (Abb. 6). (Irgendwann wurde ich durch die ständige Ermunterung des Spiels, ein virtueller Immobilienunternehmer zu werden, in eine so tiefe nihilistische Verzweiflung getrieben, dass ich mein eigenes Pferd getötet und gehäutet habe. Das gibt es so meines Wissens nicht einmal mehr im blutrünstigsten Schundwestern auf der großen Leinwand.)

Solche Games können nicht als visuelles Erzählen gewertet werden, selbst dann nicht, wenn wir nur die nicht-interaktiven Teile betrachten. Wenn man so tut, als könnten Videospiele dieser Art es in punkto dramaturgischen Erzählens schon mit dem Kino aufnehmen, beleidigt man generell selbst die handwerklich solidesten Subgenrefilme à la John Ford und Sergio Leone. Und genau deshalb muss man, wenn es um Darstellung und Erzählung geht, beschämend niedrige Standards akzeptieren, um jeglichen Wettbewerbsvergleich mit Filmen aufrechterhalten zu können. Wenn Videospielfans in der Hoffnung, ihr Medium zu verteidigen, bereit sind, es ästhetisch verkommen zu lassen, dann dürfen sie sich nicht beschweren, wenn ein Nichteingeweihter einen Blick drauf wirft und dann verächtlich schnaubt: „Also wenn das der ‚Citizen Kane' der Videospiele ist, dann ist es so, wie ich schon vermutet habe: Sie sind alle Schrott."

Zusammenfassend betrachtet ist der „Kane"-Vergleich also nicht nur unqualifiziert, sondern tatsächlich schädlich, und zwar insoweit, als er noch mehr Entwickler in

⚜ **Abb. 6** ⚜ *Red Dead Redemption* (Rockstar San Diego; 2010)

Zugzwang bringt, einen „‚Citizen Kane' erschaffen zu müssen", und es dann nicht mehr in erster Linie darum geht, ein wirklich gutes Videospiel zu machen. Wenn wir uns zwei herausragende Beispiele der beiden Medienformen aus dem Jahr 2014 in Erinnerung rufen, dann sind die Unterschiede offensichtlich. Die Filmphantasie WHIPLASH (Damien Chazelle) über autoritäre Pädagogik und Jazz-Schlagzeugspielen ist ein herausragender Film. Das schöne Retro-Shoot-'em-up *Resogun* wiederum ist ein großartiges Videogame, obwohl es keinerlei Dialoge enthält und die Menschen darin nur als kleine, grün eingerahmte Anthropoide dargestellt werden. Jedes dieser Meisterstücke nutzt die Stärken seines eigenen Mediums und strebt nicht danach, gerade das umzusetzen, was eben ein anderes Medium am besten kann. Genau das ist es, was man aus all den fruchtlosen Versuchen der Klassifizierung verschiedener Kunstformen lernen sollte. Die korrekte Antwort auf die Frage „Wer ist der ‚Citizen Kane' der Videospiele?" wäre somit die Gegenfrage: „Was ist das ‚Tetris' des Kinos?"

Filmografie

ALIEN
(Alien – Das unheimliche Wesen aus einer fremden Welt), US/UK, 1979
R: Ridley Scott
PD: Gordon Carroll, David Giler, Walter Hill / **DB:** Dan O'Bannon, Ronald Shusett / **Da:** Sigourney Weaver, Tom Skerritt, John Hurt / **M:** Jerry Goldsmith / **K:** Derek Vanlint
L: 117 Min. / **F:** 35 mm

ALIENS
(Aliens – Die Rückkehr), US, 1986
R: James Cameron
PD: Gale Anne Hurd / **DB:** James Cameron, David Giler, Walter Hill / **Da:** Sigourney Weaver, Carrie Henn, Michael Biehn, Lance Henriksen
M: James Horner / **K:** Adrian Biddle
L: 137 Min. / **F:** 35 mm

ALIEN VS. PREDATOR
US/CA/UK/DE, 2004
R: Paul W. S. Anderson
PD: Gordon Carroll, John Davis, David Giler, Walter Hill / **DB:** Paul W. S. Anderson / **Da:** Sanaa Lathan, Raoul Bova, Lance Henriksen / **M:** Harald Kloser
K: David Johnson
L: 97 Min. / **F:** 35 mm

ALONE IN THE DARK
CA/DE/US, 2005
R: Uwe Boll
PD: Shawn Williamson, Wolfgang Herold
DB: Elan Mastai, Michael Roesch, Peter Scheerer / **Da:** Christian Slater, Tara Reid, Stephen Dorff / **M:** Reinhard Besser, Oliver Lieb, Bernd Wendlandt, Peter Zweier
K: Mathias Neumann
L: 94 Min. / **F:** 35 mm

ALPHAVILLE: UNE ÉTRANGE AVENTURE DE LEMMY CAUTION
(Lemmy Caution gegen Alpha 60), FR/IT, 1965
R: Jean-Luc Godard
PD: André Michelin / **DB:** Jean-Luc Godard / **Da:** Eddie Constantine, Anna Karina, Akim Tamiroff / **M:** Paul Misraki
K: Raoul Coutard
L: 89 Min. / **F:** 35 mm

APOCALYPSE NOW
US, 1979
R: Francis Ford Coppola
PD: John Ashley, Eddie Romero, Mona Skager / **DB:** John Milius, Francis Ford Coppola / **Da:** Martin Sheen, Marlon Brando, Robert Duvall / **M:** Carmine Coppola / **K:** Vittorio Storaro
L: 153 Min. / **F:** 16 mm / 35 mm

ASSAULT ON PRECINCT 13
(Assault – Anschlag bei Nacht), US, 1976
R: John Carpenter
PD: J. S. Kaplan / **DB:** John Carpenter
Da: Austin Stoker, Darwin Joston, Laurie Zimmer / **M:** John Carpenter
K: Douglas Knapp
L: 91 Min. / **F:** 35 mm

AVALON
(Avalon – Spiel um dein Leben), JP/PL, 2001
R: Mamoru Oshii
PD: Atsushi Kubo / **DB:** Kazunori Itō
Da: Małgorzata Foremniak, Władysław Kowalski, Jerzy Gudejko, Dariusz Biskupski / **M:** Kenji Kawai / **K:** Grzegorz Kedzierski
L: 106 Min. / **F:** 35 mm

BERLIN – DIE SINFONIE DER GROSSSTADT
DE, 1927
R: Walter Ruttmann
PD: Karl Freund / **DB:** Karl Freund, Carl Mayer, Walter Ruttmann / **M:** Edmund Meisel / **K:** Robert Baberske, Reimar Kuntze, Karl Freund, László Schäffer
L: 65 Min. / **F:** 35 mm

BLOODRAYNE
US/DE, 2005
R: Uwe Boll
PD: Uwe Boll, Wolfgang Herold, Dan Clarke, Shawn Williamson / **DB:** Guinevere Turner / **Da:** Kristanna Loken, Michael Madsen, Ben Kingsley, Michelle Rodriguez / **M:** Henning Lohner
K: Mathias Neumann
L: 94 Min. / **F:** 35 mm

BRONENOSSEZ POTJOMKIN
(Panzerkreuzer Potemkin), SU, 1925
R: Sergej Eisenstein
PD: Jakow Blioch / **DB:** Nina Agadschanowa / **Da:** Alexander Antonow, Wladimir Barski, Grigori Alexandrow
K: Wladimir Popow, Eduard Tisse
L: 63–70 Min. / **F:** 35 mm

CHILDREN OF MEN
US/UK, 2006
R: Alfonso Cuarón
PD: Marc Abraham, Eric Newman, Hilary Shor, Iain Smith, Tony Smith / **DB:** Alfonso Cuarón, Timothy J. Sexton / **Da:** Clive Owen, Julianne Moore, Michael Caine
M: John Tavener / **K:** Emmanuel Lubezki
L: 106 Min. / **F:** 35 mm

CLOVERFIELD
US, 2008
R: Matt Reeves
PD: J. J. Abrams, Bryan Burk / **DB:** Drew Goddard / **Da:** Mike Vogel, Jessica Lucas, Lizzy Caplan / **M:** Michael Giacchino / **K:** Michael Bonvillain
L: 81 Min. / **F:** Video (HDTV)

CRANK
US, 2006
R: Mark Neveldine, Brian Taylor
PD: Tom Rosenberg, Gary Lucchesi, Richard S. Wright, Skip Williamson, Michael Davis / **DB:** Mark Neveldine, Brian Taylor / **Da:** Jason Statham, Amy Smart, Carlos Sanz / **M:** Paul Haslinger
K: Adam Biddle
L: 85 Min. / **F:** Video (HDTV) / Video (NTSC)

CRANK: HIGH VOLTAGE
(Crank 2: High Voltage), US, 2009
R: Mark Neveldine, Brian Taylor
PD: Gary Lucchesi, Tom Rosenberg, Skip Williamson, Richard S. Wright / **DB:** Mark Neveldine, Brian Taylor / **Da:** Jason Statham, Amy Smart, Clifton Collins Jr.
M: Mike Patton / **K:** Brandon Trost
L: 96 Min. / **F:** Video (HDTV)

ABKÜRZUNGEN
Da: Darsteller
DB: Drehbuch
F: Negativformat
K: Kamera
L: Länge
M: Musik
PD: Produzent
R: Regie

LÄNDER
AU: Australien
CA: Kanada
CZ: Tschechien
DE: Deutschland
ES: Spanien
FR: Frankreich
IT: Italien
JP: Japan
KR: Südkorea
LU: Luxemburg
NZ: Neuseeland
PL: Polen
SU: Sowjetunion
UK: Großbritannien
US: Vereinigte Staaten

DARK CITY
US/AU, 1998
R: Alex Proyas
PD: Andrew Mason, Alex Proyas
DB: Alex Proyas, Lem Dobbs, David S. Goyer ∕ Da: Rufus Sewell, William Hurt, Kiefer Sutherland, Jennifer Connelly
M: Trevor Jones ∕ K: Dariusz Wolski
L: 96 Min. ∕ F: 35 mm

Defiance
US, seit 2013
Serie von Universal Cable Productions
PD: Anupam Nigam ∕ M: Bear McCreary
L: 43 Min. pro Folge
Episoden: 25 in 2 Staffeln

DIE DRITTE GENERATION
DE, 1978
R: Rainer Werner Fassbinder
PD: Tango-Film ∕ DB: Rainer Werner Fassbinder ∕ Da: Eddie Constantine, Hanna Schygulla, Volker Spengler
M: Peer Raben ∕ K: Rainer Werner Fassbinder
L: 105 Min. ∕ F: 35 mm

DIE HARD
(Stirb langsam), US, 1988
R: John McTiernan
PD: Lawrence Gordon, Joel Silver
DB: Jeb Stuart, Steven E. de Souza
Da: Bruce Willis, Alan Rickman, Bonnie Bedelia ∕ M: Michael Kamen ∕ K: Jan de Bont
L: 131 Min. ∕ F: 35 mm

DOOM
(Doom – Der Film), DE/US/UK/CZ, 2005
R: Andrzej Bartkowiak
PD: John Wells, Lorenzo di Bonaventura
DB: Dave Callaham, Wesley Strick
Da: Dwayne Johnson, Karl Urban, Rosamund Pike ∕ M: Clint Mansell ∕ K: Tony Pierce-Roberts
L: 108 Min. ∕ F: 35 mm

DOUBLE DRAGON
US, 1994
R: James Yukich
PD: Jane Hamsher, Don Murphy, Alan Schechter, Ash R. Shah ∕ DB: Michael Davis, Peter Gould, Mark Brazill
Da: Robert Patrick, Mark Dacascos, Scott Wolf ∕ M: Jay Ferguson ∕ K: Gary Dunham
L: 95 Min. ∕ F: 35 mm

DR. STRANGELOVE OR: HOW I LEARNED TO STOP WORRYING AND LOVE THE BOMB
(Dr. Seltsam oder: Wie ich lernte, die Bombe zu lieben), UK, 1964
R: Stanley Kubrick
PD: Hawk Films, Stanley Kubrick
DB: Stanley Kubrick, Terry Southern, Peter Bryant ∕ Da: Peter Sellers, George C. Scott, Sterling Hayden, Slim Pickens
M: Laurie Johnson ∕ K: Gilbert Taylor
L: 93 Min. ∕ F: 35 mm

E. T. – THE EXTRA-TERRESTRIAL
(E. T. – Der Außerirdische), US, 1982
R: Steven Spielberg
PD: Steven Spielberg, Kathleen Kennedy
DB: Melissa Mathison ∕ Da: Henry Thomas, Drew Barrymore, Peter Coyote
M: John Williams ∕ K: Allen Daviau
L: 115 ∕ F: 35 mm

EDGE OF TOMORROW
US/UK/KR, 2014
R: Doug Liman
PD: Jason Hoffs, Gregory Jacobs, Tom Lassally, Jeffrey Silver, Erwin Stoff
DB: Christopher McQuarrie, Jez Butterworth, John-Henry Butterworth
Da: Tom Cruise, Emily Blunt, Brendan Gleeson, Bill Paxton ∕ M: Christophe Beck ∕ K: Dion Beebe
L: 113 Min. ∕ F: 35 mm

ENTER THE VOID
FR, 2009
R: Gaspar Noé
PD: Brahim Chioua, Vincent Maraval, Olivier Delbosc, Marc Missonnier
DB: Gaspar Noé ∕ Da: Nathaniel Brown, Paz de la Huerta, Cyril Roy, Emily Alyn Lind ∕ M: Thomas Bangalter ∕ K: Benoît Debie
L: 150 Min. ∕ F: 35 mm

EVENT HORIZON
(Event Horizon – Am Rande des Universums), US/UK, 1997
R: Paul W. S. Anderson
PD: Lawrence Gordon ∕ DB: Philip Eisner ∕ Da: Laurence Fishburne, Sam Neill, Joely Richardson, Kathleen Quinlan
M: Michael Kamen, Orbital ∕ K: Adrian Biddle
L: 92 Min. ∕ F: 35 mm

eXistenZ
CA/UK, 1999
R: David Cronenberg
PD: David Cronenberg, Andras Hamori, Robert Lantos ∕ DB: David Cronenberg
Da: Jennifer Jason Leigh, Jude Law, Ian Holm, Willem Dafoe ∕ M: Howard Shore
K: Peter Suschitzky
L: 97 Min. ∕ F: 35 mm

FAHRENHEIT 451
UK, 1966
R: François Truffaut
PD: Lewis M. Allen ∕ DB: Jean-Louis Richard, François Truffaut ∕ Da: Oskar Werner, Julie Christie, Cyril Cusack, Anton Diffring ∕ M: Bernard Herrmann
K: Nicolas Roeg
L: 109 Min. ∕ F: 35 mm

FIRST BLOOD
(Rambo), US, 1982
R: Ted Kotcheff
PD: Buzz Feitshans, Mario Kassar, Andrew G. Vajna, Herb Nanas
DB: Michael Kozoll, William Sackheim, Sylvester Stallone ∕ Da: Sylvester Stallone, Richard Crenna, Bian Dennehy
M: Jerry Goldsmith ∕
K: Andrew Laszlo
L: 93 Min. ∕ F: 35 mm

GAMER
US, 2009
R: Mark Neveldine, Brian Taylor
PD: Gary Lucchesi, Tom Rosenberg, Skip Williamson, Richard S. Wright ∕ DB: Mark Neveldine, Brian Taylor ∕ Da: Gerard Butler, Michael C. Hall, Kyra Sedgwick, Alison Lohman ∕ M: Robb Williamson, Geoff Zanelli ∕ K: Ekkehart Pollack
L: 91 Min. ∕ F: 35 mm

GHOSTBUSTERS
(Ghostbusters – Die Geisterjäger), US, 1984
R: Ivan Reitman
PD: Ivan Reitman ∕ DB: Dan Aykroyd, Harold Ramis ∕ Da: Bill Murray, Dan Aykroyd, Sigourney Weaver ∕ M: Elmer Bernstein ∕ K: László Kovács
L: 105 Min. ∕ F: 35 mm

GRAVITY
US/UK, 2013
R: Alfonso Cuarón
PD: David Heyman, Alfonso Cuarón
DB: Alfonso Cuarón, Jonás Cuarón, George Clooney ⁄ **Da:** Sandra Bullock, George Clooney, Ed Harris, Amy Warren
M: Steven Price ⁄ **K:** Emmanuel Lubezki
L: 90 Min. ⁄ **F:** 65 mm / Codex

GROUNDHOG DAY
(Und täglich grüßt das Murmeltier), US, 1993
R: Harold Ramis
PD: Trevor Albert ⁄ **DB:** Danny Rubin, Harold Ramis ⁄ **Da:** Bill Murray, Andie MacDowell, Chris Elliott, Stephen Tobolowsky ⁄ **M:** George Fenton ⁄ **K:** John Bailey
L: 101 Min. ⁄ **F:** 35 mm

HOUSE OF THE DEAD
US/CA/DE, 2003
R: Uwe Boll
PD: Uwe Boll, Wolfgang Herold, Shawn Williamson ⁄ **DB:** Mark A. Altman, Dave Parker ⁄ **Da:** Jonathan Cherry, Ona Grauer, Tyron Leitso ⁄ **M:** Reinhard Besser
K: Mathias Neumann
L: 87 Min. ⁄ **F:** 35 mm

INCEPTION
US/UK, 2010
R: Christopher Nolan
PD: Christopher Nolan, Emma Thomas
DB: Christopher Nolan ⁄ **Da:** Leonardo DiCaprio, Joseph Gordon-Levitt, Marion Cotillard, Ellen Page ⁄ **M:** Hans Zimmer
K: Wally Pfister
L: 148 Min. ⁄ **F:** 35 mm

INDIANA JONES AND THE TEMPLE OF DOOM
(Indiana Jones und der Tempel des Todes), US, 1984
R: Steven Spielberg
PD: Robert Watts ⁄ **DB:** George Lucas, Willard Huyck, Gloria Katz ⁄ **Da:** Harrison Ford, Kate Capshaw, Jonathan Ke Quan
M: John Williams ⁄ **K:** Douglas Slocombe
L: 114 Min. ⁄ **F:** 35 mm

INDIANA JONES AND THE LAST CRUSADE
(Indiana Jones und der letzte Kreuzzug), US, 1989
R: Steven Spielberg
PD: Robert Watts ⁄ **DB:** Jeffrey Boam, George Lucas, Menno Meyjes
Da: Harrison Ford, Sean Connery, Denholm Elliott, Alison Doody ⁄ **M:** John Williams ⁄ **K:** Douglas Slocombe
L: 122 Min. ⁄ **F:** 35 mm

IRON MAN
US, 2008
R: Jon Favreau
PD: Avi Arad, Kevin Feige ⁄ **DB:** Mark Fergus, Hawk Ostby, Art Marcum, Matt Holloway ⁄ **Da:** Robert Downey Jr., Gwyneth Paltrow ⁄ **M:** Ramin Djawadi
K: Matthew Libatique
L: 126 Min. ⁄ **F:** 35 mm

JASON AND THE ARGONAUTS
(Jason und die Argonauten), US/UK, 1963
R: Don Chaffey
PD: Charles H. Schneer ⁄ **DB:** Beverley Cross, Jan Read ⁄ **Da:** Todd Armstrong, Nancy Kovack, Gary Raymond
M: Bernard Herrmann ⁄ **K:** Wilkie Cooper
L: 105 Min. ⁄ **F:** 35 mm

KOYAANISQATSI
US, 1982
R: Godfrey Reggio
PD: Godfrey Reggio, Francis Ford Coppola ⁄ **DB:** Ron Fricke, Michael Hoenig, Godfrey Reggio, Alton Walpole
Da: Lou Dobbs, Ted Koppel ⁄ **M:** Philip Glass ⁄ **K:** Ron Fricke
L: 86 Min. ⁄ **F:** 35 mm

LABYRINTH
(Die Reisen ins Labyrinth), US/UK, 1986
R: Jim Henson
PD: Eric Rattray ⁄ **DB:** Terry Jones
Da: David Bowie, Jennifer Connelly, Toby Froud, Shelley Thompson ⁄ **M:** Trevor Jones, David Bowie ⁄ **K:** Alex Thomson
L: 97 Min. ⁄ **F:** 35 mm

LADY IN THE LAKE
(Die Dame im See), US, 1947
R: Robert Montgomery
PD: George Haight ⁄ **DB:** Steve Fisher, Raymond Chandler ⁄ **Da:** Robert Montgomery, Audrey Totter, Lloyd Nolan
M: David Snell ⁄ **K:** Paul Vogel
L: 105 Min. ⁄ **F:** 35 mm

LARA CROFT: TOMB RAIDER
US/DE/JP/UK, 2001
R: Simon West
PD: Lawrence Gordon ⁄ **DB:** Patrick Massett, John Zinman ⁄ **Da:** Angelina Jolie, Jon Voight, Iain Glen ⁄ **M:** Graeme Revell ⁄ **K:** Peter Menzies Jr.
L: 100 Min. ⁄ **F:** 35 mm

LARA CROFT: TOMB RAIDER: THE CRADLE OF LIFE
(Lara Croft: Tomb Raider – Die Wiege des Lebens), US/DE/JP/UK, 2003
R: Jan de Bont
PD: Lawrence Gordon, Lloyd Levin
DB: Dean Georgaris ⁄ **Da:** Angelina Jolie, Gerard Butler, Chris Barrie
M: Alan Silvestri ⁄ **K:** David Tattersall
L: 113 Min. ⁄ **F:** 35 mm

LE SCAPHANDRE ET LE PAPILLON
(Schmetterling und Taucherglocke), FR/US, 2007
R: Julian Schnabel
PD: Kathleen Kennedy, Jon Kilik
DB: Ronald Harwood ⁄ **Da:** Mathieu Amalric, Emmanuelle Seigner, Marie-Josée Croze, Anne Consigny
M: Paul Cantelon ⁄
K: Janusz Kamiński
L: 112 Min. ⁄ **F:** 35 mm

LOLA RENNT
DE, 1998
R: Tom Tykwer
PD: Stefan Arndt ⁄ **DB:** Tom Tykwer
Da: Franka Potente, Moritz Bleibtreu, Herbert Knaup, Ute Lubosch ⁄ **M:** Tom Tykwer, Johnny Klimek, Reinhold Heil
K: Frank Griebe
L: 81 Min. ⁄ **F:** 35 mm

LORD OF THE RINGS
US/NZ, 2001-2003
R: Peter Jackson
PD: Peter Jackson, Barrie M. Osborne, Tim Sanders, Fran Walsh / DB: Fran Walsh, Philippa Boyens, Peter Jackson
M: Howard Shore / K: Andrew Lesnie
F: 35 mm
> LORD OF THE RINGS:
THE FELLOWSHIP OF THE RING (2001)
(Der Herr der Ringe - Die Gefährten)
Da: Elijah Wood, Ian McKellen, Viggo Mortensen, Sean Astin
L: 178 Min.
> LORD OF THE RINGS:
THE TWO TOWERS (2002)
(Der Herr der Ringe - Die zwei Türme)
Da: Elijah Wood, Ian McKellen, Sean Astin, Orlando Bloom
L: 201 Min.
> LORD OF THE RINGS:
THE RETURN OF THE KING (2003)
(Der Herr der Ringe - Die Rückkehr des Königs)
Da: Elijah Wood, Ian McKellen, Sean Astin, Cate Blanchett
L: 179 Min.

MARVEL'S THE AVENGERS
US, 2012
R: Joss Whedon
PD: Kevin Feige / DB: Joss Whedon, Zak Penn / Da: Robert Downey Jr., Chris Evans, Scarlett Johansson, Mark Ruffalo
M: Alan Silvestri / K: Seamus McGarvey
L: 142 Min. / F: 35 mm

METROPOLIS
DE, 1927
R: Fritz Lang
PD: Erich Pommer / DB: Thea von Harbou / Da: Brigitte Helm, Alfred Abel, Gustav Fröhlich / M: Gottfried Huppertz
K: Karl Freund, Günther Rittau, Walter Ruttmann
L: 153 Min. / F: 35 mm

Miami Vice
US, 1984-1989
Serie von Michael Mann, Anthony Yerkovich
M: Jan Hammer, Tim Truman, John Petersen
L: 42 Min. pro Folge
Episoden: 111 in 5 Staffeln

MORTAL COMBAT
US, 1995
R: Paul W. S. Anderson
PD: Lawrence Kasanoff / DB: Kevin Droney / Da: Christopher Lambert, Robin Shou, Bridgette Wilson, Linden Ashby / M: George S. Clinton / K: John R. Leonetti
L: 101 Min. / F: 35 mm

NORTH BY NORTHWEST
(Der unsichtbare Dritte), US, 1959
R: Alfred Hitchcock
PD: Herbert Coleman, Alfred Hitchcock
DB: Ernest Lehman / Da: Cary Grant, Eva Marie Saint, James Mason, Leo G. Corell
M: Bernard Herrmann / K: Robert Burks
L: 136 Min. / F: 35 mm

PIRATES OF THE CARIBBEAN: THE CURSE OF THE BLACK PEARL
(Fluch der Karibik), US, 2003
R: Gore Verbinski
PD: Jerry Bruckheimer / DB: Ted Elliott, Terry Rossio / Da: Johnny Depp, Orlando Bloom, Geoffrey Rush, Keira Knightley
M: Klaus Badelt / K: Dariusz Wolski
L: 137 Min. / F: 35 mm

POSTAL
US/CA/DE, 2007
R: Uwe Boll
PD: Uwe Boll, Dan Clarke, Shawn Williamson / DB: Uwe Boll / Da: Zack Ward, Dave Foley, Jackie Tohn, Chris Coppola / M: Jessica de Rooij
K: Mathias Neumann
L: 107 Min. / F: 35 mm

QUERELLE
DE/FR, 1982
R: Rainer Werner Fassbinder
PD: Michael Fengler, Michael McLernon, Renzo Rossellini, Dieter Schidor, Christian Zertz, Daniel Toscan du Plantier / DB: Rainer Werner Fassbinder, Burkhard Driest / Da: Brad Davis, Franco Nero, Jeanne Moreau / M: Peer Raben, Jan Jankeje / K: Xaver Schwarzenberger
L: 108 Min. / F: 35 mm

RAIDERS OF THE LOST ARC
(Jäger des verlorenen Schatzes), US, 1981
R: Steven Spielberg
PD: Frank Marshall / DB: George Lucas, Philip Kaufman, Lawrence Kasdan
Da: Harrison Ford, Karen Allen, Paul Freeman / M: John Williams / K: Douglas Slocombe
L: 111 Min. / F: 35 mm

[REC] und [REC] 2
ES
R: Jaume Balagueró, Paco Plaza
PD: Julio Fernández / DB: Jaume Balagueró Luiso Berdejo, Paco Plaza
Da: Manuela Velasco, Ferran Terraza, Pablo Rosso / K: Pablo Rosso
> [REC] (2007)
L: 78 Min. / F: DVCPRO HD (1080p/24)
> [REC] 2 (2009)
L: 85 Min. / F: HDCAM

RESIDENT EVIL
DE/UK/FR, 2002
R: Paul W. S. Anderson
PD: Bernd Eichinger, Paul W. S. Anderson, Jeremy Bolt, Samuel Hadida
DB: Paul W. S. Anderson / Da: Milla Jovovich, Michelle Rodríguez, Eric Mabius / M: Marco Beltrami, Marilyn Manson / K: David Johnson
L: 200 Min. / F: 35 mm

RESIDENT EVIL: AFTERLIFE
DE/FR/US, 2010
R: Paul W. S. Anderson
PD: Paul W. S. Anderson, Jeremy Bolt, Don Carmody, Bernd Eichinger, Samuel Hadida, Robert Kulzer / DB: Paul W. S. Anderson / Da: Milla Jovovich, Ali Larter, Wentworth Miller, Sienna Guillory
M: Tomandandy / K: Glen MacPherson
L: 96 Min. / F: 35 mm

RESIDENT EVIL: RETRIBUTION
DE/CA, 2012
R: Paul W. S. Anderson
PD: Paul W. S. Anderson, Jeremy Bolt, Don Carmody, Samuel Hadida, Robert Kulzer / DB: Paul W. S. Anderson / Da: Milla Jovovich, Michelle Rodríguez, Kevin Durand, Sienna Guillory
M: Tomandandy / K: Glen MacPherson
L: 96 Min. / F: Redcode RAW / 35 mm

> **ROBOCOP**
US, 1987
R: Paul Verhoeven
PD: Jon Davison, Stephen Lim
DB: Michael Miner, Edward Neumeier
Da: Peter Weller, Nancy Allen, Dan O'Herlihy ∕ **M:** Basil Poledouris ∕ **K:** Jost Vacano, Sol Negrin
L: 102 Min. ∕ **F:** 35 mm

SCOTT PILGRIM VS. THE WORLD
(Scott Pilgrim gegen den Rest der Welt), US, 2010
R: Edgar Wright
PD: Edgar Wright, Marc E. Platt, Eric Gitter, Nira Park ∕ **DB:** Edgar Wright, Michael Bacall, Bryan Lee O'Malley
Da: Michael Cera, Mary Elizabeth Winstead, Kieran Culkin ∕ **M:** Nigel Godrich
K: Bill Pope
L: 112 ∕ **F:** 35 mm

SILENT HILL
(Silent Hill – Willkommen in der Hölle), CA/JP/FR/US, 2006
R: Christophe Gans
PD: Don Carmody, Samuel Hadida, Victor Hadida ∕ **DB:** Roger Avary
Da: Radha Mitchell, Laurie Holden, Sean Bean, Deborah Kara Unger ∕ **M:** Jeff Danna, Akira Yamaoka ∕ **K:** Dan Laustsen
L: 125 Min. ∕ **F:** 35 mm

Star Trek – The Next Generation
(Raumschiff Enterprise: Das nächste Jahrhundert), US, 1987–94
Serie von Paramount Pictures
PD: Rick Berman, Peter Lauritson, David Livingston, Ronald D. Moore ∕ **M:** Jay Chattaway, Dennis McCarthy, Ron Jones
L: 45 Min. pro Folge ∕ Episoden: 178 in 7 Staffeln

STAR WARS IV – A NEW HOPE
(Krieg der Sterne – Eine neue Hoffnung), US, 1977
R: George Lucas
PD: Gary Kurtz ∕ **DB:** George Lucas
Da: Marc Hamill, Harrison Ford, Carrie Fisher, Alec Guinness ∕ **M:** John Williams
K: Gilbert Taylor
L: 116 Min. ∕ **F:** 35 mm

STAR WARS V – THE EMPIRE STRIKES BACK
(Krieg der Sterne – Das Imperium schlägt zurück), US, 1980
R: Irvin Kershner
PD: Gary Kurtz ∕ **DB:** George Lucas, Leigh Brackett, Lawrence Kasdan
Da: Marc Hamill, Harrison Ford, Carrie Fisher, David Prowse ∕ **M:** John Williams
K: Peter Suschitzky
L: 124 Min. ∕ **F:** 35 mm

STAR WARS: EPISODE VI – RETURN OF THE JEDI
(Star Wars VI – Die Rückkehr der Jedi-Ritter), US, 1983
R: Richard Marquand
PD: Howard Kazanjian ∕ **DB:** George Lucas, Lawrence Kasdan ∕ **Da:** Marc Hamill, Harrison Ford, Carrie Fisher, David Prowse ∕ **M:** John Williams
K: Alan Hume
L: 127 Min. ∕ **F:** 35 mm.

SUCKER PUNCH
US, 2011
R: Zack Snyder
PD: Deborah Snyder, Zack Snyder
DB: Zack Snyder, Steve Shibuya
Da: Emily Browning, Abbie Cornish, Vanessa Hudgens, Oscar Isaac ∕ **M:** Tyler Bates, Marius de Vries ∕ **K:** Larry Fong
L: 105 Min. ∕ **F:** 35 mm

SUPER MARIO BROS.
US, 1993
R: Rocky Morton, Annabel Jankel
PD: Roland Joffé, Jake Eberts
DB: Parker Bennett, Terry Runte, Ed Solomon ∕ **Da:** Bob Hoskins, John Leguizamo, Dennis Hopper, Samantha Mathis
M: Alan Silvestri ∕ **K:** Dean Semler
L: 104 Min. ∕ **F:** 35 mm

TETSUO: THE IRON MAN
JP, 1989
R: Shin'ya Tsukamoto
PD: Shin'ya Tsukamoto ∕ **DB:** Shin'ya Tsukamoto ∕ **Da:** Tomorowo Taguchi, Kei Fujiwara, Shin'ya Tsukamoto ∕ **M:** Chu Ishikawa ∕ **K:** Shin'ya Tsukamoto, Kei Fujiwara
L: 77 Min. ∕ **F:** 16 mm

THE 7TH VOYAGE OF SINBAD
(Sindbads siebente Reise), US, 1958
R: Nathan Juran
PD: Ray Harryhausen, Charles H. Schneer
DB: Ray Harryhausen, Ken Kolb
Da: Kerwin Mathews, Kathryn Grant, Torin Thatcher, Richard Eyer ∕ **M:** Bernard Herrmann ∕ **K:** Wilkie Cooper
L: 90 Min. ∕ **F:** 35 mm

THE ADVENTURES OF ROBIN HOOD
(Die Abenteuer des Robin Hood), US, 1938
R: Michael Curtiz, William Keighley
PD: Hal B. Wallis, Henry Blanke
DB: Norman Reilly Raine, Seton I. Miller
Da: Errol Flynn, Olivia de Havilland, Basil Rathbone ∕ **M:** Erich Wolfgang Korngold
K: Tony Gaudio, Sol Polito
L: 102 Min. ∕ **F:** 35 mm

THE HAUNTING
(Bis das Blut gefriert), US/UK, 1963
R: Robert Wise
PD: Robert Wise, MGM ∕ **DB:** Nelson Gidding ∕ **Da:** Julie Harris, Claire Bloom, Richard Johnson ∕ **M:** Humphrey Searle
K: Davis Boulton
L: 107 Min. ∕ **F:** 35 mm

THE HOBBIT
NZ/US/UK, 2012–2014
R: Peter Jackson
PD: Peter Jackson, Fran Walsh, Carolynne Cunningham, Zane Weiner ∕ **DB:** Fran Walsh, Philippa Boyens, Peter Jackson, Guillermo del Toro ∕ **M:** Howard Shore
K: Andrew Lesnie ∕ **F:** Redcode RAW
> **THE HOBBIT: AN UNEXPECTED JOURNEY** (2012)
(Der Hobbit: Eine unerwartete Reise)
Da: Martin Freeman, Ian McKellen, Richard Armitage
L: 169 Min.
> **THE HOBBIT: THE DESOLATION OF SMAUG** (2013)
(Der Hobbit: Smaugs Einöde)
Da: Martin Freeman, Ian McKellen, Cate Blanchett, Benedict Cumberbatch
L: 161 Min.

> **THE HOBBIT: THE BATTLE OF THE FIVE ARMIES** (2014)
(Der Hobbit: Die Schlacht der Fünf Heere)
Da: Martin Freeman, Ian McKellen, Richard Armitage, Orlando Bloom
L: 144 Min.

THE MATRIX
US/AU, 1999–2003
R: Lana und Andy Wachowski
PD: Joel Silver ∕ **DB:** Lana und Andy Wachowski ∕ **Da:** Keanu Reeves, Laurence Fishburne, Carrie-Anne Moss ∕ **M:** Don Davis ∕ **K:** Bill Pope
F: 35 mm
> **THE MATRIX** (1999)
(Matrix)
L: 131 Min.
> **THE MATRIX RELOADED** (2003)
(Matrix Reloaded)
L: 136 Min.
> **THE MATRIX REVOLUTIONS** (2003)
(Matrix Revolutions)
L: 129 Min.

THE THIEF OF BAGDAD
(Der Dieb von Bagdad), UK, 1940
R: Tim Whelan, Ludwig Berger, Michael Powell
PD: Alexander Korda, Zoltan Korda, William Cameron Menzies ∕ **DB:** Lajos Biró
Da: Conrad Veidt, Sabu, June Duprez
M: Miklós Rózsa ∕ **K:** Georges Périnal
L: 102 Min. ∕ **F:** 35 mm

THE THIRTEENTH FLOOR
(The 13th Floor – Bist du was du denkst?), DE/US, 1999
R: Josef Rusnak
PD: Roland Emmerich, Ute Emmerich, Marco Weber ∕ **DB:** Josef Rusnak, Ravel Centeno-Rodriguez ∕ **Da:** Craig Bierko, Vincent D'Onofrio, Armin Mueller-Stahl, Gretchen Mol ∕ **M:** Harald Kloser
K: Wedigo von Schultzendorff
L: 100 Min. ∕ **F:** 35 mm

TOTAL RECALL
(Die totale Erinnerung – Total Recall), US, 1990
R: Paul Verhoeven
PD: Andrew G. Vajna, Mario Kassar, Buzz Feitshans ∕ **DB:** Ronald Shusett, Dan O'Bannon, Gary Goldman ∕ **Da:** Arnold Schwarzenegger, Sharon Stone, Michael Ironside ∕ **M:** Jerry Goldsmith ∕ **K:** Jost Vacano
L: 113 Min. ∕ **F:** 35 mm

TRON
US, 1982
R: Steven Lisberger
PD: Donald Kushner ∕ **DB:** Steven Lisberger, Bonnie MacBird ∕ **Da:** Jeff Bridges, Bruce Boxleitner, David Warner, Cindy Morgan ∕ **M:** Wendy Carlos
K: Bruce Logan
L: 92 Min. ∕ **F:** 35 mm

TRON: LEGACY
US, 2010
R: Joseph Kosinski
PD: Sean Bailey, Steven Lisberger, Jeffrey Silver ∕ **DB:** Adam Horowitz, Richard Jefferies, Edward Kitsis, Steven Lisberger
Da: Jeff Bridges, Garrett Hedlund, Michael Sheen, Olivia Wilde ∕ **M:** Daft Punk ∕ **K:** Claudio Miranda
L: 127 Min. ∕ **F:** Digital/HDCAM

WELT AM DRAHT
DE, 1973
R: Rainer Werner Fassbinder
PD: Peter Märthesheimer, Alexander Wesemann ∕ **DB:** Rainer Werner Fassbinder, Fritz Müller-Scherz, Daniel F. Galouye (Romanvorlage) ∕ **Da:** Klaus Löwitsch, Barbara Valentin, Mascha Rabben ∕ **M:** Gottfried Hüngsberg
K: Michael Ballhaus, Ulrich Prinz
L: 204 Min. ∕ **F:** 16 mm

WING COMMANDER
US/LU, 1999
R: Chris Roberts
PD: Todd Moyer ∕ **DB:** Chris Roberts, Kevin Droney ∕ **Da:** Freddie Prinze Jr., Saffron Burrows, Mathew Lillard
M: David Arnold, Kevin Kiner ∕ **K:** Thierry Arbogast
L: 200 Min. ∕ **F:** 35 mm

WRECK-IT-RALPH
(Ralph reicht's), US, 2012
R: Rich Moore
PD: Clark Spencer ∕ **DB:** Jennifer Lee, Phil Johnston ∕ **M:** Henry Jackman
L: 101 Min. ∕ **F:** Digital

Gamografie

Alien: Isolation
(Creative Assembly; 2014)

Ankh
(Deck 13; seit 2005)

Assassin's Creed Unity
(Ubisoft Montreal; 2014)

Batman: Arkham Asylum
(Rocksteady Studios; 2009)

Battle for Middle Earth
(EA Los Angeles; 2004, 2006)

Beyond: Two Souls
(Quantic Dream; 2013)

BioShock
(2k Games; 2007)

BioShock Infinite
(Irrational Games; 2013)

Call of Duty
(Infinity Ward; seit 2003)

Cryostasis: Sleep of Reason
(Action Forms; 2009)

Crysis (Crytek; seit 2007)

Day of the Tentacle
(LucasArts; 1993)

Defender of the Crown
(Cinemaware; 1986)

Die Sims
(Maxis; seit 2000)

Doom
(id Software; 1993-2004)

Dragon Age
(BioWare; seit 2009)

Dragon's Lair
(Cinematronics; 1983)

E. T. the Extra Terrestrial
(Atari; 1982)

Fahrenheit
(Quantic Dream; 2005)

Far Cry (Crytek; 2004)

Fear Effect
(Kronos Digital Entertainment; 2000)

Fez
(Polytron; 2012)

From Russia with Love
(Electronic Arts; 2005)

Gears of War
(Epic Games; 2006)

GoldenEye: Rogue Agent
(Electronic Arts; 2004)

Goonies
(Konami; 1986)

Grand Theft Auto
(DMA Design/Rockstar North; seit 1997)

Grim Fandango
(LucasArts; 1998)

Gears of War
(Bungie/Ensemble Studios/
343 Industries; seit 2001)

Heavy Rain
(Quantic Dream; 2010)

Hitman: Absolution
(IO Interactive; 2012)

House of the Dead
(Sega; 1996)

*Indiana Jones
and the Last Crusade*
(Lucasfilm Games; 1989)

*Indiana Jones
and the Fate of Atlantis*
(LucasArts; 1992)

It Came From the Desert
(Cinemaware; 1989)

Jack Keane
(Deck 13; sert 2007)

John Woo presents Stranglehold
(Midway Chicago; 2007)

Journey
(Thatgamecompany; 2012)

Kane and Lynch 2: Dogdays
(IO Interactive; 2010)

Karateka
(Jordan Mechner/Brøderbund; 1984)

King of Chicago
(Cinemaware; 1987)

Left 4 Dead
(Valve; 2008)

Limbo
(Playdead Studios; 2010)

Lords of the Fallen
(Deck 13; 2014)

Maniac Mansion
(LucasArts; 1987)

Mass Effect
(BioWare; seit 2007)

Medal of Honor: Allied Assault
(2015, Inc.; 2002)

Metroid
(Nintendo; seit 1986)

Minecraft
(Mojang; 2011)

Mirror's Edge
(DICE; 2008)

*Monkey Island 2:
LeChuck's Revenge*
(LucasArts; 1991)

Murder on the Mississippi
(Activision; 1986)

Ōkami
(Clover Studio; 2006)

Pac-Man
(Midway Games; 1980)

Papers, Please
(Lucas Pope; 2013)

Pirates!
(Microprose, Sid Meier; 1986)

Portal
(Valve Software; 2007, 2011)

Prince of Persia
(Jordan Mechner/ Brøderbund; 1989)

Glossar

*Prince of Persia:
The Sands of Time*
(Ubisoft; 2003)

Rebel Assault
(LucasArts; 1993)

Red Dead Redemption
(Rockstar Games; 2010)

Resident Evil / Biohazard
(Capcom; seit 1996)

Ryse – Son of Rome
(Crytek; 2013)

Shark JAWS
(Horror Games [Atari]; 1975)

Silent Hill
(Konami; seit 1999)

Space Invaders
(Taito; 1978)

Spec Ops: The Line
(Yager Development; 2012)

Spirit Camera: The Cursed Memoir
(Tecmo Koei; 2012)

Star Wars: The Empire Strikes Back
(Parker Brothers; 1982)

*Star Wars:
Knights of the Old Republic*
(BioWare; seit 2003)

The Elder Scrolls
(Bethesda Game Studios; seit 1994)

The Last Express
(Jordan Mechner/
Smoking Car Productions; 1997)

The Last of Us
(Naughty Dog; 2013)

The Secret of Monkey Island
(LucasArts/Ron Gilbert; 1990)

Tomb Raider – Lara Croft
(Core Design; seit 1996)

Uncharted: Drake's Fortune
(Naughty Dog; 2007)

Venetica
(Deck 13; 2009)

Wet
(Artificial Mind and Movement; 2009)

Wing Commander
(Origin Systems; seit 1990)

*Zak McKracken
and the Alien Mindbenders*
(Lucasfilm Games; 1988)

AI-gesteuertes Element ⁄ S. 239

Beat'em-up-Game ⁄ S. 78

CG ⁄ S. 239

CGI ⁄ S. 110

Cheating ⁄ S. 192

Claymation ⁄ S. 107

Cutscene / Zwischensequenz ⁄ S. 59

Device ⁄ S. 193

First-Person-Shooter ⁄ S. 63

Flow Channel ⁄ S. 162

Fraps ⁄ S. 197

Glitch-Film ⁄ S. 110

Immersion ⁄ S. 128

J-Horrorfilm ⁄ S. 87

Jump-'n'-Run-Game ⁄ S. 126

Massively Multiple Online Role-playing Game (MMORPG) ⁄ S. 32

Matte Painting ⁄ S. 144

Modding (Mod, modden) ⁄ S. 192

Non Playable Character (NPC) ⁄ S. 146

Open-World-Game /
Sandbox-Game ⁄ S. 191

Pacing ⁄ S. 161

Performance Capturing ⁄ S. 54

Physik-Engine ⁄ S. 110

Point-&-Click-Adventure ⁄ S. 191

Prospect Space / Intimate Space ⁄ S. 143

QuakeDoneQuick-Speedrun ⁄ S. 110

Quest ⁄ S. 166

Quick-Time-Event ⁄ S. 58

Renderer, rendern ⁄ S. 165

Stealth-Shooter ⁄ S. 143

Stop-Motion ⁄ S. 116

Autorenbiografien

Judith Ackermann ist Lehrkraft für besondere Aufgaben im Medienwissenschaftlichen Seminar der Universität Siegen. Sie wurde 2011 an der Universität Bonn mit einer Arbeit zur Kommunikation beim gemeinschaftlichen Computerspielen promoviert und war 2012/2013 Gastprofessorin für digitale Medienkultur an der Filmuniversität Babelsberg KONRAD WOLF. Aktuell forscht sie zum Bewegungshandeln in der hybriden Realität und zur Performanz digitalen und urbanen Spielens.

Hans-Joachim Backe ist Assistant Professor am Center for Computer Games Research der IT-University Kopenhagen. Nach dem Magisterabschluss in Allgemeiner und Vergleichender Literaturwissenschaft in Saarbrücken promovierte er dort zu Strukturen und Funktionen des Erzählens im Computerspiel. Seine derzeitige Forschung setzt sich mit den ästhetischen, technologischen und wirtschaftlichen Wechselbeziehungen zwischen Film, Comic und Computerspiel auseinander.

Benjamin Beil ist Juniorprofessor für Medienwissenschaft mit Schwerpunkt Digitalkulturen am Institut für Medienkultur und Theater an der Universität zu Köln. Forschungsschwerpunkte: Game Studies, Fernsehserien, partizipative Medienkulturen, Inter- und Transmedialität. Publikationen: *New Game Plus. Perspektiven der Game Studies* (2014, mit Gundolf S. Freyermuth und Lisa Gotto); *Game Studies – eine Einführung* (2013); *Avatarbilder. Zur Bildlichkeit des zeitgenössischen Computerspiels* (2012).

Marc Bonner ist seit April 2013 Lecturer am Institut für Medienkultur und Theater an der Universität zu Köln. Abgeschlossene Dissertation zum Thema: *Architektur ferner Welten – Santiago Calatravas skulpturales Architekturverständnis und die Bildhaftigkeit seiner Bauwerke in Wechselwirkung zu Werbung, Film, Musik, Computerspiel und Mode* (2014). Forschungsschwerpunkte: Architektur des 20. und 21. Jahrhunderts; Darstellung und Nutzung von Architektur und Stadt in Computerspiel und Film; spielimmanenter Raum.

Petra Fröhlich (Jahrgang 1974) ist Journalistin und spezialisiert auf das Themengebiet Computer- und Videospiele. Schon im Teenageralter schrieb sie mehrere Bücher und veröffentlichte Dutzende von Magazinbeiträgen. Als Chefredakteurin lenkte Petra Fröhlich mehr als 15 Jahre lang die Geschicke der Fachzeitschrift *PC Games* und war unter anderem verantwortlich für die Website pcgames.de sowie für marktführende Zeitschriften wie *play4*, Deutschlands meistverkauftes Playstation-Magazin. Ende 2014 hat sie Computec Media nach 22 Jahren verlassen und vor kurzem ein eigenes Unternehmen gegründet.

Thomas Hensel ist Professor für Kunst- und Designtheorie an der Fakultät für Gestaltung der Hochschule Pforzheim. Ausgewählte Buchveröffentlichungen: „*The cake is a lie!" Polyperspektivische Betrachtungen des Computerspiels am Beispiel von Portal* (2015, Hg., mit Britta Neitzel und Rolf F. Nohr); *Theorien des Computerspiels zur Einführung* (2012, Hg., mit GamesCoop); *Wie aus der Kunstgeschichte eine Bildwissenschaft wurde. Aby Warburgs Graphien* (2011); *Nature morte im Fadenkreuz. Zur Bildlichkeit des Computerspiels* (2011).

Andy Kelly ist ein Journalist aus Glasgow, Schottland, und lebt derzeit in Bath, England. Er schreibt fest für *PC Gamer* und als freier Mitarbeiter für *Vice*, *The Guardian*, *Kotaku*, *Total Film* und andere. In seiner Freizeit arbeitet er an *Other Places*, einer Serie kurzer Filme, die die Schönheit und den künstlerischen Anspruch von Videospielen zelebriert. Diese Serie wurde bei zahlreichen Filmfestivals gezeigt, erhielt eine Nominierung für den Games Media Award (2014) und wurde von *BBC News*, *Der Spiegel* und *The Independent* vorgestellt.

Nina Kiel lebt und arbeitet als Illustratorin und Designerin in Düsseldorf. Als Autorin ist sie unter anderem für das deutsche Indie-Spieleblog Superlevel.de tätig und befasst sich schwerpunktmäßig mit der Darstellung und Normierung von Geschlechterrollen, insbesondere im digitalen Spiel. 2014 erschien ihr Buch *Gender In Games – Geschlechtsspezifische Rollenbilder in zeitgenössischen Action-Adventures*.

Thomas Klein (Jahrgang 1967) arbeitet aktuell an einer transmedialen Dramedy-Webserie. 2014 Habilitation in Medienwissenschaft an der Universität Hamburg, 2004 Promotion an der Johannes Gutenberg-Universität Mainz, wo er von 2001 bis 2008 als wissenschaftlicher Mitarbeiter der Filmwissenschaft/Mediendramaturgie beschäftigt war. Mitherausgeber zahlreicher medienwissenschaftlicher Bücher, unter anderem über die Simpsons. Juryvorsitzender der Film- und Medienbewertung (FBW). Freier Autor für den *Filmdienst*.

Andreas Lange (Jahrgang 1967) ist Direktor des Computerspielemuseums in Berlin. Sein Studium der Religions- und Theaterwissenschaft schloss er 1994 an der Freien Universität Berlin ab. Lange ist Mitglied der Akademie des Deutschen Entwicklerpreises, der Jury des Deutschen Games Award LARA und im Beirat der Stiftung Digitale Spielekultur. Er ist Sprecher der AG Emulation des deutschen Kompetenznetzwerks zur digitalen Langzeitarchivierung nestor sowie des 2013 gegründeten Europäischen Verbandes der Computerspielarchive, -museen und Bewahrungsprojekte (EFGAMP).

Jens-Martin Loebel studierte Informatik und Psychologie an der Humboldt-Universität zu Berlin und promovierte zum Thema der Langzeitbewahrung komplexer digitaler Artefakte wie Computerspiele mittels Emulation. Er ist Sprecher der Fachgruppe Langzeitarchivierung der Gesellschaft für Informatik. Als Geschäftsführer der Firma bitGilde IT Solutions UG verfolgt er unter anderem innovative Konzepte zur Verstetigung und Langfristbewahrung von Forschungsprojekten, welche dem Wissenschaftsgedanken durch Open-Source-Lösungen Rechnung tragen.

Peter Moormann ist Juniorprofessor für Medienästhetik mit dem Schwerpunkt Musik an der Universität zu Köln. Zuvor wirkte er als Wissenschaftlicher Mitarbeiter am Seminar für Musikwissenschaft der Freien Universität Berlin innerhalb der DFG-Sonderforschungsbereiche „Kulturen des Performativen" und „Ästhetische Erfahrung im Zeichen der Entgrenzung der Künste". Zu seinen Forschungsgebieten zählen die Musik in Film, Fernsehen und Computerspielen sowie die Interpretations- und Aufführungsanalyse.

Britta Neitzel ist Vertretungsprofessorin für Medienwissenschaft mit dem Schwerpunkt Techniktheorie und -geschichte an der Hochschule für Bildende Künste Braunschweig. Sie ist Gründerin der AG-Games (zusammen mit Rolf F. Nohr) und arbeitet seit über 15 Jahren zur Medialität von Computerspielen. Veröffentlichungen unter anderem: *Gespielte Geschichten?* (2000), *Theorien des Computerspiels zur Einführung* (2012).

Michael Nitsche hat in Cambridge (Darwin) promoviert und ist Director of Graduate Studies for Digital Media am Georgia Institute of Technology. Seine Forschung verbindet Performance Studies und Craft Research, um die Wechselwirkungen mit neuen Medien zu untersuchen. Er leitet die Digital World and Image Group (Georgia Institute of Technology), die unterstützt wird unter anderem von der National Science Foundation (NSF), Alcatel Lucent, Turner Broadcasting und GCATT (Georgia Center for Advanced Telecommunications Technology). Zu seinen Publikationen zählen unter anderem *Video Game Spaces* (2009) und *The Machinima Reader* (2011).

Steven Poole publizierte unter anderem *Unspeak: Words Are Weapons* (2007) und *Trigger Happy* (2001–2013). Er schreibt Essays und Kulturkritiken für *The Guardian*, *New Statesman* und andere Publikationen.

Andreas Rauscher (Jahrgang 1973) ist Akademischer Oberrat für Medienwissenschaft an der Universität Siegen, freier Journalist und wissenschaftlicher Kurator für das Deutsche Filmmuseum, Frankfurt. Zahlreiche Seminare und Artikel zu Game Studies, Filmwissenschaft, Comic- und Serienforschung. 2011 Habilitation über *Spielerische Fiktionen – Transmediale Genrekonzepte in Videospielen* (2012). 2002 Promotion über *Das Phänomen Star Trek* (2003). Mitbegründer und Redakteur der Zeitschrift *Screenshot – Texte zum Film*. Mitherausgeber von Büchern über die Simpsons, James Bond und Comicverfilmungen.

Vera Marie Rodewald (M. A. Kulturwissenschaften) ist als freie Medienpädagogin in Hamburg tätig. Zusammen mit dem jaf e. V. – Verein für medienpädagogische Praxis Hamburg e. V. und der Initiative Creative Gaming e. V. konzipiert und leitet sie Workshops für Kinder und Jugendliche sowie Fortbildungen für Lehrkräfte und Pädagogen in den Bereichen Internet, Film und Computerspiele. Sie ist zudem Mitveranstalterin von PLAY – Festival für kreatives Computerspielen.

Boris Schneider-Johne begleitet schon seit 1985 beruflich Computerspiele in Deutschland. Als Chefredakteur von *Power Play* und *PC Player* prägte er die frühe Berichterstattung in Spielezeitschriften. Weiterhin arbeitete er als Übersetzer von Spielesoftware, unter anderem für *Wing Commander*, *Star Trek* und die *Monkey Island*-Serie. 1997 wechselte er zu Microsoft und hat dort zehn Jahre lang die Spielkonsole Xbox vermarktet. Er lebt in Landshut, Niederbayern, zusammen mit einem Arcade-Automaten und einer großen Sammlung von Gameboy-Modulen. Sein Lieblingsfilm ist Alfred Hitchcocks NORTH BY NORTHWEST (Der unsichtbare Dritte).

Stephan Schwingeler ist Wissenschaftlicher Mitarbeiter am ZKM | Museum für Neue Kunst und unter anderem Kurator der Dauerausstellung ZKM_Gameplay. Zuvor war er kuratorischer Assistent am ZKM | Medienmuseum und Leiter des GameLab der Staatlichen Hochschule für Gestaltung Karlsruhe im Fachbereich Medienkunst. Dreimaliges Beiratsmitglied sowie wissenschaftlicher Berater der Next Level Conference in Köln. Promotion in Kunstgeschichte über Kunst mit Computerspielen (ausgezeichnet mit dem Förderpreis für den wissenschaftlichen Nachwuchs der Universität Trier). Forschungsschwerpunkte: Game Studies, Medien- und Kunsttheorie, Bildwissenschaft, Kunst und Computerspiele, Material- und Bildästhetik des Computerspiels.

Marcus Stiglegger (Jahrgang 1971) lehrt Film- und Kulturwissenschaften an den Universitäten Mainz, Siegen, Mannheim, Klagenfurt, Regensburg sowie in Ludwigsburg, Köln und an der Clemson University, USA. Zahlreiche Publikation zu Filmästhetik, -geschichte und -theorie. Promotion zum Thema *Geschichte, Film und Mythos* (1999), Habilitation zur *Seduktionstheorie des Films* (2005). Herausgeber des Print- und Onlinemagazins *:Ikonen:*, der Buchreihen *Medien/Kultur*, *Kultur + Kritik* (Bertz + Fischer) sowie *Mythos|Moderne* (Eisenhut).

Svetlana Svyatskaya arbeitet derzeit als kuratorische Assistentin der Ausstellung *Fassbinder – JETZT* am Deutschen Filmmuseum, zuletzt war sie dort als Redakteurin des Ausstellungskatalogs *Bewusste Halluzinationen. Der filmische Surrealismus* (2014) tätig. Sie studierte Theater-, Film- und Medienwissenschaft sowie Kunstgeschichte an der Goethe-Universität in Frankfurt und an der Universidad Complutense de Madrid. Derzeit arbeitet sie an ihrer Promotion zum Thema Mediengeschichte im Werk von Rainer Werner Fassbinder.

Register

Adam, Ken 141-142, 145-147
Adams, Ernest 201, 213-215
Adorno, Theodor W. 180, 186, 229
Alexander, Leigh 176
Anders, Günther 179-180
Anderson, Paul W. S. 76-87, 93-94, 102-104, 244-245, 247
Anschütz, Ottomar 20, 24
Apelles 224
Austin, John Langshaw 228-229
Balagueró, Jaume 100, 247
Bartkowiak, Andrzej 95, 99, 127, 130, 245
Baudrillard, Jean 30-32, 37, 184, 186
Benjamin, Walter 55
Bergman, Ingmar 226
Bluth, Don 57
Boll, Uwe 72-75, 91, 95, 244, 246-247
Boyle, Robert 143-144
Brindley, Lewis 201
Brooks, Mel 45
Cage, David 36
Cameron, James 128, 244, 249
Christie, Agatha 44
Coen, Joel und Ethan 238-239
Conrad, Joseph 67-68
Coppola, Francis Ford 67-68, 244, 246
Cronenberg, David 104, 185-186, 245
Cuarón, Alfonso 99-100, 126, 244, 246
Danckert, Ghiselinus 139
Danto, Arthur C. 215, 218, 228-229
de Bont, Jan 245-246,
Deakins, Roger 239,
Dinkla, Söke 217-218
Duchamp, Marcel 219
Ebert, Roger 213-214
Edison, Thomas Alva 19, 22, 25
Elsaesser, Thomas 182
Engell, Lorenz 229
Fassbinder, Rainer Werner 179, 181-183, 245, 247, 249, 253
Favreau, Jon 102, 246
Fricke, Ron 235, 246

Furukawa, Kiyoshi 219
Galouye, Daniel F. 181, 184, 249
Gilbert, Ron 46-49, 60, 251
Gilliam, Terry 186-187
Godard, Jean-Luc 98, 182-183, 244
Günzel, Stephan 127, 141-142
Hamill, Mark 93, 248
Henson, Jim 58, 246
Hinterwaldner, Inge 218
Hitchcock, Alfred 140, 143, 242, 247
Hope, Al 147
Hopper, Dennis 70, 248
Horkheimer, Max 180, 186
Huhtamo, Erkki 23
Huizinga, Johan 217
Hutcheon, Linda 203
Jackson, Peter 98, 100-101, 166, 247-248
Jankel, Annabel 93, 248
Jenkins, Henry 63, 92, 94, 100, 213
Jolie, Angelina 39, 246
Jovovich, Milla 94, 102, 247
Kallay, Jasmina 64
Kelly, Andy 104, 234-239, 252
Kershner, Irvin 136, 248
King, Geoff 58
Kissling-Koch, Petra 145
Kjellberg, Felix 201
Klotz, Heinrich 217
Kondō, Kōji 135
Kosinski, Joseph 104, 249
Koubek, Jochen 192
Krueger, Myron 217
Krzywinska, Tanya 58
Kubrick, Stanley 141, 145-146, 239, 245
Land, Michael 135
Lane, Simon 201
Lang, Fritz 27, 247
Liman, Doug 103, 245
Lisberger, Steven 56, 97-98, 249
Lucas, George 44, 54, 58, 246-248
Lumet, Sidney 239
Mallet-Stevens, Robert 142
Manovich, Lev 12
Marey, Étienne-Jules 20-21
McConnell, Peter 135
McDowell, Malcolm 93
McTiernan, John 226, 245

Meier, Sid 60, 250
Mengbo, Feng 215-216
Mitry, Jean 125-126
Montgomery, Robert 100, 126, 246
Moore, Rich 104, 249
Morgan, Richard 162
Morton, Rocky 93, 248
Mozart, Wolfgang Amadeus 139
Muench, Wolfgang 219
Mulvey, Laura 174-175
Muybridge, Eadweard 19-20, 22
Nam June Paik 219
Neitzel, Britta 32, 126, 229
Neveldine, Mark 99, 104, 244, 245
Nitsche, Michael 100, 141, 195
Noé, Gaspar 126-127, 245
Nolan, Christopher 45, 103, 246
Oshii, Mamoru 104, 244
Panofsky, Erwin 57
Paschitnow, Alexei 133
Pearson, Lynn 22, 24
Penn, Zak 53, 247
Persson, Markus 201
Plaza, Paco 100, 247
Plinius der Ältere 224
Poole, Steven 59
Potente, Franka 103, 246
Pousseur, Henri 139
Prager, Brad 182
Proyas, Alex 103, 245
Rahmel, Valentin 201
Range, Erik 201
Rauscher, Andreas 60, 92, 127, 142
Reeves, Matt 100, 244, 249
Reggio, Godfrey 104, 235, 246
Reitman, Ivan 57, 245
Rhys-Davies, John 93
Richardson, Ingrid 192
Rienow, Kai 201
Roberts, Chris 93, 249
Romero, John 12, 79, 80, 84
Rosenberg, Ron 175
Rusnak, Josef 184, 249
Ruttmann, Walter 27, 244, 247
Ryan, Marie-Laure 92, 98, 224
Santiago, Kellee 214

Sarkeesian, Anita 171-173, 177
Sawyer, Michael 200
Schaefer, Tim 61
Schnabel, Julian 125-126, 246
Schyman, Gary 136
Scorsese, Martin 39
Scott, Ridley 64-65, 98, 146, 238-239, 244
Seldes, Gilbert 213
Shaviro, Steven 184
Shaws, Jeffrey 217-218
Snyder, Zack 104, 146, 248
Spielberg, Steven 13, 39, 53, 55-59, 117, 144, 245-247
Spottiswoode, Roger 102
Stadlbauer, Florian 153
Stoichita, Victor I. 225, 228-229
Stone, Oliver 56
Strauss, Johann 239
Strauss, Richard 239
Sutton-Smith, Brian 27
Taylor, Brian 99, 104, 244-245
Tolkien, J. R. R. 100
Totten, Christopher W. 143
Truffaut, François 117, 180-181, 245
Tykwer, Tom 103, 246
Valla, Lorenzo 226
Verbinski, Gore 60, 247
Verhoeven, Paul 56, 248-249
Viola, Bill 213, 216
Wachowski, Lana und Andy 98, 184-185, 249
Walz, Steffen P. 192
Ward, Mike 175
Warshaw, Howard Scott 91
West, Simon 10, 58, 91, 99, 246
Whedon, Joss 100, 102, 247
Wilson, Jason 219
Woo, John 131, 250
Wright, Edgar 94, 248
Wright, Frank Lloyd, 144-145
Zimmer, Hans 166, 246
Zimmerman, Eric 54, 215

Impressum

Diese Publikation erscheint zur Ausstellung

FILM UND GAMES
Ein Wechselspiel

Deutsches Filmmuseum,
Frankfurt am Main
1. Juli 2015 bis 31. Januar 2016

Herausgeber
Deutsches Filminstitut – DIF e.V. /
Deutsches Filmmuseum,
Frankfurt am Main
(Vorstand: Claudia Dillmann,
Dr. Nikolaus Hensel)

Verlag
Bertz + Fischer Verlag, Berlin

KATALOG

Redaktion
Eva Lenhardt, Andreas Rauscher

Lektorat
Beate Koglin

Übersetzung aus dem Englischen
Twigg's Translations (Beiträge von A. Kelly, S. Poole, M. Nitsche, Interviews mit P. W. S. Anderson, J. Mechner)

Kataloggestaltung
mind the gap! design, Frankfurt am Main
Karl-Heinz Best

Bildbearbeitung
Christian Appelt und Karl-Heinz Best

Druck und Bindung
Druckhaus Köthen, Köthen

Printed in Germany

ISBN 978-3-86505-241-4
(deutsche Ausgabe)

ISBN 978-3-86505-242-1
(englische Ausgabe)

AUSSTELLUNG

Kuratorium
Dr. habil. Andreas Rauscher,
Dr. Wolfger Stumpfe

Projektsteuerung
Dr. Wolfger Stumpfe, Jule Murmann

Kuratorische Assistenz
Eva Lenhardt

Technische Realisierung / Aufnahmen
Christian Hess, Paul Ziehmer

Praktikum
Elsa Forderer, Oliver Häfner, Marc Herold, Jannik Müller, Elke Schimanski, Marcel Schreier, Claudius Stemmler, Lena Zimmermann, Götz Zoeppritz

Gestaltung und Medienproduktion
TATWERK, Berlin: Stefan Blaas, Daniel Finke; Studio S/M/L, Berlin: Lena Roob, Margaret Warzecha

Bauten
Büchner Möbel GmbH, Reichenbach

Grafikproduktion
Heerlein Werbetechnik, Berlin

Medientechnik
satis&fy, Karben und bitGilde, Berlin

Presse- und Öffentlichkeitsarbeit
Frauke Hass, Jürgen Kindlmann, Gaetano Rizzo

deutsches filmmuseum

Deutsches Filmmuseum
Schaumainkai 41
60596 Frankfurt am Main
www.deutsches-filmmuseum.de
www.filmundgames.de

Abbildungsnachweis

Umschlagmotiv:
Assassin's Creed: Revelations (Ubisoft, 2011)
BitTripBeat (Gaijin Games, 2009)
Limbo (Playdead Studios, 2010)

© Bethesda Softworks (S. 101 u.); © Capcom (S. 82-84, 95); © Cinematronics (S. 58); © Cinemaware (S. 62); © Computerspielemuseum (S. 204, 207-209, 230, 232-233); © Creative Gaming (S. 196 u., 197); © Crytek (S. 158-167); © Deck 13 (S. 148, 150-157); © Deutsches Automatenmuseum - Sammlung Gauselmann, Espelkamp (S. 24 o.); © Dr. Guntram Göring (S. 183); © Eidos Interactive (S. 176 u.); © Electronic Arts (S. 64 o., 101 m., 145 u., 174 o.); © Gaijin Games (S. 132); © Jannik Müller/playin'siegen (S. 190, 193 o.); © Konami (S. 28, 30, 57 o.); © LucasArts/Softgold (S. 42, 44-45, 48 r., 49, 59 u.); © Rainer Werner Fassbinder Foundation (S. 178, 181, 182 o., 182 u. l.); © Rockstar Games (S. 41 u., 138, 243 u.); © Sarah Mauer/Daniel Helmes/playin' siegen (S. 191, 193 u.); © Sega (S. 65 u., 147 m., 147 u.); © Sony Computer Entertainment (S. 31, 36, 41 o., 128 o., 240, 242 o., 243 o.); © Square Enix (S. 10 o., 176 u.); © The Strong Museum Rochester, USA (S. 121); © Tobias Wootton (S. 214 u., 215 u., 216, 218 u.); © Ubisoft (S. 40, 114-115, 119, 136-137); © YAGER Development (S. 66, 68-71); © ZKM | Museum für Neue Kunst (S. 219 u.)

Die verwendeten Abbildungen wurden von den angegebenen Rechteinhabern und Leihgebern zur Verfügung gestellt oder entstammen dem Archiv des Deutschen Filminstituts – DIF e.V. / Deutsches Filmmuseum. Trotz intensiver Recherche war es nicht in allen Fällen möglich, die Rechteinhaber der Abbildungen ausfindig zu machen. Berechtigte Ansprüche werden selbstverständlich im Rahmen der üblichen Vereinbarungen abgegolten.

© 2015 Deutsches Filminstitut – DIF e.V. /
Deutsches Filmmuseum und Bertz + Fischer Verlag

Die Verwertung der Texte und Bilder, auch auszugsweise, ist ohne Zustimmung des Verlags urheberrechtswidrig und strafbar. Dies gilt auch für Vervielfältigungen, Übersetzungen, Mikroverfilmungen und für die Verarbeitung mit elektronischen Systemen.

Bibliografische Information der Deutschen Bibliothek
Die Deutsche Nationalbibliothek verzeichnet diese Publikation in der Deutschen Nationalbibliografie; detaillierte bibliografische Daten sind im Internet über http://dnb.d-nb.de abrufbar.

Ausstellung und Katalog wurden gefördert von

Georg und Franziska Speyer'sche Hochschulstiftung

Medienpartner

Mobilitätspartner